Per T Ohlsson
Albert Bonnier und seine Zeit

PER T OHLSSON

ALBERT BONNIER
UND SEINE ZEIT

Aus dem Schwedischen
von Lotta Rüegger und Holger Wolandt

Mit 69 farbigen Abbildungen

PIPER

Mehr über unsere Autorinnen, Autoren und Bücher:
www.piper.de

ISBN 978-3-492-07110-9
Die Originalausgabe erschien 2020 unter dem Titel *Albert Bonnier*
och hans tid bei Albert Bonniers Förlag, Stockholm, Schweden
© Per T Ohlsson, 2020
Für die deutsche Ausgabe:
© Piper Verlag GmbH, München 2021
Satz: Uhl + Massopust, Aalen
Gesetzt aus der Livory
Litho: Lorenz & Zeller, Inning am Ammersee
Druck und Bindung: Pustet, Regensburg
Printed in Germany

»Aber, verstehen Sie, meine Herren, das macht
mir nichts aus, ich tröste mich damit, der zu sein
und zu bleiben, der ich bin, ganz gleichgültig,
ob Sie mich über den grünen Klee loben oder mit
noch so viel Schmutz bewerfen.«
ALBERT BONNIER, 1841

»Ich habe Sie gewählt, weil Sie am
unerschrockensten waren.«
AUGUST STRINDBERG AN ALBERT BONNIER,
1884

INHALT

VORWORT UND DANK

Als mich mein Verleger Albert Bonnier Ende 2016 anrief und fragte, ob ich ein Buch über den Ururgroßvater, nach dem er benannt ist, schreiben könnte, geriet ich etwas in Panik. Ich zögerte. Was wusste ich eigentlich über den alten Albert Bonnier, den Gründer des großen Verlages? Nicht viel mehr, als dass er in einer jüdischen Familie in Kopenhagen das Licht der Welt erblickt hatte, in jungen Jahren nach Schweden gekommen war und früh begonnen hatte, Bücher herauszugeben. Dann war er der Verleger einiger der größten schwedischen Autoren und zum Gegenstand gehässiger, häufig antisemitischer Anfeindungen geworden.

Trotzdem war es für mich eine Selbstverständlichkeit, diese Arbeit, die erste Biografie Albert Bonniers, in Angriff zu nehmen.

Drei Faktoren waren für mich entscheidend.

Erstens mein Interesse für das prägende 19. Jahrhundert. Es war ernsthaft erwacht, als ich die Biografie des Finanzministers Johan August Gripenstedt, *100 år av tillväxt* (100 Jahre Wachstum), verfasst hatte.

Zweitens mein Interesse an der Bedeutung der Einwanderung nach Schweden, das in meinem Buch *Konservkungen* (Der Dosenkönig) über Herbert Felix zum Ausdruck kommt. Der aus Mähren stammende Felix hatte als Freiwilliger am Zweiten Weltkrieg teilgenommen, um so den Versuch zu unternehmen, seine dem Tode geweihte Familie zu retten.

Später gründete er eines der größten Lebensmittelunternehmen Schwedens.

Vor allen Dingen aber drittens:

Bereits zu Beginn meiner Recherchen wurde mir deutlich, dass ich es mit einer aufregenden und faszinierenden Geschichte zu tun hatte, die erzählt werden musste. Albert Bonnier nimmt in ihr als eine der wichtigsten Persönlichkeiten der modernen Gesellschaft Schwedens Gestalt an.

* * *

Um das vorliegende Buch zusammenzustellen, habe ich gut drei Jahre benötigt, aber ohne die Unterstützung vieler hilfreicher Kräfte wären es vermutlich dreißig geworden.

Zu meinen bedeutendsten Quellen zählt das umfangreiche Verlags- und Familienarchiv der Bonniers, das sich heute im CFN, dem Centrum för Näringslivshistoria (Zentrum für Wirtschaftsgeschichte), befindet. Eva und Albert Bonnier ermöglichten mir den uneingeschränkten Zugang zu diesem Material. Ich bedanke mich herzlich bei ihnen und den Archivaren des CFN. Eine weitere wichtige Quelle stellten die schwedischen Zeitungen aus der Zeit Albert Bonniers dar. In der Kungliga biblioteket (Königliche Bibliothek) sind sie inzwischen online zugänglich.

Etliche literaturwissenschaftliche Studien waren für mich ebenfalls von großer Bedeutung. Besonders wichtig waren Gunnel Furulands *Romanen som vardagsvara* (Der Roman als Alltagsware) und Gundel Söderholms gründliche Arbeit *Svea* über Albert Bonniers literarisches Jahrbuch.

Was die allgemeine Entwicklung der schwedischen Buchbranche betrifft und nicht zuletzt die Streitigkeiten innerhalb des Svenska bokförläggareföreningen (Der schwedische Buchverlegerverband), waren Sven Rinmans Geschichte von 1951 sowie die auf sie folgenden Arbeiten, u. a. von Johan Svedjedal, ungemein wertvoll.

Von all den biografischen Betrachtungen zu Albert Bonnier haben die Bücher des hochgelehrten Per I. Gedin eine besondere Rolle gespielt, insbesondere seine Biografie über Alberts Sohn Karl Otto, *Litteraturens örtagårdsmästare* (Der Gärtner der Literatur).

Der 1941 verstorbene Karl Otto Bonnier nimmt in diesem Buch eine besondere Stellung ein. Ich verneige mich in tiefster Dankbarkeit vor seinem vierbändigen Werk *En bokhandlarefamilj* (Eine Buchhändlerfamilie). Es hat mir den Weg durch das unüberschaubare Material gewiesen. Karl Otto Bonnier interpretiert sorgfältig, was die Brüder Bonnier in ihren nicht immer leicht zu deutenden Briefen aneinander und an verschiedene Autoren mitteilen. Damit leistete er einen formidablen Einsatz für die Literaturgeschichte, der auch für mich von allergrößtem Nutzen war.

Soweit möglich, habe ich Originalquellen verwendet, allerdings mit wenigen Ausnahmen. Bei den Briefen Gustaf Frödings habe ich beispielsweise die spätere Ausgabe aus dem Jahr 1935 benutzt.

Den Briefwechsel August Strindbergs mit unter anderem Albert und Karl Otto Bonnier zitiere ich nach der von Torsten Eklund herausgegebenen und kommentierten Gesamtausgabe der Briefe Strindbergs.

* * *

Im Laufe meiner Arbeit haben mir etliche Mithelfer, Gesprächspartner und Berater beigestanden. Sofia Murray, Bibliothekarin an der Stadtbücherei Malmö, war mir erneut dabei behilflich, wichtige Literatur ausfindig zu machen, die mir das ungemein beflissene Antiquariat h:ström in Umeå dann beschaffen konnte. Kim Salomon, emeritierter Geschichtsprofessor der Universität Lund, und Bengt Braun, langjähriger Chef des Bonnier-Konzerns, haben die Entstehung dieses Buches begleitet. Carl Henrik Carlsson vom

Hugo-Valentin-Zentrum in Uppsala hat mir wichtige Informationen zukommen lassen. Der in Literaturwissenschaft promovierte Daniel Sandström, Cheflektor des Albert Bonniers Förlag, hat mich durch die Welt der Bücher geführt. Christian Manfred hat dieses Buch hervorragend lektoriert und Nina Ulmaja die schwedische Ausgabe beeindruckend gestaltet.

Mit größter Geduld haben die Menschen in meinem näheren Umfeld, Mia, Lukas, meine Freunde und Kollegen, ein weiteres Mal die fanatische Egozentrik, die die Schriftstellerei mit sich bringt, ertragen. Danke!

* * *

Zu guter Letzt, was aber nichts über den Stellenwert aussagen soll:

Mein herzlichster Dank geht an meinen Weggefährten Bo Bergman, den Sprachwissenschaftler, der sich um die Volksbildung verdient gemacht hat und der sich wieder einmal die Zeit genommen hat, das Manuskript Kapitel um Kapitel durchzugehen. Dank auch an seine scharfäugige Kollegin Ingrid H. Fredriksson und – mit größtem Respekt – an meinen immer gleichbleibend enthusiastischen und hilfsbereiten Verleger Albert Bonnier, der in so vieler Hinsicht an seinen Namensgeber, den Gegenstand dieser Biografie, erinnert.

Malmö und Vomb im März 2020

Per T Ohlsson

Die Brüder Bonnier: Albert (oben), Adolf (unten links)
und David Felix (unten rechts).

STOCKHOLM 1838

1838, während der letzten Augustabende, als die milde Spätsommerdämmerung über Stockholm hereinbrach, wurde der Frieden von johlenden Menschenmengen gestört, die durch die Gamla Stan zogen. Alle hatten reichlich dem Branntwein zugesprochen, der damals in Schweden noch für den Hausbedarf destilliert werden durfte. Sie warfen Steine, prügelten und pöbelten.

Diese Unruhen folgten auf die vorangegangenen sogenannten Crusenstolpe-Krawalle.

Die von sozialen Missverhältnissen und der autoritären Herrschaft Karls XIV. Johan ausgelösten Spannungen hatten bereits seit Längerem zugenommen. Die Lage eskalierte, nachdem der beliebte rabulistische Skribent Magnus Jacob Crusenstolpe, einer der schärfsten Kritiker des Königs, zu drei Jahren Festungshaft verurteilt worden war, weil er den König und die Regierung bezichtigt hatte, gegen das Gebot der Sonntagsruhe verstoßen zu haben, als sie eine Ernennung an einem Sonntag vornahmen. Die Unzufriedenheit führte zu Gewalttätigkeiten, die ihren Höhepunkt am 19. Juli erreichten. Das Militär griff ein und tötete zwei Demonstranten.

Anschließend breitete sich eine nervöse Ruhe in der schwedischen Hauptstadt aus, aber Ende August und Anfang September war es wieder so weit. Jetzt richtete sich der Zorn nicht nur gegen die Herrschenden, sondern auch gegen eine kleine, nur ein paar Hundert Personen umfassende religiöse Minderheit in einer Stadt, die damals etwa 80 000 Einwohner besaß. Diese Leute bezeichnete man als Anhänger des mosaischen Glaubensbekenntnisses, mit anderen Worten waren es Juden. Im gesamten schwedischen Reich betrug ihre Zahl etwa 900. Sie lebten mit wenigen Ausnahmen in vier Städten, denn nur hier durften sie wohnen und arbeiten. Unter ihnen befanden sich drei Brüder, die ursprünglich aus Kopenhagen stammten: Adolf, Albert und David Felix Bonnier.

Besonders Albert, der mittlere, würde einmal von sich reden machen.

Mit knapp fünfzehn war er 1835 nach Stockholm gekommen, um als Gehilfe in Adolfs Buchhandlung am Storkyrkobrinken 12 in der Gamla Stan zu arbeiten. Alberts wirkliches Interesse galt jedoch dem Verlegen von Büchern. Bereits 1837 gab er von seinen Ersparnissen seine erste Schrift, damals sprach man von Verlagsartikeln, heraus, ein satirisches und aus dem Französischen übersetztes Pamphlet, *Bevis att Napoleon aldrig har existerat. Stort erratum* (Beweis, dass Napoleon nie existiert hat. Großes Erratum), das einen gewissen Erfolg erzielte und daher in einer zweiten Auflage erschien. Die Dinge ließen sich also vielversprechend an. Aber bereits ein Jahr darauf musste Albert aus nächster Nähe einen besonders gewaltsamen Ausbruch antisemitischer Stimmungen erleben, der sein Leben und Wirken, wenn auch abgeschwächt, überschattete.

Nie war Schweden einem Pogrom so nahe wie zu jenem Zeitpunkt.

* * *

Am Dienstagabend, dem 28. August, und in der Nacht darauf wurden Wohnungen von Juden in der Stora Nygatan, der Västerlånggatan und am Järntorget von wütenden Volksmengen angegriffen. Das Geräusch splitternden Glases pflanzte sich durch die Straßen und Gassen der Gamla Stan fort.

Die Aufregung nahm zu, und am 30. August befürchtete Oberstatthalter Axel Johan Adam Möllerhjelm, der höchste zivile Stockholmer Verwaltungschef, dass die Situation vollkommen ausufern könnte. Er warnte vor »einem Versuch, gegen die Juden der Stadt eine starke, vorsätzliche Verfolgung durchzuführen«.

Verängstigte jüdische Familien wandten sich an die Behörden und forderten Schutz, den sie auch erhielten.

Dass es mit diesem Schutz nicht immer zum Besten stand, ließ sich dem 1830 von Lars Johan Hierta gegründeten *Aftonbladet* entnehmen.

Am 31. August berichtete die Zeitung von einem gewissen Herrn Rossbach, der bei einer Begegnung mit den Dragonern, die zur Wiederherstellung der Ordnung abkommandiert worden waren, zu Schaden gekommen war. Auf dem Heimweg hatte Rossbach darum gebeten, eine Patrouille passieren zu dürfen, und grünes Licht erhalten. Kaum hatten er und seine Gesellschaft sich in Bewegung gesetzt, als ihm einer der Dragoner nachjagte:

»Er rannte daraufhin in eine Gasse, wurde aber von dem Reiter verfolgt, der begann, ihn mit seinem Säbel zu schlagen. Er fuhr lange damit fort, obwohl die ganze Nachbarschaft hörte, dass Rossbach laut rief: ›Was wollt ihr, um Gottes willen? Ich habe doch nichts gesagt und getan‹ usw. Schließlich verlor Rossbach nach einem Schlag den Hut, und als er sich vorbeugte, um ihn aufzuheben, erhielt er einen Schwerthieb auf den Arm und anschließend noch mehrere weitere.«

Am folgenden Tag veröffentlichte das *Aftonbladet* ein wenig zerknirscht eine Ergänzung:

»Herr Rossbach ist Mitglied der jüdischen Gemeinde, was nicht unerwähnt bleiben sollte, insbesondere deswegen, weil er sich als älterer Mann mit Familie nicht im Geringsten gegen die Wache vergangen haben kann, sondern vollkommen unschuldig und ohne jeden Grund verfolgt und misshandelt wurde.«

Der auslösende Faktor des Tumults war das sogenannte Emanzipationsedikt, eine königliche Verordnung vom 30. Juni »bezüglich der Schuldigkeiten und Rechte der mosaischen Glaubensbekenner hier im Reiche«. Sie hob eine Verordnung vom Mai 1782 auf, die als Judenreglement (judereglementet) bezeichnet wurde. Die neue Verordnung sah erweiterte Rechte für die jüdische Minorität vor, nicht zuletzt eine freiere Wohnsitzwahl.

Gustav III. hatte 1774 dem jüdischen Kaufmann und Siegelgraveur Aron Isak (Aaron Isaac) aus Brandenburg erlaubt, sich in Stockholm anzusiedeln, ohne konvertieren zu müssen. Isak gelang es, einflussreiche Persönlichkeiten, u. a. den Oberstatthalter Carl Sparre, dafür zu gewinnen, Angehörige und Freunde in sein neues Heimatland nachholen zu dürfen. Das markierte den Beginn der jüdischen Einwanderung nach Schweden, allerdings in äußerst begrenztem Umfang.

Juden erhielten die Genehmigung zur Religionsausübung im streng protestantischen Schweden. Aber nach preußischem Vorbild wurden Vorschriften, das Reglement, erlassen, die das Leben dieser Juden regelten. Sie durften Synagogen bauen und eine begrenzte Anzahl Berufe ausüben. Die Beschränkungen waren einschneidend. *Wie* einschneidend, wird durch die Liste der Handwerksberufe deutlich, die Juden ausüben durften:

»Ein Jude darf sich im Übrigen durch Kunstmalerei ernähren, durchs Kupferstechen, Petschaftgravieren, durchs Schleifen von Diamanten und anderen Edelsteinen, durch optisches Glasschleifen sowie das Verfertigen von diversen mathematischen und mechanischen Instrumenten sowie Muster- und Schablonenzeichnen, Stickerei und andere spezielle Nähte, Lackherstellung, Korkschneiden und ähnliche Arbeiten, die nicht von Gilden geregelt sind.«

Juden durften sich ausschließlich in Stockholm, Göteborg, Norrköping und später auch in Karlskrona niederlassen. Nur dort durften sie ihr Gewerbe ausüben. Sie durften keine Ehe mit Partnern des christlichen Glaubensbekenntnisses eingehen. Politische Rechte besaßen sie keine.

Mit zunehmender Zahl und mit wachsendem Einfluss versuchte die jüdische Minderheit, unterstützt von einer liberaleren öffentlichen Meinung, die Behörden zu beeinflussen. Man forderte Erleichterungen des Reglements, das immer unzeitgemäßer wirkte. Das Ergebnis dieser Bestrebungen war die Verordnung vom 30. Juni 1838.

Im ersten Paragrafen heißt es, dass Juden, die schwedische Bürger sind, »fortan in jeder Hinsicht im gleichen Rechtsverhältnis mit den übrigen schwedischen Untertanen stehen sollen«. Der autoritär anmutende Begriff »Reglement« kommt an keiner Stelle der neuen Verordnung mehr vor. Mehrere Einschränkungen blieben allerdings bestehen. Juden durften ohne königliche Genehmigung beispielsweise keinen Grundbesitz auf dem Land erwerben und waren für die Armenpflege in ihrer eigenen Gemeinschaft zuständig. Aber in allen Belangen von Bewegungs- bis hin zu Gewerbefreiheit schien sich ihre Stellung beträchtlich zu verbessern.

Am 10. August wurde die Verordnung in der offiziellen *Statstidningen* veröffentlicht, die auch unter dem Namen *Post-och Inrikes Tidningar* oder einfach *Posttidningen* bekannt ist.

* * *

Bald begann sich der Unmut zu regen, erst in der Oppositionspresse, die protestierte, weil die Verordnung nicht im Ständereichstag behandelt worden war, anschließend ergriff die Unzufriedenheit auch die breiten Volksmassen. Vor allem die jüdischen Gewerbetreibenden wurden als Bedrohung für die Versorgungsmöglichkeiten der christlichen Schweden angesehen.

Zu guter Letzt eskalierte die Lage.

Ein Großteil des Zornes richtete sich gegen einen Mann, der nicht einmal jüdischer Herkunft war, den Staatssekretär Carl David Skogman, dem die Emanzipationsverordnung zugeschrieben wurde. Skogman hatte die Gesetzesinitiative im Rat, dem »Konselj«, vorgetragen, also dem König und der Regierung. Als stellvertretender Präsident des Kommerskollegium, der für Gewerbe und Handel zuständigen Behörde, war er entscheidend an den Vorarbeiten zu der Verordnung beteiligt gewesen. Die Fenster von Skogmans Wohnung an der Skeppsbron wurden eingeworfen, laut der *Dagligt Allehanda* begleitet davon, dass »die Unzufriedenheit mit der Judenemanzipation lautstark und uneingeschränkt zum Ausdruck gebracht wurde«.

Es waren jedoch die Juden, die im Zentrum der aufgebrachten Aufmerksamkeit des Pöbels standen. Eines der am schlimmsten von dem Vandalismus betroffenen Anwesen in jüdischem Besitz war bezeichnenderweise das Haus Aron Levi Lamms, des Vorsitzenden der jüdischen Gemeinde.

Nach einigen Tagen beruhigte sich die Lage. Die jüdische Gemeinde Stockholms bewilligte 3000 Reichstaler zur Aufrechterhaltung der öffentlichen Ordnung. Die regierungskritische Presse hetzte weiter, und gerüchteweise hieß es, der als Jean Baptiste Bernadotte geborene, aus Frankreich importierte König sei Jude.

Am 4. September warnte *Freja*, ein aggressives Blatt, vor den Folgen »der Verbreitung der Juden im ganzen Reich«.

»Uns ist zu Ohren gekommen, dass die Erfahrung bislang gezeigt habe, dass die Juden trotz der Einschränkungen, die ihnen das Reglement auferlegte, *über den Gesetzen* standen. Wie viel mächtiger werden diese Fremden jetzt nicht im Lande werden, nachdem diese Einschränkungen nun zum größten Teil aufgehoben wurden.«

Sechs Tage später flammten die Gewalttätigkeiten erneut auf. Der Mob griff Lamms Haus nochmals an. Der Zorn richtete sich aber auch gegen Aron Isaks Schwiegertochter, eine der respektiertesten Vertreterinnen der jüdischen Gemeinde. Als die Zeitungen die Besitzer der vandalisierten Häuser nannten, wurde der Charakter der Unruhen deutlich: Die Opfer hießen Schück, Schneider, Glosemeyer, Scharp, Schön und Nachmanson.

König und Regierung wurden nervös. War die Verordnung vom 30. Juni etwa zu weit gegangen?

Die Ältesten der Stockholmer Bürgerschaft überreichten König Karl Johan ein Schreiben, in dem sie ihrer Sorge Ausdruck verliehen, dass die Verordnung den Juden die Einwanderung nach Schweden erleichtern könnte. Schwedische Gewerbetreibende »würden von Bekennern des mosaischen Glaubens ganz und gar verdrängt werden, und zwar mithilfe von deren Glaubensverwandten in fremden Ländern«. Der König antwortete entgegenkommend.

Die Rücknahme des Passus der Juniverordnung, der am meisten ins Auge fiel, betraf jedoch die Freizügigkeit außerhalb von Stockholm, Göteborg, Norrköping und Karlskrona. Am 21. September kam es zur Annahme einer ergänzenden Verordnung in Bezug auf die Anwendung der Juniverordnung in »gewissen Fällen«. Ausländer mosaischen Glaubensbekenntnisses mit einer Aufenthaltsgenehmigung sollten nur in einer der genannten vier Städte wohnen dürfen. Juden, die in Schweden zur Welt gekommen oder inzwischen schwedische Untertanen geworden waren, mussten um eine königliche Genehmigung ersuchen, wenn sie sich an anderen Orten niederlassen wollten. Am 25. September wurde die Bekanntmachung dieser Verordnung in der *Statstidningen* gedruckt.

In dem bis heute unersetzlichen Werk *Judarnas historia i Sverige* (Geschichte der Juden in Schweden), das erstmals 1924 im Albert Bonniers Förlag erschien, stellt der in Uppsala tätige Historiker Hugo Valentin fest:

»Damit opferte die Regierung, um Öl auf die Wogen zu gießen, eine der wichtigsten Verfügungen der Juniverordnung, die freie Wohnortwahl der Juden.«

Diese Beschränkung blieb bis 1854 bestehen. Erst ein Reichstagsbeschluss vollendete 1870 die Emanzipation der Juden. Schritt für Schritt erweiterte man ihre Rechte, ein langsamer, aber unausweichlicher Prozess, der parallel zu Albert Bonniers wachsender Verlagstätigkeit verlief.

* * *

Der antisemitische Exzess 1838 bedeutete einen Rückschlag für die jüdischen Emanzipationsbestrebungen, aber inwieweit die Unruhen den jungen Albert direkt beeinflussten, bleibt unklar. Der Umfang seiner Korrespondenz aus dieser Zeit ist begrenzt und handelt von anderen Dingen. Nichts deutet darauf hin, dass auch die Buchhandlung am Storkyrkobrinken von Vandalismus betroffen war. Vielleicht war sie zu unbedeutend. Albert, der sich sicher an das tolerantere Kopenhagen erinnerte, müssen die Krawalle jedoch geängstigt haben. Sie stellten einen brutalen Vorboten der Schwierigkeiten dar, mit denen er, der sich eine Zukunft in dem neuen Land aufbauen wollte, rechnen musste.

Von den kommenden antisemitischen Angriffen auf ihn

selbst ahnte er glücklicherweise nichts – diese erreichten ihren Höhepunkt im Anschluss an den Blasphemieprozess nach der Veröffentlichung von Strindbergs *Giftas* (»Heiraten«), während des darauf folgenden Streits im Schwedischen Buchverlegerverband und des Prozesses wegen Unsittlichkeit gegen Gustaf Fröding.

Allmählich würde sich jedoch zeigen, dass Albert Bonnier im richtigen Augenblick nach Schweden gekommen war. Der berühmte Kritiker und Literaturwissenschaftler Karl Warburg, später ein guter Freund Alberts, beschrieb die Zeit nach 1830 sehr treffend folgendermaßen:

»Die Zeit der Eisschmelze schien vorüber, und die Zeit des Frühlings für den schwedischen Liberalismus war angebrochen.«

* * *

Als der Jüngling Albert Bonnier 1835 mit acht Skilling banco in der Tasche schwedischen Boden betrat, setzte er auch den Fuß auf die Schwelle zu einer neuen Zeit in einem der rückständigsten und ärmsten Länder Europas, einer gebeutelten ehemaligen Großmacht, die durch verhängnisvolle Kriege im Ausland und Misswirtschaft innerhalb der eigenen Grenzen sowohl Territorien als auch Status eingebüßt hatte.

Trotz dieser unvorteilhaften Ausgangslage ist es erstaunlich, wie viele Fäden sich von Alberts späteren Erfolgen zu diesen miserablen Jahren zurückverfolgen lassen und wie diese Jahre sein Leben und Wirken formten.

Draußen in der Welt vollzogen sich gewaltsame Umbrüche. Polen wehrten sich gegen Russen, Italiener gegen Österreicher, und im britischen Imperium kam es zur Abschaffung der Sklaverei. Oberflächlich gesehen geschah in Schweden nichts.

In der großen politischen Frage, der Repräsentationsreform, der Beseitigung des mittelalterlichen Ständereichstags aus Adel, Geistlichen, Bürgern und Bauern, trat man trotz aller Hoffnungen, die man sich nach der Absetzung König Gustavs IV. Adolf 1809 gemacht hatte, auf der Stelle. Die Repräsentationsreform hätte das Ende des gustavianischen Absolutismus und die Einführung einer neuen Regierungsform bedeutet. Die in Großbritannien aufkommende Industrialisierung hatte das primär landwirtschaftlich geprägte Schweden noch nicht erreicht, wo man eine restriktive und merkantilistische Handelspolitik betrieb. Falls sich Schweden der Umwelt gegenüber öffnete, dann wohl eher in Bezug auf ansteckende Krankheiten als auf den Austausch von Waren. Die Choleraepidemie im Jahr 1834 kostete etwa 13 000 Menschen das Leben. Trotzdem war von »harmlosen« Zeiten die Rede.

Die beiden Oppositionspolitiker Carl Henrik Anckarsvärd und Johan Gabriel Richert wetterten gegen die Lethargie in einem Pamphlet über die Repräsentationsfrage:

»Die Langsamkeit, die Kosten, die Abnutzung und Erschlaffung der Kräfte spüren wir. Eine spürbare Verbesserung der Gesetze, des öffentlichen Haushalts, der inneren Verfassung und des Wohlstands des Reiches nehmen wir nicht wahr: Alles stagniert in halbherzigen Maßnahmen, wenn überhaupt. Nach jahrelangem Streit versinken wir in derselben Gleichgültigkeit und Betäubung wie zuvor.«

Aber unter der Oberfläche liefen Prozesse ab, die das schwedische Dasein revolutionierten und ganz besondere Voraussetzungen für einen Buchverlag schufen, der mit der Zeit ging.

Der Durchbruch der Dampfmaschine erleichterte Transporte auf dem Seeweg. Schwere Bücherkisten zu verschicken ging so bedeutend schneller. Pakete aus Lund und

In seinem literarischen Almanach *Svea* sprach sich Albert Bonnier schon früh für den Eisenbahnbau in Schweden aus.

Malmö waren mit Pferd und Wagen hin und wieder mehrere Monate nach Stockholm unterwegs gewesen. Allerdings war auf Dampfschiffe nur in den wärmeren Monaten des Jahres Verlass. Bei zugefrorener Ostsee war man noch immer auf Fuhrwerke angewiesen. Aber auch auf diesem Gebiet erfolgten Verbesserungen im Zuge der Einführung staatlich subventionierter Postkutschen. Anfänglich verkehrten diese zwischen Ystad und Stockholm und zwischen Göteborg und der Hauptstadt. Den großen Umbruch brachten jedoch die Eisenbahnen, mit deren Bau im großen Stil nach 1860 begonnen wurde. Parallel dazu expandierte der Albert Bonniers Förlag. Im Jahr 1856 hatte Albert Bonnier eine eigene Druckerei erworben.

Es erstaunt also wenig, dass sich bereits in der *Svea*-Ausgabe von 1846 ein glühendes Plädoyer für den Eisenbahnbau in Schweden findet. Zwei Jahre zuvor hatte Albert Bonnier begonnen, diesen literarischen »Volkskalender« herauszugeben, und blieb bis zu seinem Tod im Jahr 1900 sein Redakteur. Er nutzte ihn, um neue Autoren anzuwerben und zu erproben, angefangen von August Blanche und August Strindberg bis hin zu Gustaf Fröding und Selma Lagerlöf:

»Man hat den Bedarf oder die Möglichkeiten des Eisenbahnbaus in Schweden in Zweifel gezogen. In einem Land, das so dünn besiedelt ist wie das unsere und in dem die Abstände so groß sind, dass es besonders für die Provinzen bedeutsam wäre, einander näher zu kommen, liegt ein Bedürfnis eigentlich auf der Hand.«

Der Ausbau des Eisenbahnnetzes führte in Schweden zu einer Zunahme der Reisen. Ein typisches Beispiel für Alberts Talent, Umbrüche und Erfindungen seiner Zeit kommerziell zu nutzen, war die Publikation einer neuen Form informativer Druckwerke. Heute würde man von Reiseführern sprechen. In *Dagens Nyheter*, einer Zeitung, deren Mitbegründer er war, erschien 1866 eine Anzeige, die von Albert persönlich unterzeichnet war. Sie richtete sich an die »Herren Hotelwirte, Restaurantbesitzer usf.«. Albert Bonnier forderte diese auf, für ein *Illustrerad Reshandbok genom Sverige* (Illustriertes Reisehandbuch durch Schweden), »zum Dienste sowohl der einheimischen Reisenden als auch der Ausländer«, Angaben zu Preisen, Ausstattung der Zimmer u. a. zu liefern.

Eine andere hochbedeutsame Veränderung bestand in der schrittweisen Abschaffung der Möglichkeit, ein Publikationsverbot auszusprechen (indragningsmakten). Dieser Paragraf in der sogenannten Druckfreiheitsverordnung aus dem Jahr 1812 ermöglichte es dem Hofkanzler, also einem der Minister, das Erscheinen einer Zeitschrift oder Zeitung zu verhindern, die »gefährlich für die allgemeine Sicherheit« war. Immer wieder kam diese Vorschrift zur Anwendung, nicht zuletzt gegen die Tageszeitung *Aftonbladet*, die das Verbot aber umging, indem sie immer wieder von Neuem die Genehmigung zur Veröffentlichung beantragte, und zwar für *Aftonbladet eins*, *Aftonbladet zwei* usw. Dadurch wurde das Publikationsverbot wirkungslos und lächerlich. Ab 1838 wurde es nicht mehr angewendet, aber erst sieben Jahre später offiziell abgeschafft. Daraufhin ließ sich die Luft leichter atmen.

Auch die Unternehmensgründung und -führung gestaltete sich einfacher. Die Fabriks- und Handwerksverordnung von 1846 beendete den Zwang zur Gildenmitgliedschaft. Zwei Jahre später wurde Schwedens erste Aktiengesellschaft gegründet, und 1864 kam es endlich zur Niederlassungs- und Gewerbefreiheit. Die Freigabe der Zinsen führte zur Entstehung eines modernen und flexiblen Kreditwesens. Außerdem schloss sich Schweden dem europäischen Freihandelssystem an. Viele dieser Reformen setzte der liberale Finanzminister Johan August Gripenstedt durch, dessen Schriften der Bonnier'sche Buchhandel mit großer Zustimmung vertrieb.

Im Jahr 1838, dem Jahr der antisemitischen Krawalle, vollzog eine öffentliche Person eine Kehrtwende, die eine neue Ära einläutete. Erik Gustaf Geijer wandte sich vom Konservatismus ab und dem Liberalismus zu. Geijer war Historiker, Schriftsteller, Philosoph, Komponist und Mitglied der Schwedischen Akademie. In der Januarausgabe seiner neuen Zeitschrift *Litteratur-Bladet* gab er eine Art persönliche und politische Unabhängigkeitserklärung ab, die im gesamten Land widerhallte:

»Im Grunde habe ich nie einer Partei angehört, nicht einmal meiner eigenen, wenn es eine solche je gegeben hat. Aber falls jemand Wert darauf legt, mir Abtrünnigkeit vorzuwerfen: Wohlan! Dann bin ich meiner selbst abtrünnig geworden, was auch nicht schadet.«

Geijer propagierte eine Loslösung der Persönlichkeit von der erstickenden Abhängigkeit von Normen und Konventionen. Gleichzeitig sah er klarer als die meisten seiner Zeitgenossen, dass sich eine neue Klasse ihren Weg bahnte, die langfristig den Ton angeben würde und die berechtigte Forderungen nach Freiheit und Entwicklungsmöglichkeiten stellte. Diese Klasse, die Mittelklasse, las. In den bürgerlichen schwedischen Familien versammelte man sich abends um eine Lampe, und es wurde aus einem Buch vorgelesen. Diese Art der Abendunterhaltung setzte sich immer mehr durch.

Lesen konnten relativ viele Schweden, weil die schwedischen Pfarrer jedes Jahr auf den Bauernhöfen die Runde machten und den Inhalt des Kleinen Katechismus Martin Luthers abfragten. Zusätzlich verbesserte sich die Lesefähigkeit durch die Volksschulsatzung von 1842. Der Bau von Schulen allerdings zog sich hin. Am allerwichtigsten für den Verlag Albert Bonniers war jedoch, dass das Heranwachsen einer lesenden Mittelschicht mit dem Durchbruch eines literarischen Genres zusammenfiel, das mehr als jedes andere seinen Verlag prägen würde: der Roman.

Die Impulse dafür kamen von außen, vor allen Dingen aus Großbritannien und Frankreich und durch beliebte Autoren wie Walter Scott, Edward Bulwer-Lytton, Eugène Sue und, ein wenig später, Alexandre Dumas d.Ä. und Charles Dickens. Deren Romane erschienen in Übersetzung häufig in preiswerten Heften, die im Abonnement bezogen wurden. Auch auf diesem Gebiet war der Verleger Lars Johan Hierta 1833 ein Pionier mit seiner *Läse-Bibliothek af den nyaste utländska litteraturen* (Lesebibliothek der neuesten ausländischen Literatur). Später schloss sich Albert Bonnier mit seinem eigenen *Europeiska följetongen* (Europäisches Feuilleton) dem Trend an.

In Schweden geriet die Welt der Belletristik nun ebenfalls in Bewegung. Carl Jonas Love Almqvist begann 1832 mit der Veröffentlichung einer Folge von überaus erfolgreichen Erzählungen, betitelt mit *Törnrosens bok* (Buch der Heckenrose). Am Ende dieses Jahrzehnts erschien sein ehekritischer Roman *Det går an* (dt. 2004 von Anne Storm übersetzt unter dem Titel »Die Woche mit Sara«), dessen Botschaft von der Gleichberechtigung der Geschlechter größten Anstoß erregte.

In einer Zeit patriarchaler Unterdrückung, in der Frauen nicht einmal grundlegendste Rechte besaßen, feierte die Autorin Emilie Flygare-Carlén mit ihren auf den Schäreninseln Bohusläns angesiedelten Romanen dennoch größte Erfolge. Mit *Rosen på Tistelön* (»Die Rose von Tistelön«) 1842 und *Enslingen på Johannisskäret* (»Der Einsiedler auf Johannis-Klippe«) vier Jahre später erlebte sie ihren Durchbruch.

Das Gesetz von 1858, dass unverheiratete Frauen über 25 ihre Mündigkeit beantragen konnten, stellte den ersten winzigen, stolpernden Schritt in Richtung umfassenderer Bürgerrechte für die untergeordnete Hälfte der schwedischen Bevölkerung dar. Diesen Prozess trieb eine weitere Autorin voran, Fredrika Bremer, deren Werke von Adolf Bonnier, Alberts großem Bruder und Mentor, verlegt wurden.

* * *

Als Albert Bonnier in Schweden eintraf, wehte in dem verarmten Land an der nördlichen Peripherie Europas der Wind der Veränderung. In technischer, sozialer, wirtschaftlicher – und literarischer Hinsicht.

Und dann war da Stockholm, Albert Bonniers neue Heimat.

In dem dramatischen Jahr 1838 gelangte ein Bauprojekt zu seiner Vollendung, das für die Brüder Bonnier ganz neue Voraussetzungen schuf.

Die Norrbro, die Brücke über den Helgeandsholmen, die die Gamla Stan mit Norrmalm verbindet, wurde nach zwanzigjähriger Bauzeit 1807 eingeweiht. König Gustav III. hatte 1787 ihren Grundstein gelegt. Die imposante Brücke, 190 m lang und 19 m breit, war die erste Stockholmer Brücke mit Gehsteigen und Pflaster aus behauenem Stein. So wurde die fußgängerfreundliche Brücke zu einem beliebten Ziel für Flaneure, und mit der Zeit entstand die Idee eines sogenannten Basars auf der Brücke, also einer Ladenzeile mit Cafés, die dann auch umgesetzt wurde.

Auf der Westseite entstand eine Häuserzeile mit Geschäften und Restaurants, der Norrbrobasaren, manchmal auch einfach nur Bazaren genannt. Er wurde 1839 eingeweiht und erfreute sich sofort großer Beliebtheit. Hier konnte sich das mondäne Stockholm zeigen, und für die Männer, die auf der Brücke herumstolzierten, entstand sogar ein eigener Name: Norrbrolejon (Norrbrolöwen).

Auf der südlichen und nördlichen Seite wurde der Basarkomplex um größere Räumlichkeiten, sogenannte Pavillons, ergänzt. Adolf Bonnier, der älteste der Bonnier-Brüder und noch immer das Oberhaupt der Familie, erkannte sofort, dass ein Umzug von den engen Räumen am Storkyrkobrinken zum offenen und leicht zugänglichen Norrbrobasaren neue Absatzmöglichkeiten für seine Bücher eröffnen würde, da in Norrmalm allem Anschein nach das neue kommerzielle Zentrum Stockholms entstand. Adolf gelang es, sich den Mietvertrag für den südlichen Pavillon zu sichern, und er eröffnete im Oktober 1839 »Bonniers bokhandel, Bazaren, Norrbro«, den August Strindberg 1884 in seinem Gedichtband *Sömngångarnätter på vakna dagar* (»Schlafwandlernächte an wachenden Tagen«) besingt.

Strindberg befand sich zu diesem Zeitpunkt im selbst gewählten Exil. Er war am Fenster eines Metzgers in Paris vorbeigekommen und trotz seines nicht ganz unkomplizierten Verhältnisses zum Namen Bonnier von Heimweh gepackt worden:

»Da eilten schnelle Gedanken
in meinen Stockholmer Bazar,
an hellen Fensterreihen
der Weiber und Kinder Schar.

Ein Buch in schmalem Gewände
ist dort ans Glas gedrängt,
ein Herz herausgerissen,
das nun am Haken hängt.«

(Übersetzung von Emil Schering, 1923,
Georg Müller Verlag München)

Damit kann die Geschichte Albert Bonniers ihren Anfang nehmen, mit einem Jahr, das für ihn, seine Angehörigen und seine Glaubensgenossen katastrophal hätte enden können, stattdessen aber den Anfang eines Erfolges markierte, den er sich in seinen wildesten Fantasien nicht hätte vorstellen können, als in einigen aufwühlenden Spätsommernächten im Jahr 1838 die Glasscherben das Kopfsteinpflaster der Gamla Stan übersäten.

Dämmerung über der Norrbro in Stockholm. Im Hintergrund der Norrbrobasaren und das Königliche Schloss. Farblitographie von Carl Johan Billmark, Stadsmuseet Stockholm. [1]

Albert Bonnier 1842, in dem Jahr, in dem er von seinem
Buchhändlerpraktikum zurückkehrte. [2]

1. KAPITEL

ANKUNFT

**Von Dresden nach Kopenhagen. Ein revolutionärer Stammbaum?
Dänischer Konkurs. Gen Schweden! Ein brachliegender
Buchmarkt. In königlichen Gnaden. Albert geht an Land.
Das erste Buch.**

——

Albert Bonnier, der 1835 in Stockholm am Riddarholmen-
Kai an Land ging, war nicht der Erste seiner Familie, der
in Schweden sein Glück suchte. Sein älterer Bruder Adolf
und sein Vater Gerhard waren vor ihm in Schweden ein-
getroffen. Sein Bruder hatte reüssiert, sein Vater hingegen
hatte die Zahlungen einstellen müssen. Den Beginn des Wir-
kens der Bonniers in Schweden auf Alberts Ankunft im Jahr
1835 oder seine erste Buchpublikation 1837 zu datieren, kann
daher ein wenig irreführend erscheinen. Albert war zwar
ein erfolgreicher Unternehmer in der literarischen Sphäre
und ein Erneuerer, aber ein Pionier war er nicht. Diese Rolle
fällt Adolf Bonnier zu.

Im Hinblick auf Alberts dürftige Mittel und auf seine
Jugend – im Oktober wurde er fünfzehn – war für ihn an
eine eigene Wohnung nicht zu denken. Er wurde bei Adolf
einquartiert, der über der Buchhandlung am Storkyrkobrinken wohnte. Der vierzehn Jahre ältere Adolf war in Stockholm bereits recht etabliert und seit einem Jahr mit Esther,
einer geborenen Philip, verheiratet. Die beiden hatten sich

Gerhard Bonnier, Alberts Vater, geboren in Dresden
als Gutkind Hirschel. [3]

in Karlskrona kennengelernt. Esthers Familie gehörte zu der kleinen jüdischen Gruppe, die die Erlaubnis erhalten hatte, sich in der Marinestadt anzusiedeln. Zwischen Albert und Esther scheint unmittelbar eine liebevolle Beziehung entstanden zu sein, und Esther wurde zu einer Art zweiten Mutter für ihren jungen Schwager.

* * *

Außer den Koffern und Kisten, die im Laufe dieser Jahre von Kopenhagen nach Schweden verschifft wurden, hatten die Bonniers auch noch eine Familiengeschichte im Gepäck.

Gerhard Bonnier, der Vater der Brüder, war 1778 als Gutkind Hirschel in Dresden, der damaligen Hauptstadt des Kurfürstentums Sachsen, zur Welt gekommen. Dresden war vom Siebenjährigen Krieg 1756 bis 1763 schwer in Mitleidenschaft gezogen worden. Wie in vielen anderen Orten in Europa hatte der Antisemitismus in Dresden eine lange Tradition, und die Versorgungsmöglichkeiten der jüdischen Minderheit waren stark begrenzt. Trotzdem scheint Gutkind Hirschel in einer relativ wohlhabenden Familie aufgewachsen zu sein, die noch dazu groß war. Seine Eltern, der Juwelier Löbel Salomon Hirschel und seine Frau Feile Srasser, hatten zehn Kinder, von denen acht das Erwachsenenalter erreichten.

Über die Kindheit und Jugend Gutkind Hirschels wissen wir kaum etwas. Die Forschungslage wird durch die vollkommene Zerstörung Dresdens bei einem Bombenangriff der Alliierten im Februar 1945 zusätzlich erschwert. Dank der Familiengeschichte seines Enkels Karl Otto Bonnier und vor allem der gediegenen Recherche und der Zusammenfügung verschiedener Fragmente, die Svante Hansson mit seiner Biografie *Den förste Bonnier* (Der erste Bonnier) vorlegte, lässt sich in groben Zügen trotzdem ein Bild anfertigen.

Gutkind muss eine für Juden damals ungewöhnlich gründliche Ausbildung in weltlichen Fächern erhalten haben, denn er konnte sich später unter anderem mit seiner Arbeit als Sprachlehrer ernähren. Die isolierten, an den Rand gedrängten Dresdner Juden sprachen überwiegend Jiddisch. Gutkind beherrschte neben der deutschen Sprache auch Französisch und zu einem gewissen Grade Englisch. Wo er sich diese Sprachkenntnisse angeeignet hatte, ist unklar, aber vieles deutet auf das damals in der österreichischen Provinz Böhmen gelegene Prag hin. Hier hatte 1781 das Toleranzpatent des deutsch-römischen Kaisers Joseph II. den Juden größere Rechte eingeräumt, um sie für den Staat »nützlich« zu machen.

Wahrscheinlich veranlassten die vielen Einschränkungen, die den Juden zu Hause in Dresden auferlegt wurden, Gutkind, nach Norden, gen Kopenhagen, zu ziehen. Nach einem Aufenthalt in Hamburg, während dem er als Sprachlehrer sein Auskommen fand, reiste er im Oktober 1801 über Lübeck nach Kopenhagen, um auch hier als Lehrer zu arbeiten. Zweieinhalb Jahre später bewilligte man ihm die dänische Aufenthaltsgenehmigung. Er führte den Titel *Sprogmester* (Sprachmeister), und nach Briefen und anderen Dokumenten zu urteilen, scheint er verblüffend rasch, zumindest in Grundzügen, die dänische Sprache gelernt zu haben. Zu diesem Zeitpunkt war er bereits mit einer Dänin verheiratet, mit Ester Elkan.

In Bezug auf die Rechte der Juden war Dänemark schon zu dieser Zeit ein relativ tolerantes Land. Im Jahr 1814 wurde der sogenannte jüdische Freiheitsbrief verabschiedet, ein Gesetz, das es Juden erlaubte, halbwegs gleichberechtigt am öffentlichen Leben teilzunehmen. Die Wahl von Kopenhagen als Wohnort wirkt also konsequent für einen jungen, ehrgeizigen und gebildeten Juden aus Dresden, der den französisch klingenden Namen Gerhard Bonnier annimmt.

* * *

Hier in Kopenhagen beginnt die Geschichte der Buchhändler- und Verlegerfamilie Bonnier. Denn aus Gerhards Plänen, als Lehrer, als *Sprogmester*, in der dänischen Hauptstadt zu arbeiten, wurde nicht viel. Gerhard stand der Sinn nach der Welt der Bücher.

1803, im Jahr seiner Hochzeit, kaufte Gerhard eine Leihbücherei und verlegte sie in die Kronprinsensgade, in der er wohnte. Am wichtigsten war jedoch, dass er 1805 den Bürgerbrief als Buchhändler erhielt, also die Genehmigung zum Verkauf von Büchern. Wie auch seine Leihbücherei hatte seine Buchhandlung eine internationale Ausrichtung mit einem Schwerpunkt auf Fachbüchern und wissenschaftlicher Literatur. Schwedische Autoren waren stark vertreten, beispielsweise durch die beiden Botaniker Elias Fries aus Lund und Carl Peter Thunberg aus Uppsala.

Ein Jahr zuvor hatte er einen Verlag gegründet, dessen erster Artikel eine Übersetzung aus dem Deutschen mit dem Titel *Underfulde og sandfærdige Kriminalhistorier* (Wunderbare und wahrhaftige Kriminalgeschichten) darstellte. Dies war also das erste Buch, auf dessen Titelseite Bonnier als Verlagsname erschien. Wie bei seiner Leihbücherei und der Buchhandlung konzentrierte sich der Buchverleger Gerhard Bonnier stärker auf Übersetzungen ausländischer Fachbücher als auf dänische Belletristik. Es war ihm wichtig, internationale Kontakte zu knüpfen, wobei ihm seine Sprachkenntnisse natürlich zugutekamen, und er unternahm mehrere Auslandsreisen. Diese grenzüberschreitenden Ambitionen sollte er später einmal an seine Söhne Adolf und Albert vererben. Doch aus Achtung vor seinem neuen Heimatland enthielt Gerhards Katalog einige Werke der größten Namen, die die dänische Literatur der ersten Hälfte des 19. Jahrhunderts zu bieten hatte, Adam Oehlenschläger und N. F. S. Grundtvig.

Wie sah es aber nun mit dem eigenen Namen des Verlegers aus? In Dänemark wurde Gutkind Hirschel schließlich zu Gerhard Bonnier.

Der Namenswechsel gehört zu den eher bizarren Details der Bonnier'schen Familiengeschichte. Er basiert auf einer freien Erfindung, die den fantastischsten Romanen des Verlages kaum nachsteht.

Laut einem von Gerhard selbst verfassten Artikel im dänischen *Litteraturlexicon* von 1827 war er gar nicht in Dresden geboren worden, sondern im ostfranzösischen Besançon. In diesem Literaturlexikon steht Folgendes: »Der bekannte französische Deputierte Bonnier [...] war sein Onkel.«

Bei diesem Onkel handelte es sich um den Adeligen Antoine Bonnier d'Alco, der nach der Revolution 1789 Mitglied der gesetzgebenden Nationalversammlung und des Nationalkonvents wurde. Er gehörte der Mehrheit an, die dafür stimmte, Ludwig XVI. guillotinieren zu lassen. Während der Revolutionskriege machte Bonnier d'Alco Karriere als Diplomat und war französischer Abgesandter bei den Friedensverhandlungen im Rahmen des zweiten Rastatter Kongresses 1799. Bonnier d'Alco verließ die Beratungen im Protest darüber, wie Frankreich von seinen Feinden behandelt wurde. Bei seiner Abreise kam es zu einem Überfall, und Bonnier d'Alco wurde ermordet. Dieser Mord erregte in ganz Europa große Aufmerksamkeit. Durch diese *Cause célèbre* wurde Bonnier d'Alco zu so etwas wie einem Märtyrer der Revolution.

Die Geschichte über den »Onkel«, das Verwandtschaftsverhältnis, war jedoch eine reine Erfindung Gerhards. Keinerlei Blutsbande zwischen Gerhard Bonnier und Antoine Bonnier d'Alco sind nachweisbar. Aber die Legende lebte weiter und muss auch noch von Gerhards Sohn Albert erzählt worden sein, da sie in einem Nachruf auf ihn erwähnt wird, den Albert Bonniers Freund Frans Hedberg im Almanach *Svea* des Jahres 1901 veröffentlichte. Hedberg erklärt Alberts

In diesem Haus in Kopenhagen befand sich Gerhard Bonniers
Buchhandlung.

liberale Gesinnung damit, dass dieser »ein Verwandter eines
französischen Revolutionärs und wahrscheinlich ein geborener Rabulist« gewesen sei.

Der Name Bonnier hatte auf Umwegen in die Familie Hirschel gefunden. Wie, das beschreibt Karl Otto Bonnier in
seiner Familiengeschichte. Der Hintergrund war, dass Gerhards älteste Schwester Breindel einen Bankier namens
Lazarus Lehmann heiratete, in dessen Familie es schon län-

ger frankophile Sympathien gab, die nach der Revolution wahrscheinlich noch zunahmen. Einer von Lehmanns Vorfahren, der Anfang des 18. Jahrhunderts Bankier des sächsischen Kurfürsten August des Starken gewesen war, schrieb sich abwechselnd Bunner, Bonner – und Bonnier. Als Breindel 1801 Zwillinge zur Welt brachte, zwei Jungen, nannte sie den einen direkt Bonnier, obwohl der eigentlich Gutkind hieß wie ihr Bruder. Karl Otto stellt fest:

»Ist es eine zu kühne Hypothese, anzunehmen, dass, nachdem Breindel Hirschel-Lehmann im März 1801 den Namen Bonnier in die Familie eingeführt hatte, mehrere ihrer Geschwister gemeinsam beschlossen, teils – wie Breindel – den Namen Gutkind in das französisch klingende Bonnier zu verwandeln, teils noch einen Schritt weiterzugehen und das Hirschel abzuwerfen und so den schönen französisch klingenden Namen als ihren Familiennamen anzunehmen?«

Vieles spricht dafür, dass dies Gerhards ersten Impuls für die Verwendung des Namens Bonnier darstellte. Aber von da bis zur Berufung auf die Verwandtschaft mit einem französischen Revolutionär ist es ein weiter Weg.

Die Erklärung dafür, warum sich Gerhard als Verwandter des legendären Antoine Bonnier d'Alco ausgab, verliert sich im Dunkel der Geschichte. Er behauptete hin und wieder, ebenfalls zu Unrecht, einmal französischer Untertan gewesen zu sein.

Unter den spärlichen Informationen über Gerhards Persönlichkeit finden sich keinerlei Hinweise auf betrügerische Tendenzen oder psychische Störungen. Er hatte auch nicht die Absicht, seine jüdische Identität zu verbergen oder abzuschwächen, denn diese erfüllte ihn sein Leben lang mit Stolz. Vielleicht war die Geschichte von Bonnier d'Alco Teil des Marketings in einem neuen Land, eine Methode, die Marke

Bonnier mit einem Hauch von Abenteuer zu versehen, besonders auch, da Gerhard anfänglich als Französischlehrer sein Brot verdienen wollte. Aber vielleicht wollte er sich einfach nur mit etwas mehr Glanz umgeben. Die retuschierte Vergangenheit wurde zur selbst erlebten Wahrheit. Und in dieser Hinsicht ist Gerhard Bonnier wohl kaum der Einzige.

* * *

Anfänglich liefen Gerhards Geschäfte ausgezeichnet, und er erweiterte seine Unternehmen 1816 um die Zeitung *Dagsposten* (Tagespost) und eine Druckerei. Ein deutliches Zeichen seines Erfolges war auch, dass er 1813 ein Eckhaus an der Købmagergade und Silkegade erwarb. Die Räumlichkeiten an der Kronprinsensgade waren zu klein geworden.

In dieser Zeit erhielt die Familie Zuwachs. Als Erste kam 1804 die Tochter Frederikke zur Welt, gefolgt von Sohn Adolf 1806, dann kamen die Töchter Henriette, genannt Jette, 1808, Julie 1809 und Bolette 1811. Nach einer kürzeren Zeugungsphase, die mit der Expansion des Geschäfts zusammenfiel, erblickten sechs weitere Kinder das Licht der Welt: Hanne 1813, die Zwillinge Salvador, genannt Sally, und Philippine 1816, Albert am 22. Oktober 1820 sowie schließlich David Felix 1822. Dazwischen kam 1818 noch Emanuel zur Welt, wurde aber nur acht Monate alt.

Ursprünglich erhielten die Kinder jüdische Namen, die dann durch Namen ersetzt wurden, die auch in einem nicht jüdischen Kontext gebräuchlich waren. Bei der jüdischen Gemeinde in Kopenhagen wurde der kleine Albert als Elkan Bonnier eingetragen, der jiddischen Variante des hebräischen Elkanah, nach dem Großvater väterlicherseits seiner Mutter, einem Elkan Abraham.

Über Kindheit und Jugend der Bonnier-Kinder und über ihre Ausbildung ist nur wenig bekannt. Ab 1814 bestand in Dänemark für Jungen und Mädchen Schulpflicht, doch die mosaischen Gemeinden durften bei der Gestaltung des Unterrichts nicht mitreden.

Zumindest die beiden jüngsten Söhne Albert und David Felix erhielten nach einiger Zeit normalen Schulgangs Privatunterricht bei einem Lehrer namens Isaak Levin, über den Karl Otto Bonnier schreibt, dass er »den beiden Jünglingen beachtliche Kenntnisse in verschiedenen Fächern beibrachte, vor allen Dingen in den Fremdsprachen«. Anfang des 19. Jahrhunderts hatte man besondere Schulen für jüdische Jungen und Mädchen gegründet, aber es ist nicht bekannt, ob die älteren Bonnier-Kinder diese besuchten. Sicherlich trug Gerhard mit seinen Erfahrungen als Sprachlehrer, soweit er dazu Zeit und Möglichkeiten hatte, zur Ausbildung seiner Kinder bei. Mit seinem Hintergrund und seinen Kenntnissen ließ er sich durchaus der Kategorie *Maskil* zuordnen, eine Bezeichnung hebräischen Ursprungs für aufgeklärte und reformorientierte Juden. Eine breite, weltliche Ausbildung zu fördern, entsprach voll und ganz den Werten dieser Gruppe.

Ein rührendes Detail im Hause Bonnier in Kopenhagen war die große Fürsorge, die die älteste Tochter Frederikke ihren jüngeren Geschwistern angedeihen ließ, besonders seit Gerhard und Ester in wirtschaftliche Schwierigkeiten geraten waren. Frederikke starb bereits 1828, im Alter von nur 23 Jahren. Albert konnte ihren Tod kaum verwinden. Sie fehlte ihm außerordentlich. »Im Alter erzählte mein Großvater Albert Bonnier oft von seiner großen Schwester, die für ihn wie eine liebevolle Mutter gewesen war«, erinnerte sich Alberts Enkel Åke Bonnier Jahre später.

Man kann nur Mutmaßungen anstellen, aber vielleicht ist dies ja die Erklärung dafür, weshalb Albert nach seinem Eintreffen in Stockholm eine so gute Bindung zu Adolfs Frau Esther aufbaute und warum er trotz des patriarchalen Zeitalters keinerlei Schwierigkeiten hatte, sich mit starken, selbstbewussten Frauen zu umgeben. Das galt sowohl im Privaten als auch im Umgang mit herausragenden Autorinnen und spiegelt sich außerdem in der ungezwungenen Beziehung zu seiner hochbegabten, aber widerspenstigen Tochter Eva wider, die ihren eigenen Weg beschritt und eine bedeutende Künstlerin wurde.

* * *

Als Albert Bonnier etwa ein Jahr alt war, hatte es mit den Erfolgen seines Vaters in Dänemark ein Ende. Es war der Anfang eines Zusammenbruchs, der sich über Jahre hinzog und den sich Gerhard teilweise selbst zuzuschreiben hatte. Er hatte sich übernommen und seine Aktivitäten zu sehr verzweigt. Aber auch äußere Umstände spielten eine Rolle. Dänemark befand sich seit mehreren Jahren in einem Zustand, der sich am ehesten als wirtschaftliche Depression bezeichnen lässt. Diese war von dem unglückseligen Bund mit Frankreich in den Napoleonischen Kriegen ausgelöst worden. Die Bombardierung und teilweise Zerstörung Kopenhagens durch die britische Kriegsmarine im Jahr 1807 und die Kontinentalsperre, der Versuch Napoleons, die Briten durch eine Blockade in die Knie zu zwingen, hatten verheerende Konsequenzen für die Handelsnation Dänemark. Im Jahr 1813 musste sie den Staatsbankrott erklären.

Warenlieferungen, auch Bücher, konnten nur über von den Franzosen kontrollierte Gebiete erfolgen, was Gerhard mit seinen Geschäftsbeziehungen nach England und in deutsche Städte wie Leipzig, wo er an der Buchmesse interessante Literatur bezog, schwer traf. Außerdem konfiszierte die französische Zensur Schriften, die als politisch riskant galten. In Dänemark schrumpfte der Buchmarkt, der Konkurrenzkampf verhärtete sich, und der Geldwert sank, während die Zahl der Kinder, die versorgt werden mussten, zunahm.

Gerhard wollte den Ernst der Situation nicht akzeptieren.

»Neue Geschäftszweige kamen hinzu. Die ersten Jahre nach dem Staatsbankrott waren seine Blütezeit, obwohl sich zeigen sollte, dass der Koloss auf tönernen Füßen stand«, stellt Svante Hansson in *Den förste Bonnier* (Der erste Bonnier) fest. Zu guter Letzt brach alles zusammen. »Le temps est terrible«, seufzte Gerhard in einem Brief an einen Geschäftspartner in Schweden, wie so oft auf Französisch.

Im Dezember 1821 schließlich sah sich Gerhard Bonnier gezwungen, seine Druckerei und sein Haus zu verkaufen und den Buchhandel einzuschränken. Bald wandte er seinen Blick dem Nachbarland jenseits des Öresunds zu. Lag dort etwa die Zukunft?

* * *

Verglichen mit England, den anderen großen Ländern Europas und selbst mit Dänemark, war der schwedische Buchmarkt recht unterentwickelt. Bücher mit größeren Auflagen hatten überwiegend einen religiösen Inhalt, und die wissenschaftliche Literatur, beispielsweise die Werke Carl von Linnés, erreichte aus verständlichen Gründen nur einen kleinen Kreis. Als Schriftsteller sein Auskommen zu finden, war praktisch unmöglich. Georg Stiernhielm, der als Vater der schwedischen Dichtkunst gilt, war im 17. Jahrhundert auf die Unterstützung des Königs und seine Einkünfte als Beamter angewiesen. Das Schicksal Carl Michael Bellmans hundert Jahre später ist bekannt: Er starb mittellos.

In Schweden existierten weder Verlage noch Buchhandlungen im engeren Sinne. Mitte des 18. Jahrhunderts, in der Freiheitszeit (Frihetstiden), erhielten Buchdrucker erweiterte Befugnisse zum Verkauf von Büchern. Zuvor verfügten die Buchbinder über das Monopol zum Verkauf gebundener Druck-Erzeugnisse, was jedoch nicht wirklich von Bedeutung war, da noch nicht von einer lesenden Öffentlichkeit die Rede sein konnte.

Eine wichtige Veränderung trat 1810 mit der Druckfreiheitsverordnung ein, einer Folge des Staatsstreichs im Vorjahr. Diese Verordnung schaffte die Zensur ab und legte das Recht des Autors an seinem Werk fest: »Jede Schrift sei Eigentum ihres Autors oder des gesetzmäßigen Inhabers ihrer Rechte.«

Die Entwicklung vollzog sich jedoch nur langsam.

Um 1825 gab es nur ein Dutzend Buchhandlungen in Stockholm. Außerhalb der Hauptstadt waren solche Geschäfte jedoch eine fast unbekannte Erscheinung. Bücher wurden zwar auch in der Provinz verkauft, aber nur auf Kommission, vorzugsweise von Pfarrern oder Lehrern, die sich damit etwas dazuverdienten. Ein zeitgenössischer Beobachter bemerkte seufzend:

»Um ein Buch zu erwerben, muss man das Glück haben, den Buchhändler zu Hause anzutreffen. Oft spricht man vergeblich bei ihm vor.«

Der führende Buchverlag der Zeit um 1820 war N. M. Lindh in Örebro. Er gab u. a. sogenannte Räuberromane heraus und druckte sie auch. Das in Schweden zu Beginn des 19. Jahrhunderts sehr beliebte Genre kam aus Deutschland. Man kann von einem frühen Vorläufer der Groschenromane (schwedisch: »kiosklitteratur«) sprechen. Als ein neuer Eigentümer keine Romane mehr verlegte, verlor der Verlag seine führende Stellung.

So sah es in Schweden aus, als Adolf Bonnier, der zu Gerhards rechter Hand herangewachsen war, dem Nachbarland um 1825 mehrere geschäftliche Besuche abstattete, Reisen, die auch der Erkundung dienen sollten. Wie waren die Voraussetzungen, durch ein Engagement in Schweden die dänischen Verluste auszugleichen? Nachdem sie längere Zeit überlegt hatten und unter Berücksichtigung der angestrengten finanziellen Lage im Heimatland, gelangten Vater und Sohn zu der Einschätzung, dass Schweden einem kompetenten und umtriebigen Buchhändler einiges zu bieten hatte.

Im Sommer 1827 machte sich der 21-jährige Adolf auf den Weg nach Göteborg. Im Gepäck führte er einige große Kisten Bücher in verschiedenen Sprachen mit, die für das schwedische Publikum von Interesse sein konnten. Adolfs Plan lag vermutlich primär darin, als Handelsreisender Bestellungen für die Buchhandlung in Kopenhagen zu akquirieren. Bald erwog er jedoch, sich permanent in Göteborg niederzulassen.

Dass die Wahl Gerhards und Adolfs auf Göteborg und nicht auf Stockholm fiel – in beiden Städten hätten sie sich als Juden niederlassen können –, beruhte nicht nur auf geografischen Erwägungen. In Göteborg, Schwedens zweitgrößter Stadt, gab es zu diesem Zeitpunkt noch keine richtige Buchhandlung. Die Stadt stellte also jungfräulichen Boden dar. Aber Adolf und Gerhard waren nicht als Einzige zu dieser Erkenntnis gelangt. Ihr dänischer Konkurrent Christian Wilhelm Kyhl Gleerup hatte ein Jahr zuvor eine Buchhandlung in der schwedischen Universitätsstadt Lund eröffnet und gerade einen Ableger in Göteborg etabliert. Für Adolf eilte es also, sich dort einzurichten, wenn er verhindern wollte, dass Gleerup den ganzen Göteborger Markt an sich riss.

Ende August ließ Adolf Anzeigen für »eine gute und vollständige Leihbücherei hier in Göteborg, an der auch nahe angrenzende Orte teilnehmen können«, drucken. Die Bücherei sollte »die besten der älteren Bücher der deutschen, französischen, englischen, dänischen und schwedischen Literatur« anbieten.

Damit begann eine neue Ära für die Familie Bonnier.

* * *

Die Geschäfte Adolf Bonniers in Göteborg ließen sich vielversprechend an. Anfänglich konzentrierte er sich auf den Ausbau seiner Leihbücherei, aber später nahm auch der normale Buchverkauf zu. Im Jahr 1828 betrug Adolfs Verdienst gute 2000 Reichstaler, und er konnte Gerhard immer wieder Geld schicken, das dieser dringend benötigte. Als Adolf im Mai dieses Jahres nach dem Ableben seiner Schwester Frederikke nach Kopenhagen fuhr, hatte er für Gerhard einen Wechsel über einhundert dänische Reichstaler und für seine Mutter Ester einen Lachs dabei. In Göteborg wohnte er als Zimmerherr, aber laut Notizen aus seinem Nachlass gönnte er sich die eine oder andere Extravaganz, beispielsweise einen Frack, um auf den Bällen von Mamsell Åberg aufzutrumpfen.

Nach seiner Rückkehr aus Kopenhagen beschloss Adolf, endgültig in Schweden zu bleiben. Aber Stockholm lockte ihn mehr als Göteborg. Im Frühjahr 1829 reiste er via Örebro und Arboga mit einer Kiste Bücher und einem Inlandspass nach Stockholm. Freizügigkeit innerhalb des Reiches gab es noch nicht. Adolf beschloss außerdem, die schwedische Staatsbürgerschaft zu beantragen.

Mithilfe von Anzeigen in der Stockholmer Presse kam der Buchverkauf in Gang. Sein Antrag auf Staatsangehörigkeit erwies sich als weniger erfolgreich, denn gegen die Beschränkungen des Judenreglements war nur schwer anzukommen, und im Juli wurde Adolfs Ersuchen abgelehnt. Den Beschluss unterzeichnete Karl XIV. Johan persönlich. Er erteilte Adolf jedoch die Genehmigung, »sich in Gnaden [...] bis auf Weiteres hier im Reiche aufzuhalten«. Adolf dürfte über den etwas herablassenden Ton verärgert gewesen sein. Aus verschiedenen Zusammenhängen geht hervor, dass es ihm mit seiner jüdischen Identität und Integrität ernster war als seinen jüngeren Brüdern Albert und David Felix.

Alberts älterer Bruder Adolf, einer der Pioniere
des schwedischen Buchhandels. [4]

In dem Buch über seine Familie, *Bonniers – en släktkrönika 1778–1941* (Die Bonniers – eine Familienchronik 1778–1941) kommt Åke Bonnier wie vor ihm schon Alberts Sohn Karl Otto zu dem vermutlich korrekten Schluss, dass Adolf gekränkt war. So lässt sich erklären, dass zwanzig Jahre verstrichen, bis er ein weiteres Mal die schwedische Staatsangehörigkeit beantragte. Zu diesem Zeitpunkt hatte Schweden einen liberaleren König. Oskar I. hatte 1844 die Nachfolge Karl Johans angetreten. Dem Antrag wurde stattgegeben.

Nach seinem Aufenthalt in Stockholm verweilte Adolf nicht lange in Göteborg. Er reiste zurück nach Kopenhagen, um seinem Vater Gerhard beizustehen, dessen finanzielle Lage prekärer war denn je zuvor. Adolf wurde sicher auch dieses Mal mit offenen Armen empfangen, denn wieder brachte er Geld für Gerhard und einen Fisch für Ester mit.

In Kopenhagen drohte dem Unternehmen der Zusammenbruch, und Gerhard sah sich gezwungen, seinen Gläubigern zu schreiben und sie um Stundung zu bitten. Dass acht Kinder, darunter auch Albert, noch zu Hause wohnten, verbesserte die Lage nicht unbedingt. Gemeinsam kamen Adolf und Gerhard zu dem Schluss, dass sowohl die Buchhandlung als auch der Verlag verkauft werden mussten. Aber es gelang ihnen nicht, einen Käufer zu finden. Stattdessen beschlossen sie, Gerhard solle nach Stockholm ziehen, dort eine Buchhandlung eröffnen und später die gesamte Familie nachholen. Im November 1830 traf Gerhard in Göteborg ein und setzte von dort die Reise in die schwedische Hauptstadt fort.

Gleichzeitig gelang es Adolf, sich noch besser in Göteborg zu etablieren. Und wieder war es der Ehrgeiz seines Konkurrenten C. W. K. Gleerup, der ihn dazu motivierte. Bezeichnend ist im Übrigen, dass es dem aus dem jütländischen Aalborg stammenden Gleerup nicht weiter schwerfiel, die schwedische Staatsbürgerschaft zu erwerben. Bereits 1828 wurde er Schwede.

Der dreißigjährige Gleerup, inzwischen Universitätsbuchhändler in Lund, zog mit seiner Göteborger Filiale in neue und schönere Räumlichkeiten um. Adolf sah ein, dass er mit seinem Konkurrenten Schritt halten musste. Im Herbst 1830 eröffnete er eine Buchhandlung an der Kreuzung der beiden sehr belebten Straßen Kungsgatan und Östra Hamngatan.

Auf diese Weise setzte sich Adolfs Erfolg in Göteborg fort. Gerhards Lage in Stockholm war schwieriger.

* * *

Nachdem sich Gerhard Bonnier in Stockholm etabliert und Kontakte zu eigenen und Adolfs Geschäftspartnern geknüpft hatte, beantragte er im April 1831, auf Französisch, beim König die Erlaubnis zur Eröffnung einer Buchhandlung sowie eine Aufenthaltsgenehmigung. Er betonte seine internationalen Verbindungen und seine Erfahrung im Verlegen schwedischer wissenschaftlicher Literatur. Seinem Antrag fügte er Zeugnisse des Direktors des *Teknologiska institutet*, wie die Königlich Technische Hochschule damals hieß, Gustaf Magnus Schwartz, und des Oberbibliothekars der Königlichen Bibliothek, Per Adam Wallmark, bei. Beide hatten bei Gerhard Bonnier Bücher gekauft und bürgten für ihn. Schwartz hielt es für wünschenswert, dass jemand »einen echten ausländischen Buchhandel schaffen« würde, und Wallmark betonte Gerhard Bonniers »Beflissenheit, Genauigkeit und seine billigen Preise bei den von ihm übernommenen Buch-Kommissionen«. Der Oberstatthalter, der davon ausging, dass Gerhard ein »von Geburt französischer Untertan« war, empfahl die Billigung des Antrags. Trotzdem wurde dieser am 14. Mai ohne nähere Begründung abschlägig beschieden. Der König »sah keinen Grund, diesem untertänigen Antrag seine gnädige Genehmigung zu erteilen«.

In seiner Familiengeschichte stellt Karl Otto Bonnier Mutmaßungen über den Grund für diese fast schroffe Ablehnung des sorgfältig vorbereiteten Antrags an. Hatte es an Gerhards Berufung auf seine Verwandtschaft mit Antoine Bonnier d'Alco gelegen? Der Revolutionsgeneral Bernadotte war im Verlauf der Jahre ins reaktionäre Lager gewechselt und hatte laut Karl Otto Bonnier vielleicht instinktiv negativ auf diesen Namen reagiert:

»Der König denkt nach: Wer ist dieser Franzose, der sich im Land als Buchhändler niederlassen will? Natürlich ist er ein Verwandter des alten ›Königsmörders‹. Höchstwahrscheinlich ist er selbst Jakobiner! Nein danke! Wir brauchen hier keine Sansculotten! Deswegen ablehnen ›sans phrases‹.«

Diese Erklärung ist unwiderstehlich, aber trotzdem reine Spekulation. Schließlich hatte Karl Johan nur wenige Jahre zuvor Adolf mit demselben Nachnamen die Erlaubnis erteilt, in Schweden zu bleiben. Bedeutend einleuchtender wirkt die Erklärung, dass sich Gerhard mit den außerordentlich strikten Begrenzungen des Judenreglements konfrontiert sah, denn in den Jahren 1815 bis 1838 erhielten insgesamt nur 25 Juden die Erlaubnis, sich in Schweden niederzulassen.

Trotz dieser Enttäuschung blieb Gerhard in Stockholm. Er mietete einen Laden in der Västerlånggatan in der Gamla Stan und eröffnete unter Adolfs Namen eine Leihbücherei und eine Buchhandlung. Erst im Frühjahr 1832 kehrte er nach Kopenhagen zurück, wo ihn Ester bereits ungeduldig erwartete.

Ester fand sich in Kopenhagen gut zurecht und schien während Gerhards Aufenthalt in Schweden aktiv an der Leitung der Buchhandlung und des Verlags teilgenommen zu haben. Offenbar war sie von dem Gedanken, in ein neues Land zu ziehen, wenig angetan. In einem ergreifenden Brief in hebräischer Schrift und auf Jiddisch, die Transkription verdanken wir Svante Hansson, berichtet Ester, dass sie trotz verminderter Kaufkraft lieber in Kopenhagen bleiben wolle. Denn ein Neubeginn sei schwierig und die Verdienstmöglichkeiten gering:

»[B]esser veren es ja ven du hir bleybe kantest, gevist kost alles fil hir, aber van man alles oyf eyne neye shtel zol anfangen zo ist es zer shver und er alles im gang komt, zo izt vol oykh nikht fil tzu ferdinen.«

Nach seinem Misserfolg in Schweden glitt Gerhard Bonnier an den Rand der Familiengeschichte. Ester starb bereits 1838, aber Gerhard waren noch viele Jahre vergönnt, die allerdings von ständigen finanziellen Problemen überschattet wurden. Er kam nur mit Zuwendungen seiner Söhne aus Schweden über die Runden. Trotz seiner eingeschränkten finanziellen Verhältnisse reiste er recht viel und besuchte als 78-Jähriger Dresden, die Stadt seiner Kindheit, in der er »unvergesslich fröhliche Tage« verbrachte, wie er Adolf in einem Brief schrieb.

Gerhard Bonniers Einsatz für den dänischen und schwedischen Buchmarkt sollte nicht unterschätzt werden. Es mag sein, dass er ein Kartenhaus errichtete, das in sich zusammenfiel, aber nach 1810 gehörte er für einige Jahre zu den wichtigsten Akteuren und war einer der äußerst wenigen Skandinavier, die über eine internationale Perspektive und internationale Kontakte verfügten. In dieser Hinsicht inspirierte er sicherlich Albert, den später erfolgreichsten seiner Söhne. Einem größeren schwedischen Publikum brachte Albert wichtige ausländische Autoren wie Dickens, Zola und Tolstoi nahe. Aber für seinen zweitjüngsten Sohn war Gerhard wohl eher eine Art warnendes Beispiel. Das lässt sich an der Behutsamkeit, aber auch Zielstrebigkeit erkennen, mit der Albert seinen Verlag und sein Unternehmen aufbaute. Er investierte immer erst dann, wenn er über genügend eigenes Kapital verfügte, mied große Kredite und ging keine unnötigen Risiken ein.

Gerhard Bonnier starb 1862. Adolf, sein ältester Sohn, informierte seinen Bruder Albert per Brief, dass ihr Vater »jetzt die lange erforderliche Ruhe genießen kann, die ihm hier im Leben sein unermüdlicher Fleiß und sein rastloser Eifer nicht vergönnt haben«.

* * *

Nachdem Gerhard nach Kopenhagen zurückgekehrt war, konzentrierte sich Adolf darauf, das Unternehmen in Stockholm aufzubauen. Im Frühsommer 1832 traf er in der Hauptstadt ein. Den laufenden Betrieb des Ladens in Göteborg überließ er seinem Mitarbeiter Lauritz Kamp. Adolf war vom Anblick der engen und dunklen Räumlichkeiten in der Västerlånggatan enttäuscht und unterschrieb recht bald den Mietvertrag für einen Laden im Erdgeschoss am Storkyrkobrinken 12. Die bessere Lage förderte die Geschäfte. Vom Storkyrkobrinken aus knüpfte Adolf Verbindungen mit Verlegern wie Lars Johan Hierta, P. A. Norstedt & Söhne und N. M. Lindh in Örebro sowie mit bekannten Autoren, die ihre Werke in Eigenregie herausgaben, wie beispielsweise Erik Gustaf Geijer aus Uppsala.

Adolf entfaltete eine fieberhafte Geschäftigkeit. Er lieferte Bücher an Institutionen wie die Akademie der Wissenschaften und die Königliche Bibliothek sowie an den Hof. Zu seinen Kunden gehörten Königin Desideria und Prinzessin Joséphine. Die erste seiner vielen Geschäftsreisen führte Adolf ganz nach dem Vorbild seines Vaters zur Buchmesse nach Leipzig.

Anfang der 1830er-Jahre gründete er dann einen Verlag, der als Erstes die Übersetzung eines kuriosen Kinderbuchs aus dem Deutschen herausbrachte. Es trug den Titel *Barndoms-hjertat, eller huru Henrik af Eichenfels lärde känna Gud*

(Christoph von Schmid, Wie Heinrich von Eichenfels zur Erkenntniß Gottes kam. Eine Erzählung für Kinder und Kinderfreunde, 1817). Es war das erste Druckwerk auf Schwedisch, das den Verlagsnamen Bonnier trug.

Adolfs verlegerisches Hauptprojekt war jedoch die Serie *Klassiska Författare i Svenska Vitterheten* (Klassische Autoren der schwedischen schönen Literatur), von der bis 1842 über fünfzig Bände erschienen. Die Autoren waren u.a. Georg Stiernhielm und Lasse Lucidor. Als äußerst lukrativ sollte sich erweisen, dass Adolf die Rechte an Anna Maria Lenngrens postumer Sammlung *Skalde-försök* (Dichtungsversuche) von deren Erben erwarb, einem trotz seines bescheidenen Titels bahnbrechenden Werk der schwedischen Literatur, beispielsweise mit dem satirisch-ironischen Gedicht »Einige Worte an meine liebe Tochter, wenn ich eine hätte« von 1798:

»*Verthu' die Zeit mit Lesen nicht,*
Uns Frauen kann's nur wenig frommen;
Leicht könnt' ein angebrannt' Gericht
Darüber auf den Tisch mal kommen.«

(Aus dem Schwedischen übersetzt von Gustave Woldstedt, geb. Struve, Bückeburg: M.H. Wolper 1857)

Von *Skalde-försök* sind später unzählige Auflagen erschienen.

Im Januar 1835 startete Adolf außerdem das politische und literarische Wochenblatt *Panorama*. Es existierte nur kurz, ist aber, wie vorher schon die von Gerhard in Kopenhagen herausgegebene *Dagsposten*, ein Indiz dafür, dass sich die Verlegerfamilie Bonnier nicht nur für Bücher, sondern auch für Zeitschriften und Zeitungen interessierte.

Als Adolf in Schweden reüssierte, erwog er, seine Eltern in Kopenhagen zu entlasten, indem er seine jüngeren Brüder als Aushilfen in die Buchhandlung nach Stockholm holte. Bereits 1830 war der damals dreizehnjährige Salvador, genannt Sally, nach Göteborg gezogen. Im Jahr 1833 siedelte Sally nach Stockholm über, was jedoch nicht funktionierte. Bereits ein gutes Jahr später schickte Adolf Sally nach Dänemark zurück, wo er eine landwirtschaftliche Lehre begann.

Über Sally Bonnier ist nur sehr wenig bekannt, aber offenbar war er sehr anstellig. Als Adolf 1831 die Aufnahme Sallys ins Göteborger Einwohnermeldeverzeichnis beantragte, bescheinigte der Regierungspräsident, dass »sich der Jüngling Bonnier während seines Aufenthalts in der Stadt stets durch Sittsamkeit, Anständigkeit und Fleiß ausgezeichnet« habe. Aber laut Karl Otto Bonnier war Sally »hinsichtlich seines Kopfes recht schwach ausgerüstet«. Heute wäre vermutlich von einer Behinderung die Rede gewesen. Es handelte sich um den Anfang einer Tragödie, die in einer psychiatrischen Anstalt in den USA endete.

* * *

Nach dem misslungenen Versuch mit Sally war es recht natürlich, den nächsten Jungen aus der Kinderschar, Albert, nach Schweden zu holen.

Am 15. August 1935 ließ sich Albert von der Kopenhagener Polizei (Kiøbenhavns Politiekammer) einen Pass ausstellen, der ihm die ungehinderte Durchreise durch Schweden garantierte und ihm bescheinigte, dass er frei von ansteckenden Seuchen war. Adolf kam nach Kopenhagen, um seinen Bruder abzuholen. Anfang September reisten sie über Göteborg nach Stockholm und kamen dort wahrscheinlich am 11. September an, da Adolf in seinem Kassenbuch notierte, dass an diesem Tag Alberts Gepäck abgeholt worden war.

Wie sah Albert seine neue Heimatstadt?

Vermutlich mit gemischten Gefühlen nach seinen Jugendjahren in der etwas größeren Metropole Kopenhagen, die sich inzwischen von den Zerstörungen durch den Angriff der Briten und den Staatsbankrott 1813 erholt hatte.

Das periphere Stockholm muss im Vergleich zum stärker kontinentaleuropäisch geprägten Kopenhagen recht unterentwickelt gewirkt haben. Kopenhagen befand sich auf dem Weg in eine Epoche, die spätere Generationen als »Guldalder« (Goldenes Zeitalter) feiern würden. Sie wird mit Namen wie dem des Märchenerzählers Hans Christian Andersen, des Philosophen Søren Kierkegaard und des Malers Christen Købke verknüpft.

Einige Jahre zuvor hatte ein anderer ausländischer Beobachter Stockholm beschrieben, und zwar der Engländer Llewellyn Lloyd, ein begeisterter Jäger, der sich in Schweden niedergelassen hatte, erst in Värmland, dann in der Gegend von Vänersborg. Dort schrieb er Bücher über die schwedische Fauna und die Schweden, die sowohl in England als auch in seiner Wahlheimat reißenden Absatz fanden. In *Jagtnöjen i Sverige och Norrige* (Jagdvergnügen in Schweden und Norwegen) von 1830 beschreibt er Stockholm als eine Stadt mit einer »ausgezeichneten und schönen Lage« und vielen schönen Gebäuden, darunter das Königliche Schloss und die Riddarholmskirche. Aber die Straßen »sind im Allgemeinen schmal, das Pflaster ist nicht das allerbeste, und für Fußgänger gibt es keine Trottoirs«. Lloyds Haupteinwand betraf jedoch die sanitären Zustände:

»Die erhöhte Lage Stockholm ließe ein gesundes Klima vermuten. Trotzdem bin ich nicht der Einzige, der das bezweifelt. Ich glaube sogar ganz im Gegenteil, dass die Hauptstadt ungesunder als andere schwedische Orte ist. Möglicherweise ist das in vielen Gegenden der Stadt schlechte Wasser die Ursache.«

Albert übernahm in der Buchhandlung am Storkyrkobrinken sofort einfachere Aufgaben. Adolf befleißigte sich, seinem Bruder den Buchhändlerberuf Schritt für Schritt beizubringen. Das gelang außerordentlich gut, sogar so gut, dass Adolf nach ein paar Jahren beschloss, auch David Felix nach Stockholm zu holen.

Albert war ehrgeizig und wollte nicht sein ganzes Leben Bücher auspacken, sortieren und verkaufen. Nach dem Vorbild seines Vaters und seines Bruders wollte auch er die Verlegerlaufbahn einschlagen.

Im Herbst 1837 machte er seine ersten stolpernden Schritte als Verleger mit *Bevis att Napoleon aldrig har existerat* (Beweis, dass Napoleon nie existiert hat), das er im handlichen Format von Adolfs schwedischer Klassikerserie drucken ließ. Albert finanzierte das Projekt mit Mitteln, die er im Lauf seiner zweijährigen Tätigkeit in der Buchhandlung am Storkyrkobrinken zusammengespart hatte, ein Grundsatz, dem er ein ganzes Leben lang treu bleiben würde. Vermutlich beruhte er auf Lehren, die er aus dem Konkurs seines Vaters Gerhard gezogen hatte.

Bei dem Bändchen handelte es sich um eine französische Satire auf *Das Leben Jesu* des deutschen Theologen David Friedrich Strauß, das größten Anstoß erregt hatte. Strauß vertritt in seinem Buch die Ansicht, dass die Lebensgeschichte Jesu auf Mythen und nicht auf Fakten basiere.

Bereits mit seinem ersten Verlagsartikel bewies Albert, dass er nicht davor zurückschreckte, die Konventionen seiner Zeit herauszufordern. Seine nächste Publikation im unruhigen Jahr 1838 zeigte dies noch deutlicher: *Pepparkorn för hvar och en i allmänhet och vederbörande isynnerhet* (Pfefferkörner für jeden in Allgemeinheit und für den Betreffenden insbesondere, Originaltitel: Pfefferkörner: im Geschmack der Zeit ernster und satyrischer Gattungen, 1831) von Gotthilf August von Maltitz. Maltitz war Rabulist, der mit satirischen Aphorismen Erfolge feierte und diese gesammelt unter dem Titel Pfefferkörner herausgab. Mit dem Begriff Rabulismus wurden damals verschiedene Meinungsäußerungen bezeichnet, die eine Veränderung der Gesellschaft durch Umsturz befürworteten.

Maltitz verfasste außerdem eine Komödie, *Das Pasquill*, die im selben Jahr sehr erfolgreich am Djurgårdsteatern in Stockholm aufgeführt wurde. Aus diesem Stück stammt ein Satz, der im Schwedischen zu einem geflügelten Wort wurde. Der Polizeispion sagt im Stück: »Nicht räsonieren, einfach arretieren.«

Das Urteil Karl Ottos stellt keine nachträgliche Verklärung dar, sondern ist sicher sehr treffend:

»Der achtzehnjährige Buchhandelsgehilfe stand während dieser unruhigen Jahre der Revolte, wie später während seines ganzen Lebens, ganz und gar aufseiten der liberalen Opposition.«

Frechheit und Frühreife kennzeichnen das erste Auftreten des jungen Albert in der schwedischen Verlagsszene. Ein eben erst aus Kopenhagen eingetroffener Jude macht gemeinsame Sache mit den Kritikern der autoritären Regierung Karls XIV. Johan. Alberts radikale Neigungen schwächten sich allerdings im Laufe der Jahre ab, aber von Anfang an zeigte sich, wo er zu Hause war. Aus seiner etwas eigensinnigen Selbstsicherheit erwuchs ein Charakterzug, der sein Wirken recht speziell gestaltete, was Vertreter der etablierten Ordnung aber gelegentlich auch provozierte. Sechzig Jahre später, nachdem Albert seinen Lebenszyklus vollendet hatte, schrieb Frans Hedberg im Almanach *Svea* Folgendes:

»Als Freisinniger fürchtete er sich nie davor, seine Druckerpressen freisinnigen Ansichten und kühnen Überzeugungen zur Verfügung zu stellen. Die beiden Zensuranklagen, die Werke von Strindberg und Fröding auslösten, brachten ihn zwar in ziemliche Schwierigkeiten, konnten aber seine Überzeugung, dass ein Verleger *Vermittler* und nicht *Richter* sei, nicht erschüttern.«

Die Norrbro in Stockholm um 1840, der Mann im Umhang rechts ist der Schriftsteller August Blanche, Albert Bonniers Idol. [5]

2. KAPITEL

JUNGER MANN FINDET SEINEN WEG

Drei Brüder in Stockholm. Kein himmlischer Frieden.
Treffpunkt auf der Norrbro. Ein grausames Schicksal. Alberts
europäisches Abenteuer. Eine Enttäuschung. Nach Hause mit
neuen Ideen. Das Mode-Journal. Stockholms Figaro.

———

Zeitgleich mit Alberts Ankunft in Stockholm im Herbst 1835
suchte sich Adolf eine bessere Wohnung. Anfänglich hatte er
mit Esther recht beengt hinter der Buchhandlung gewohnt,
jetzt mietete er eine geräumige Fünfzimmerwohnung mit
dazugehörigem Speicher im selben Haus. Der Hausstand
wuchs, erst umfasste er das Ehepaar und Albert, später dann
auch David Felix. Vielleicht hoffte Adolf auch auf Nach-
wuchs, aber laut Karl Otto Bonnier gelangte er schon recht
früh zu der Einsicht, dass seine Ehe kinderlos bleiben würde.
Wahrscheinlich bewog ihn dieser Umstand, sich mit besonderer Aufmerksamkeit um seine jüngeren Brüder zu kümmern. Ein Zimmer vermietete er außerdem an einen Freund,
den Dichter Karl August Nicander, der jedoch bereits 1839
starb.

Dass es Adolf zu etwas gebracht hatte, zeigte sich daran,
dass er sich Dienstboten, genauer gesagt ein Dienstmädchen
und einen Ladenjungen, leisten konnte.

In dieser augenscheinlich wohlgeordneten Welt begann

Albert 1837 seine Verlegerträume mit der Napoleonsatire zu verwirklichen. Im Jahr 1838 veröffentlichte er nur ein einziges Druckwerk, Maltitz' *Pepparkorn*, aber der Umzug der Buchhandlung in den neugebauten Norrbrobasaren schien ihn angeregt zu haben. Der Laden wurde am 1. Oktober 1839 eröffnet, und Albert gab etwa zu diesem Zeitpunkt eine Fibel, ein Heft mit Liedern und ein Lustspiel des Österreichers Eduard von Bauernfeld heraus sowie, rechtzeitig zu Weihnachten, einen Titel, der nahelegt, dass der 19-jährige Verleger gesellschaftlichen Ehrgeiz hegte: *Den bildade verldsmannen (l'homme comme il faut) eller anvisning att göra sig omtyckt i sällskaper och af det täcka könet* (Der gebildete Mann von Welt [l'homme comme il faut] oder Anleitung, wie man sich in Gesellschaften und beim schönen Geschlecht beliebt macht).

In diesen Jahren kam Schwester Hanne aus Kopenhagen zu Besuch. Nach dem Ableben Frederikkes schien sie die Stellung der Lieblingsschwester bei den Brüdern eingenommen zu haben. Adolf erwog, Hanne ganz nach Stockholm zu holen, aber Esther flehte ihn an, ihren »himmlischen Frieden« nicht zu stören. »Wir wissen beide, dass es dir so schwerfällt, jemandem eine Bitte abzuschlagen – aber tu *das* nicht.« Adolf begrub seinen Plan.

Um den himmlischen Frieden war es im Bonnier'schen Haushalt trotzdem nicht immer so gut bestellt. Als David Felix im Sommer 1837 in Stockholm eintraf, kam es zwischen ihm und Esther sofort zu Unstimmigkeiten. Der Unterschied zu dem herzlichen Verhältnis zwischen Albert und Esther hätte nicht größer sein können.

David Felix war ein fideler Zeitgenosse mit schlawinerhaften Zügen. Offenbar war er hochbegabt, laut Karl Otto Bonnier sogar der begabteste der Brüder, konnte aber auch herablassend und arrogant sein. Er mochte es nicht, wenn Esther ihn zurechtwies, und zu allem Überdruss fand er sie quälend hässlich. Ein Brief David Felix' aus dem Jahr 1838 an seine Schwestern in Kopenhagen bringt die bodenlose Verachtung gegenüber seiner Schwägerin auf den Punkt, sagt aber auch einiges über die Gabe des 16-jährigen Tunichtguts, Sarkasmen und Gemeinheiten treffend zu formulieren. Nachdem er Esther als »Corpus Delicti«, also als das Beweisstück eines Verbrechens, bezeichnet hat, schwingt er sich zu einem förmlichen Schwall von Schmähungen auf:

»Stellt Euch ein kleines mageres Frauenzimmer vor, das nicht größer als Hanne ist, eine verschrumpelte *schlechte* Figur, ein kleines, rundes, dickes, rotes Gesicht, tief zwischen den Schultern, eine runde, rötliche Nase, *zusammengewachsene, dichte Brauen,* halbwegs anständige graue Augen und hässliches bräunliches Haar hat und *vollkommen kahl* auf der einen Seite des Kopfes ist.«

Er beendet den Ausfall damit, dass Esther auch als »Tambourmajor bei der Leibgarde« arbeiten könnte und sich Hanne »an ihrem Bart gekratzt« habe, als sie ihr einen Kuss gab. Die Situation wuchs sich zu gegenseitigem Hass aus, und das Ganze endete 1842 damit, dass Adolf seinen Bruder David Felix nach Göteborg schicken musste. Hier übernahm er die Leitung von Adolfs Buchhandlung und gründete später sowohl einen Verlag als auch eine Zeitung, die *Göteborgs-Posten.*

Der Konflikt zwischen Esther und David Felix, der Adolf in eine ziemliche Zwickmühle gebracht haben muss, dämpfte seinen Verlegerehrgeiz allerdings nicht.

Die Zahl politischer Titel in dieser frühen Zeit fällt auf. Bei *Väckelse på det nya året* (Erweckung im neuen Jahr) handelt es sich um einen offenen Brief an Magnus Jacob Crusenstolpe. *Tablå öfver Dagens frågor vid 1840 års riksdag* (Tabelle der tagesaktuellen Fragen beim Reichstag des Jahres 1840)

Esther und Adolf Bonnier, bei denen Albert nach
seiner Ankunft in Stockholm wohnte.

spiegelt die Hoffnungen auf Reformen, die man auf diesen Reichstag setzte. Auf dem Reichstag von 1840 hielt der 26-jährige Johan August Gripenstedt seine erste Rede vor dem Riddarhuset. Sie handelte von der Meritokratie und muss einem aufstrebenden Jüngling wie Albert Bonnier aus der Seele gesprochen haben:

»Die Geschichte scheint die Wahrheit des Satzes zu beweisen, dass das Schicksal der Menschheit nach einer gewissen Gesetzmäßigkeit verlaufe und dass diese die des Fortschritts sei [...] In einem tausendjährigen Kampf war dieses Prinzip bestrebt, Höhen und Tiefen auszugleichen und auszufüllen, die die Klassen trennen, und einem wenige Personen zählenden, allein herrschenden Adel das Privileg der Macht und des Ansehens zu entreißen, um zu zeigen und zu verkünden, dass der *Begabung* das Recht auf Ansehen und Macht zusteht und nicht der *Geburt*.«

Gripenstedt setzte später als Finanzminister eine Reihe bahnbrechender, zu Liberalisierung und Modernisierung führender Reformen durch, wobei er von Albert Bonnier eifrig unterstützt wurde.

* * *

Nach dem Umzug in den südlichen Pavillon des Norrbrobasaren wurde Bonniers Bokhandel bald zu einem beliebten Treffpunkt der Prominenz, die eine sogenannte »Restaurangschweizeri«, *Pavillon du Bazar*, im nördlichen Pavillon frequentierte, die von dem deutschstämmigen Konditor Frederick W. F. de la Croix, dem Restaurantkönig der Stadt, betrieben wurde.

Schweizeri hießen in Stockholm in der ersten Hälfte des 19. Jahrhunderts feinere Lokale mit Schankkonzession, die

Blick über die Norrbro, 1895. [6]

von Schweizer Bäckern nach Schweden importiert worden waren. Der *Pavillon du Bazar* war später der bevorzugte Treffpunkt der Brüder Bonnier. Hier knüpften sie Kontakte und trafen sich bei gutem Essen und ein paar Gläsern und Zigarren mit Freunden wie August Blanche, eine der schillerndsten und lautesten Stockholmer Persönlichkeiten und später außerordentlich beliebter Bonnier-Autor mit Werken wie *Sonen af Söder och Nord* (Der Sohn von Süd und Nord), einem Sensationsroman mit Revolutionsthema.

Einen Einblick in die Buchhandlung an der Norrbro gewährte später der berühmte Regisseur Ludvig Josephson, der in jungen Jahren als Gehilfe bei Adolf Bonnier tätig war. Josephson, ebenfalls aus einer jüdischen Familie stammend, war später künstlerischer Leiter des Königlichen Theaters und 1879–1887 Leiter des Nya Teatern in Stockholm, wo er u. a. August Strindberg inszenierte.

An seine Jahre an der Norrbro erinnerte er sich folgendermaßen:

»Vor allen Dingen erinnere ich mich an Seine Exzellenz, Graf Trolle-Bonde, den Besitzer von Schloss Säfstaholm, der dort eine der größten Privatbibliotheken des Landes besaß. – Der alte blinde Graf konnte die Ausstattung der Prachtwerke, die er erwarb, nicht sehen, aber er fand Gefallen daran, das Format der Bände zu ertasten und sich die Finessen beschreiben zu lassen [...] In jener Zeit sah man auch hin und wieder den Präsidenten Hartmansdorff und weitere Größen der Politik, höchste militärische Persönlichkeiten, Höflinge, gefeierte Reichstagsabgeordnete und andere – Selbst Kronprinz Carl trat hin und wieder über die Schwelle [...] Unter den herausragenden und beliebten Schriftstellern und Publizisten sah man sehr oft C. J. L. Almqvist, Aug. Blanche, Frau Carlén mit Mann (er kam meist allein), Fredrika Bremer, C. A. Adlersparre, Nils Arfvidsson, L. J. Hierta [...] Es geschah nicht selten, dass viele dieser Fachleute und Verfechter unterschiedlichster gesellschaftlicher Fragen mit großem Interesse von anderen Besuchenden angehört wurden. Viele dieser Gespräche fielen bei den Kommis und Lehrlingen dieser hervorragendsten Buchhandlung Stockholms auf fruchtbaren Boden.«

Den Chef Adolf Bonnier beschrieb Josephson als »gutmütigen und geselligen Mann« ohne größere administrative Begabung. Adolf war ständig auf der Suche nach verloren gegangenen Papieren und gab sich fieberhaft publizistischen Aktivitäten hin.

Weihnachten 1840 begann Adolf mit der Publikation einer Sonntagszeitung, der er den naheliegenden Namen *Bazaren* gab. Sie bestand nicht lange, schuf aber den Kontakt zu einem damals 29-jährigen liberalen und überaus geistreichen Kolumnisten. Dieser wurde später einer der engsten und loyalsten Freunde der Brüder Bonnier. Zum Redakteur der Zeitung wurde nämlich Oscar Patric Sturzen-Becker mit dem Pseudonym Orvar Odd ausersehen. Er hatte sich beim *Aftonbladet* einen Namen gemacht und schrieb später von Heinrich Heine inspirierte Gedichte. Sturzen-Becker war Anhänger des Skandinavismus und gründete später die *Öresunds-Posten* in Helsingborg.

Die Sonntagszeitung *Bazaren* schlug in gewisser Hinsicht neue Wege ein. Bislang waren in Schweden sonntags keine Zeitungen erschienen. Rückblickend könnte man Adolfs Programmerklärung in der ersten Nummer als eine Vorschau auf die Illustrierten späterer Zeiten verstehen:

»Diese Zeitschrift, die keinesfalls als Konkurrentin der übrigen Journale der Hauptstadt auftreten will, bei denen es sich samt und sonders mehr oder weniger um politische Blätter handelt, bezweckt, nach bestem Vermögen eine Lücke in unserem Zeitschriftenangebot in Bezug auf die Salons und die Sonntage zu schließen. Es soll ein Blatt mit spielerischem und leicht verdaulichem Inhalt sein, das man bei einer Tasse Tee und bei der Unterhaltung lesen kann oder wenn man Kopfschmerzen hat und die Reichstagsdebatten zu schwerfällig und die Anzeigen zu geistlos findet, aber trotzdem zerstreuende Lektüre wünscht.«

* * *

Nach guten fünf Jahren als hart arbeitender Gehilfe bei Adolf, in denen er am Aufbau der Buchhandlung an der Norrbro mitwirkte und in denen er die elementaren Grundlagen der Branche erlernte, befiel Albert eine gewisse Rastlosigkeit, und er sehnte sich nach neuen Herausforderun-

Menschenmenge vor Bonniers beliebter Buchhandlung auf
der Norrbro. [7]

gen im Ausland. Nur dort würde er sich als Buchhändler
und Verleger weiterentwickeln können. Vor allen Dingen
Deutschland lockte ihn. Dass die Initiative von Albert ausging, ist einem Empfehlungsschreiben auf Deutsch zu entnehmen, das Adolf am 28. April 1841 unterzeichnete. Adolf
verbürgt sich für Alberts Fleiß und für seine Loyalität und
betont, dass der jüngere Bruder jetzt Erfahrungen in größeren Buchhandlungen sammeln müsse. Er fügt hinzu:

»Mit Schmerzen bleibt mir nichts anderes übrig, als den hei-
ßen Wunsch meines Bruders zu akzeptieren und ihm die

besten Empfehlungen an meine Herren Kollegen mit auf den Weg zu geben.«

Einige Tage später verließ Albert Stockholm. Sein erstes Ziel war Berlin.

Alberts Abreise leitete eine grausam-tragische Episode, vielleicht sogar die grausamste, in der Bonnier'schen Familiengeschichte ein. Adolf holte als Alberts Nachfolger seinen Bruder Salvador, Sally, nach Stockholm. Ein neuer Versuch, der unglücklich endete. In einem Brief an Albert schrieb David Felix im Juli:

»Sally ist gekommen. Was soll ich über ihn sagen? Er ist, wie er immer war, ganz und gar derselbe wie früher. Deswegen gibt es nicht viel über ihn zu berichten. Ich werde ihn mir vorknöpfen und seinen Kopf aufschneiden und hineinschauen, dann nähe ich ihn wieder zu. Und was ist darin? Nichts. Er ist leer, vollkommen leer, es ist kein Gedanke darin, kein einziger, und auch nicht die Fähigkeit, einen Gedanken dort hineinzubekommen.«

Nach den missglückten Versuchen in Stockholm und dann in Dänemark, Sally eine Buchbinderlehre absolvieren zu lassen, einigten sich die Brüder darauf, dass es wohl am besten sei, wenn er nach Amerika auswandere. Sally reiste also 1847 mit der *Virginia* von Göteborg nach New Orleans. Der Kontakt zu den Brüdern brach ab. David Felix schrieb an den Kapitän der *Virginia* und bat um Auskünfte über Sally. Im August 1848 erreichte ihn eine traurige Nachricht. Adolf unterrichtete Albert, der gerade bei Gerhard in Kopenhagen zu Besuch war:

»Auf schonende Art musst du Vater und den Geschwistern beibringen, dass Sally seine Tage in Amerika (gemäß Angaben, die uns erreichten) in einem Irrenhaus beschlossen hat – Gott sei seiner Seele gnädig.«

* * *

Für Albert Bonnier sah die Zukunft rosiger aus. Er war zwanzig Jahre alt und hatte Schweden für eine Unternehmung, die man am ehesten als Bildungsreise bezeichnen kann, verlassen, war aber offenbar darauf eingestellt, dabei auch das Leben zu genießen. Mit den Jahren entwickelte er einen kleinen Bauch und kompensierte den beginnenden Haarausfall mit einem gepflegten Bart, doch als Jüngling war er ein geradezu gut aussehender junger Mann, der über viele soziale Talente verfügte.

Bereits in Berlin lernte er über einen Bekannten eine junge schöne Sängerin kennen, die sich für ihn zu interessieren schien. Sie soll erklärt haben: »Wenn es in Stockholm nur solche Jünglinge gibt, dann hätte ich nicht übel Lust, eine Reise zum Studium der Kunst dorthin zu unternehmen.«

Von Berlin aus reiste Albert nach Leipzig weiter, um ein Volontariat bei dem Kommissionsbuchhändler Karl Franz Koehler, einem Geschäftsfreund Adolfs, zu absolvieren. Nach ein paar Monaten in Leipzig, in denen er bei fröhlichen Abenden im Wirtshaus viele Freunde fand, fuhr Albert nach Wien. Hier hatte er ein Volontariat in Peter Rohrmanns großer Buchhandlung in der Wallnerstraße ergattert. Seine Reisegefahrten waren der gefeierte dänische Cellovirtuose Christian Kellermann, mit dem er sich sofort anfreundete, und eine Dame, von der allerdings nur als »Fräulein W.« die Rede ist.

Das Volontariat bei Rohrmann erwies sich als Enttäuschung. In einem Brief an die Leipziger Freunde beklagt sich Albert darüber, dass ihm nur einfache und monotone Aufgaben übertragen würden wie »das Abschreiben der Inventarliste und das Eintragen von deutschen Rechnungen«. Mit Büchern durfte er sich kaum befassen. Er wollte schnellstmöglich weiterziehen und gab seiner Unzufriedenheit in einem Entwurf Ausdruck, der wahrscheinlich nie als Brief abgeschickt wurde. Darin ließ er eine Selbstsicherheit erkennen, die man heute wohl als Großspurigkeit bezeichnen würde. Albert erklärt, die Chefs bei Rohrmann gäben ihm das Gefühl, nur ein »aufdringlicher Gassenjunge« zu sein. Er fährt fort:

»Aber, verstehen Sie, meine Herren, das macht mir nichts aus, ich tröste mich damit, der zu sein und zu bleiben, der ich bin, ganz gleichgültig, ob Sie mich über den grünen Klee loben oder mit noch so viel Schmutz bewerfen – und ich gestatte es mir auch, eine eigene Meinung über Sie zu haben.«

Der Briefwechsel zwischen Albert, seiner Familie und seinen Freunden war in den Jahren nach 1840 intensiv, aber *von* Albert sind nicht viele Briefe im Bonnier'schen Familienarchiv vorhanden, obwohl es im Übrigen reichhaltiges Material aus dieser Zeit enthält. Diese Briefe kamen entweder einfach abhanden oder wurden aus unklaren Gründen aussortiert. Mithilfe der erhaltenen Briefe *an* Albert lässt sich jedoch rekonstruieren, was er während dieser prägenden Jahre erlebte.

Im Herbst 1841 beklagte er sich offenbar in einem Brief an Adolf und seine Schwägerin Esther über seine Situation bei Rohrmann, was aus Esthers tröstender Antwort hervorgeht:

»Wir grüßen Dich auf das Zärtlichste. Mit Anteilnahme haben wir Deinen Brief gelesen, aber, um aufrichtig zu sein, war ich nicht traurig, denn Du brauchtest diese Erfahrungen, damit du mit Gottes Hilfe ein geläuterter Mensch wirst. Hier gingst Du in vollkommener Blindheit einher, was eine große Sünde war, da Dir Gott einen so ungewöhnlich großen Verstand und ein so großes Arbeitsvermögen geschenkt hat.«

In Erwartung eines neuen Volontariats – nach dem er eifrig suchte – und um sein Gefühl der Unzufriedenheit zu vertreiben, stürzte sich Albert in Vergnügungen und Geselligkeiten. Wie in Leipzig fand er neue Freunde und schrieb an einen von ihnen, dass Wien trotz allem ein Ort sei, »an dem man sich wirklich amüsieren kann«.

In den ersten Jahren nach 1840 erwarb Albert den Ruf eines begehrten Junggesellen, was ihm offenbar nichts ausmachte. Wie ein erhellendes Beispiel nahelegt, war ihm sein Äußeres sehr wichtig. Nach seinem Aufenthalt in Leipzig brauchte er einen neuen Frack. Er schrieb einem Freund und bat ihn, sich bei seinem alten Schneider in Leipzig nach seinen Maßen zu erkundigen. Der Freund antwortete, es spiele keine Rolle, ob die Maße irgendwo notiert seien oder nicht, denn »einem ästhetisch gesinnten Schneider wird eine so stattliche Gestalt immer im Gedächtnis bleiben«.

* * *

Die Rettung brachte Anfang Januar Adolfs guter Freund Karl Franz Koehler aus Leipzig. Koehler scheint während Alberts Reise durch deutschsprachige Gefilde als eine Art Mentor gewirkt zu haben. Er besorgte Albert einen Platz bei dem bekannten Buchhändler Carl Geibel in Pest, das erst 1873 mit Buda zu Budapest, der Hauptstadt Ungarns an der Donau, vereinigt wurde.

Albert machte sich sofort auf den Weg und trat am 1. Februar 1842 sein Volontariat bei Geibel an. Die acht Monate in Pest waren für seine Entwicklung von großer Bedeutung. Sein Sohn Karl Otto erinnerte sich, dass sein Vater im Alter immer wieder auf die »höchst angenehme Stellung« bei Geibel zu sprechen gekommen sei und darauf, dass diese Zeit »äußerst fruchtbar für seine spätere Tätigkeit als Buchhändler und Verleger« gewesen sei.

Ein besonders interessantes Dokument von damals ist der nur den August und September anhaltende Versuch des ungeduldigen Alberts, ein Tagebuch zu führen.

Seine politischen Sympathien gehen aus einem Eintrag im August 1842 hervor. Albert hatte der prächtigen Einweihung einer neuen Brücke beigewohnt:

»Die Stadt war illuminiert, und es gab einen Fackelzug für Széchenyi und Kossuth. Man sah jedoch deutlich, dass alles nur auf Befehl geschah – dass der Impuls nicht vom Volke ausging.«

In diesem Zusammenhang ist die Erwähnung István Széchenyis und Lajos Kossuths interessant. Széchenyi führte liberale Reformen durch, und Kossuth war ein herausragender Agitator für die magyarische bzw. ungarische Freiheitsbewegung, die gegen die Dominanz der österreichischen Habsburger aufbegehrte. Später, nach den Revolutionen von 1848, stellte sich Kossuth an die Spitze des sehr kurzen ungarischen Unabhängigkeitskampfes und wurde nach einer russischen Intervention ins Exil gezwungen.

Die Tagebucheinträge zeigen, dass Albert Schwedisch gelernt hatte. Er versuchte zudem, Englisch zu lernen, was im zentraleuropäischen Pest ein seltsames Projekt war:

»Ich habe gerade wie ein Hund geschwitzt, um mit einem Paar auf Reisen english zu speaken. Man findet hier so selten für das Englische Verwendung, dass es einem, wenn sich die Gelegenheit schließlich bietet, ganz schwerfällt. Die Engländer, die sich hierher wagen, sprechen im Allgemeinen radebrechend Deutsch oder Französisch und erwarten überhaupt

nicht, dass man sie in ihrer Muttersprache unterhält [...]
Gott weiß, dass ich wirklich viel Englisch hören muss, bis
etwas im Hirn hängen bleibt.«

Auch für Vergnügungen und Ausflüge fand sich Zeit. Albert
genoss sein Leben:

»Gestern luden mich einige gute Freunde zu einer Land-
partie ein. Nach 12 Uhr mittags fuhren wir nach Auwin-
kel, genauer gesagt ins Ofner Bergland, wo wir ganz bequem
eine Mahlzeit zu uns nahmen und erst gegen halb vier auf-
brachen. Wir wanderten durch herrlich grünende Täler mit
Bäumen übervoll reifsten und herrlichsten Obstes. Wir
bestiegen mehrere Berggipfel, von denen aus wir die herr-
lichste Aussicht auf Ofen [Buda] und Pesth hatten [...] Die
Donau floss schimmernd und glänzend zwischen den beiden Städten hindurch und bot den göttlichsten Anblick, den
man sich wünschen kann.«

Alberts zentraleuropäisches Abenteuer nahte sich jedoch
seinem Ende, was an dem sich zuspitzenden Konflikt zwischen Esther und David Felix in Stockholm lag. Bereits am
zweiten Weihnachtstag 1841 hatte David Felix an Albert
geschrieben: »Esther ist sich immer gleich und leider, wie
du weißt, nicht zu ihrem Vorteil«, und weiterhin, dass sie
»endlich« begriffen habe, wie sehr er sie hasse. Ein Bruch
war unausweichlich, aber wie hätte der chaotische Adolf
dann allein mit dem Buchhandel und dem Verlag in Stockholm zurechtkommen sollen?

Adolf stand im Begriff, sich zu Tode zu schuften.

Im Frühjahr und Sommer 1842 flehte Esther Albert in
mehreren Briefen an, nach Hause zurückzukehren, um seinem großen Bruder beizustehen:

»Der arme herzensgute Adolph arbeitet gewiss mehr, ja, weitaus mehr, als er muss, aber trotzdem herrscht Unordnung. Adolph hat große Sorgen, was mich bekümmert und melancholisch stimmt, denn ist es nicht schwer und hart, mit anzusehen, dass derjenige, den wir mehr lieben als uns selbst, leidet und Sorgen hat?«

Einige Monate nach diesem Brief, am 24. Juni, formuliert Esther ihren Wunsch noch deutlicher:

»Ich sehe Dich in Gedanken, wie Du mit Gottes Hilfe zurückkehrst, und bitte Gott nur darum, dass ich nicht zu stolz darauf bin, einen solchen nahen Verwandten zu besitzen [...] Wenn ich an Dich denke, dann so, wie Du im ersten Jahr warst, in dem Du zu uns gekommen bist, so engelsgleich-unschuldig und kindlich – ich würde viel darum geben, einige dieser vergangenen Jahre zurückzuholen.«

Esthers Urteil über David Felix war ebenso hart wie seines über sie:

»Der arme David, ich bedaure ihn, denn er hat alles getan, was in seiner Macht steht, um sich uns verhasst zu machen, aber wir hassen ihn wirklich nicht – denn den, den man hasst, muss man erst geliebt haben –, und David haben wir wirklich nie geliebt.«

Im August kam es zum definitiven Bruch. Adolf schickte, man könnte auch sagen, verbannte David Felix nach Göteborg. Dort sollte er die Leitung von Adolfs Buchhandlung übernehmen. Adolf entließ den loyalen Lauritz Kamp, ein offenbar sehr brutales und unsentimentales Manöver, um dem jüngsten Bonnier-Bruder Platz zu schaffen.

Albert musste nach Hause zurückkehren.

Für Albert Bonnier war das eine unerhörte Enttäuschung. Im Tagebuch nennt er die Neuigkeiten von zu Hause eine »Revolution meiner Unternehmungen und Überlegungen«. Er hatte fest vorgehabt, über Neujahr in Pest zu bleiben, um dann zur Buchmesse nach Leipzig zu reisen. Sein sehnlichster Wunsch war außerdem ein einjähriger Aufenthalt in Paris. An einen schwedischen Freund in Paris schrieb er voller Bedauern: »Wenn ich gekonnt hätte, wie gerne wäre ich länger geblieben. Viel länger.«

In einem Brief teilte er Adolf und Esther mit, er sei bereit, nach Stockholm zurückzukehren. Die beiden rührte sein selbstloser Entschluss offenbar, und sie schickten ihm im Oktober eine Antwort, in der sie ihm vorschlugen, noch etwas länger im Ausland zu bleiben. Trotz aller Belastungen, die das mit sich brächte, könnten sie sich, allerdings nur vorübergehend, vorstellen, David Felix nach Stockholm zurückzubeordern. Adolf schrieb:

»So lieb es mir gewesen wäre, wenn Du schon jetzt im Herbst nach Hause gekommen wärst, so belassen wir die Dinge, wie sie sind. Du darfst Deinen Aufenthalt bei Geibel um ein halbes Jahr verlängern und dann an die Messe nach Leipzig fahren.«

Esther war damit einverstanden und schloss den Brief mit einem mütterlichen Gruß: »Leb wohl, mein Sohn, was immer Du beschließt, möge Er Dich beschützen und bewahren.«

Aus dem umständlichen Angebot wurde allerdings nichts. Als der Brief von Adolf und Esther in Pest eintraf, war Albert bereits mit einem überschwänglichen Zeugnis von Carl Geibel in der Tasche abgereist.

Albert ließ sich viel Zeit. Auf dem Heimweg machte er in Prag, Leipzig und Berlin Station, besuchte alte Freunde und stattete dann auch noch der Familie in Kopenhagen einen

Besuch ab. Erst Ende November, rechtzeitig zum Weihnachtsgeschäft, traf er in Stockholm ein.

Wieder zu Hause, hatte Albert alle Hände voll zu tun, Adolf beim Betrieb der Buchhandlung zu helfen, und ihm blieb nicht viel Zeit, verlegerisch tätig zu werden. Von seinem Aufenthalt im Süden hatte er jedoch publizistische Ideen mitgebracht, die er unbedingt in Schweden verwirklichen wollte.

Die erste Idee war die Lancierung einer Modezeitschrift. Solche Publikationen erschienen in mehreren europäischen Städten, u.a. in Leipzig, nicht aber in Stockholm. Als Albert auf dem Heimweg in Leipzig Station machte, nutzte er die Gelegenheit, von einem Zeitungsverleger einen Packen Modebilder in Farbe zu kaufen. Dank dieser Vorbereitung konnte er bereits zu Neujahr 1843 die erste Nummer von *Stockholms Mode-Journal – Tidskrift för den eleganta verlden* (Stockholms Modejournal – Zeitschrift für die elegante Welt) veröffentlichen. In der Ankündigung hält er mit den unverblümt kommerziellen Ambitionen des *Mode-Journalen* nicht hinterm Berg:

»Eines schönen Tages haben Sie mit einer Coiffure und einem Kleid, von dem man Ihnen versichert hat, dass es ganz modern sei, einen großen Auftritt. Sie ziehen die Aufmerksamkeit aller auf sich, Tausende Lorgnetten sind auf Sie gerichtet, und stolz und schüchtern wollen Sie sich zeigen und auch verstecken. Da – Entsetzen! – nimmt Sie eine eben aus Paris Heimgekehrte beiseite und flüstert: ›Gott im Himmel! Das war bereits überholt, als ich Paris verließ.‹«

Um »der Allgemeinheit [...] diese schwere Kränkung« zu ersparen, brachte Albert das *Mode-Journalen* auf den Markt. Die Formulierung »Allgemeinheit« kann das Faktum nicht verbergen, dass die Zielgruppe der Zeitschrift die Damen der gehobenen Gesellschaftsschichten waren. Im abschließenden Kommentar ist der Rabulist Albert zu ahnen: »Inwiefern wir den richtigen Ton anschlagen, sagt uns das Urteil des Publikums, denn die Stimme des Volkes ist die Stimme Gottes.« Der Name der Redakteurin wurde nicht genannt, aber laut Karl Otto Bonnier hatte zweifellos Wilhelmina Stålberg diese Rolle inne. Stålberg war in den Jahren nach 1840 eine der meistgelesenen und -gedruckten Autorinnen Schwedens, wurde aber von den Kritikern mit »schlechter Literatur« assoziiert, was möglicherweise erklärt, warum ihr Name ungenannt blieb. Der Nachwelt ist sie als Dichterin des Liedes »Hjalmar und Hulda« in Erinnerung geblieben.

Das *Mode-Journalen* erschien monatlich und kostete im festen Bezug drei Reichstaler banco jährlich. Das war ein moderater Preis. Das *Mode-Journalen* muss profitabel gewesen sein, da es zehn Jahre lang, also bis zum Jahr 1853, existierte. Im letzten Jahr seines Erscheinens ging es in einem Konkurrenzblatt auf, das den für heutige Verhältnisse verblüffenden Titel *Illustrerad tidning för fruntimmer* (Illustrierte Zeitung für Frauenzimmer) trug.

Neben dem *Mode-Journalen* hatte Albert auch Pläne literarischer Art. Im Herbst 1844 verlegte er unter anderem Übersetzungen der Märchen von Hans Christian Andersen und die »Weihnachtsgeschichte« von Charles Dickens. Die wichtigste Frage, die ihn umtrieb, war jedoch, wie er die talentiertesten Schriftsteller Schwedens an sich binden sollte.

Sein größter Konkurrent hieß Niklas Hans Thomson, damals bedeutend, heute weitgehend vergessen. N. H. Thomson wurde 1793 in Malmö geboren und in den Jahren nach 1830 in Stockholm mit Autorinnen und Autoren wie Carl Jonas Love Almqvist, Emilie Flygare-Carlén und August Blanche der wichtigste Verleger schwedischer Belletristik. Karl Otto Bonnier schrieb später, dass sich Albert zu

Anfang mit »Krümeln von Thomsons reicher Tafel« begnügen musste.

Alberts langfristiger Plan sah vor, mithilfe seiner Periodika die besten Skribenten Schwedens an sich zu binden. Vor Weihnachten 1844 lancierte er das illustrierte literarische Wochenblatt *Stockholms Figaro*, das er selbst redigierte. Der witzige und satirische *Figaro* war vom *Bazaren* inspiriert. Albert überredete August Blanche, das Geleitwort zu schreiben:

»Der Name Figaro bürgt für Munterkeit und Verrücktheiten. Deswegen versteht es sich von selbst, dass eine Zeitschrift, die diesen Namen trägt, auch überaus drollig ist.«

In einer weiteren Programmerklärung, in der die rabulistische Einstellung des jungen Albert noch deutlicher zum Ausdruck kommt, hieß es:

»Aber sollte es doch irgendwann geschehen, dass das eine oder andere Kinn mit dem Rasiermesser unseres Barbiers in Berührung kommt, dann ist das ganz in Ordnung [...] Mit den Kehlen werden wir jedoch vorsichtig umgehen.«

Auf der Schwelle zu einer schwindelnden Ära der Reformen und Neuerungen mit Eisenbahnen, Gewerbefreiheit und der Abschaffung des Ständereichstags nahm die Zeitschrift eine gemeinhin fortschrittsfreundliche Haltung ein und ließ sich manchmal mit vernichtender Ironie über die verschlafenen Zustände aus. Die erste Nummer des *Figaro* 1846 hieß das neue Jahr und die Leser mit folgender Botschaft willkommen:

»Mögen die vorgeschlagenen Eisenbahnen, falls sie je von den Gefilden der Fantasie in die der Wirklichkeit damp-

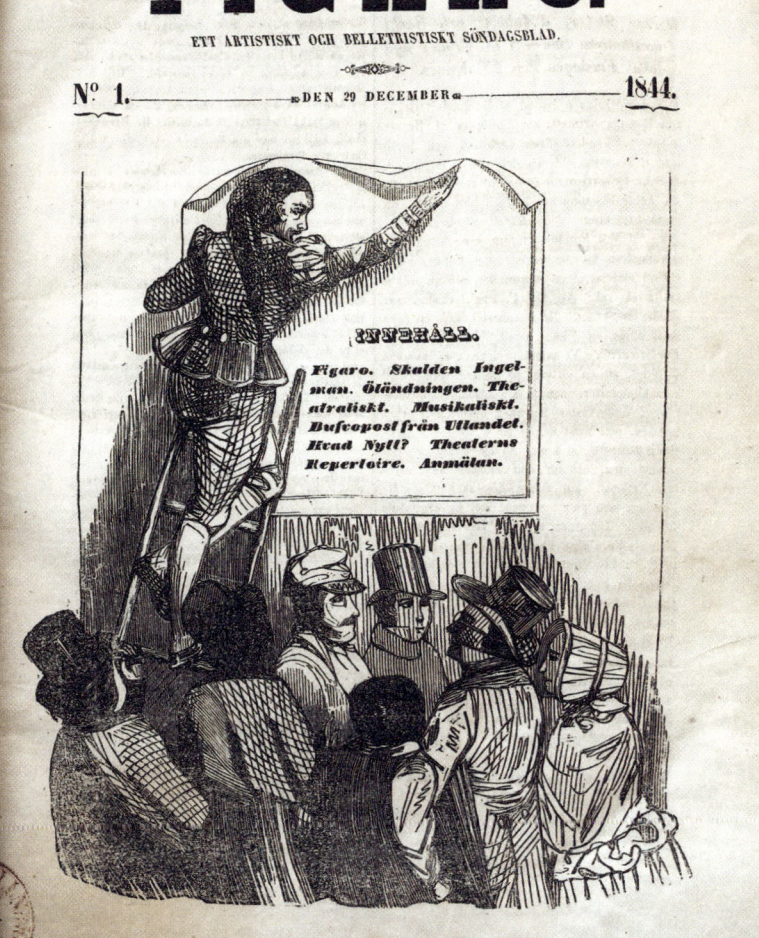

Albert Bonniers satirisches Blatt *Stockholms Figaro*,
für das einige führende Autoren seiner Zeit schrieben. [8]

fen, unsere Landsleute nicht zu sehr in Leben und Bewegung versetzen, damit ihr glückliches Gleichgewicht nicht gestört werde [...] Mögen unsere Geistlichen unserem Volk hinsichtlich des Erwerbs des Guten dieser Welt ein Vorbild sein, und möge unsere Bürgerschaft nie vergessen, dass die Gildenordnungen die erste Voraussetzung für den Bestand und das Gedeihen des Handels und des Handwerks sind!«

Stockholms Figaro existierte nur bis 1847, festigte jedoch Alberts Verbindungen mit der aufstrebenden Autorengeneration. Unter den Beiträgerinnen und Beiträgern des Blattes fanden sich nicht nur Blanche, sondern auch Johan Gabriel Carlén, der Mann Emilie Flygare-Carléns, Fredrika Bremer, Carl Vilhelm August Strandberg, bekannter unter dem Pseudonym Talis Qualis (Ich bin, wie ich bin), sowie Carl August Adlersparre, Pseudonym Albano, der Sohn des Generals Georg Adlersparre, der beim Staatsstreich 1809 eine entscheidende Rolle gespielt hatte. Die Druckerei Hörberg in Stockholm druckte den *Stockholms Figaro* wie auch das *Mode-Journalen*. Albert erwarb sie gut zehn Jahre später.

Von den Verlagsprojekten, die Albert nach der Heimkehr von seiner abenteuerlichen Reise ankurbelte, konnte keines an den literarischen »Volkskalender« heranreichen, den er ab Weihnachten 1844 nach Vorbild des deutschen Volkskalenders verlegte. Diesen Almanach, eine Mischung aus Erzählungen, Essays, Gedichten und Fakten, redigierte er bis zu seinem Tod.

Albert Bonnier schuf, salopp ausgedrückt, eine Probearena für talentierte Skribentinnen und Skribenten. *Svea*, der Titel des Almanachs, bezeugt, dass er nicht nur ein Verleger *in* seiner neuen Heimat, sondern auch *für* seine neue Heimat sein wollte.

Flaneur vor Bonniers Buchhandlung auf der Norrbro
im Jahr 1846, Aquarell von Carl Johan Alfred Skogman,
Stadsmuseet Stockholm. [9]

3. KAPITEL

MUTTER SVEA

Ein literarischer Almanach. Der moderne Verleger.
Skandinavische Leidenschaften und Pläne. Eine
Familientragödie. Albert ist drauf und dran, sich zu
übernehmen. Die Romanbibliothek. Schwedischer
Staatsbürger. Ins Paris der Revolution.

Adolf und Albert hatten ein enges und sehr vertrautes Verhältnis. Angesichts des Altersunterschieds und Adolfs reicher Erfahrung könnte man fast von einer Vater-Sohn-Beziehung sprechen. Sie ist in Ludvig Josephsons unveröffentlichten Erinnerungen zu erahnen. Josephson erzählt von seiner Zeit in der Buchhandlung an der Norrbro und von einem Morgenritual.

Adolf hatte im Sommer 1845 eine Wohnung mit sieben Zimmern in der Ankargränd in der Gamla Stan gemietet. Sie war so geräumig, dass er einige Zimmer seinen jungen Gehilfen überlassen konnte, u.a. auch Josephson:

»Zu mir war der Seniorchef der Firma, der Herr im Hause, besonders freundlich und gab mir persönlich jeden Morgen Unterricht in englischer Sprache, nachdem er seinem Bruder Albert die gewöhnliche Standpauke gehalten hatte, weil der zu lange im Bett lag.«

Gemeinsam leiteten Adolf und Albert erfolgreich die Buchhandlung an der Norrbro. Nach seiner Rückkehr nach Stockholm und mit einer Menge guter Ideen für die Zukunft im Gepäck, war es Albert wichtig, sich von dem Hang zur verträumten Abenteuerlust, den er bei seinem Bruder zu erkennen glaubte, zu distanzieren. Den anderen Buchhändlern gegenüber firmierte Albert als Förlagsbyrån (Verlagsbüro). Die Druck-Erzeugnisse trugen überwiegend seinen eigenen Namen, den er manchmal zu Alb. Bonnier abkürzte.

Albert wurde außerdem in den 1843 gegründeten Schwedischen Buchverlegerverband aufgenommen. Die Mitglieder hatten je nach Größe des Verlags unterschiedlich viel Einfluss im Verband. Aus der Mitgliederliste des Januar 1844 geht hervor, dass der gerade in den Verband gewählte Albert an letzter Stelle rangierte. Er besaß nur zwei Stimmen, Adolf immerhin sechs. Vermutlich wäre es Albert damals nicht in seinen kühnsten Träumen eingefallen, dass er gut dreißig Jahre später der Vorsitzende des Verbands sein würde.

Adolf hätte die beiden Verlage gerne fusioniert, aber Albert weigerte sich. Etwas später erklärte er David Felix den Grund für seine Weigerung in einem Brief. Man ahnt seine Angst davor, die Fehler Gerhards zu wiederholen.

»Ein Grund meiner Ablehnung war, dass es mir nicht gefällt, dass Adolf alles nur Erdenkliche annimmt, ohne Unterschied und Rücksicht auf den Geschmack, sofern es nur für ein billiges Honorar zu haben ist und er ein langes Zahlungsziel vereinbaren kann. Ich will mit meinem kleinen Nachen nicht in diese schwere See geraten, in der sein Verlagsschiff ständig schlingert, sondern möchte stattdessen im Schutz der Inseln unbeschadet in einen sicheren Hafen steuern.«

Albert wollte jetzt seinen eigenen Weg gehen, systematisch und achtsam. Teil dieses Plans war insbesondere der Volkskalender *Svea*, der sich im Lauf der Jahre zu einem weitverbreiteten Forum für Erneuerer unter den Autorinnen und Autoren wie August Strindberg, Gustaf af Geijerstam, Oscar Levertin und Victoria Benedictsson, die unter dem Pseudonym Ernst Ahlgren schrieb, entwickelte.

Einer von Alberts Kollegen, der in Deutschland geborene Buchhändler und Verleger Carl Eduard Fritze, riet ihm ab, da er ein eigenes missglücktes Almanachprojekt hinter sich hatte. Aber Alberts Entschluss stand fest. Zu Weihnachten 1844, zeitgleich mit dem *Stockholms Figaro*, erschien für das Jahr 1845 die erste Ausgabe des Almanachs *Svea*.

Die Zueignung war großartig, um nicht zu sagen bombastisch:

»Der edlen und hochherzigen schwedischen Nation ist dieser Versuch einer Volkslektüre vom Herausgeber zugeeignet.«

Die Formulierung lässt ahnen, wie sehnlich sich der Einwanderer Albert Bonnier wünschte, als Schwede akzeptiert und respektiert zu werden. Bei den in jüdischen Kreisen geführten Diskussionen über die Voraussetzungen für die jüdische Emanzipation, Beibehalt der Eigenart contra Assimilation, vertrat Albert vehement die Assimilation.

Die politische Ausrichtung des Almanachs *Svea* war weniger deutlich als die des *Stockholms Figaro*, zeigte jedoch liberale Tendenzen. Albert legte darüber hinaus ein für seine Zeit auffallend großes Interesse an Autorinnen an den Tag. Zu den ersten Beiträgerinnen gehörte Jeanette Granberg Stjernström, die erste namhafte schwedische Dramatikerin, die außerdem Übersetzerin war.

Albert hatte händeringend, aber vergebens einen geeigneten Redakteur für *Svea* gesucht. Also redigierte er den Almanach selbst, allerdings mit Unterstützung des Autors und

Übersetzers Gustaf Thomée, damals einer der engsten Mitarbeiter Albert Bonniers. Eine geniale Entscheidung, wie sich später zeigte.

In einem Resümee über *Svea* schrieb Karl Warburg fünfzig Jahre später:

»Vielleicht trug der Umstand, dass *Svea* keinen Literaten als Redakteur hatte, zu dem ungewöhnlichen Erfolg des Almanachs bei. Schriftsteller im damaligen Schweden gehörten fast immer Gruppen unterschiedlicher politischer Couleur an, und es ist daher nicht unwahrscheinlich, dass ein neutraler Herausgeber, der sich außerhalb der ›Zunft‹ befand, Mitarbeiter aus allen Lagern gewinnen konnte.«

Der Almanach *Svea* erreichte im Lauf der Zeit eine jährliche Auflage von 10 000 Exemplaren. Albert Bonnier festigte mit dessen Hilfe Kontakte zu talentierten schwedischen Schriftstellerinnen und Schriftstellern, was die umfangreiche Korrespondenz beweist, in der es um alles, von Ideen für Artikel bis hin zu Honoraren, geht. Nachzulesen ist sie in der *Svea*-Monografie der Literaturwissenschaftlerin Gundel Söderholm. Sie sieht Albert Bonnier als ambitionierten und methodischen Redakteur:

»Ihn zeichnet aus, dass er seine Autoren ständig ermunterte und lobte. Was er durchaus aufrichtig meinte, aber sicher auch ein Mittel war, um viel beschäftigte Skribenten zur Mitarbeit zu bewegen. Wenn ersehnte Beiträge nicht pünktlich abgegeben wurden, schickte er mit großer Geduld viele Mahnungen.«

Soziale Flexibilität war eine von Alberts ausgeprägtesten Eigenschaften. Viele Autorinnen und Autoren, die im Lauf der Jahre für den Almanach *Svea* schrieben, wurden seine

Freunde. Ihnen gegenüber war sein Ton informell und ungezwungen, was die Nähe vorwegnahm, die er zu Größen wie Zacharias Topelius und Viktor Rydberg entwickelte.

Dieser Methode, Loyalitäten zu schaffen, bediente sich Albert Bonnier damals als Einziger. Bislang waren die Autoren in Bezug auf ihre Verleger recht promiskuitiv gewesen, falls dieser Ausdruck gestattet ist. In den Jahren nach 1840 veröffentlichte Carl Jonas Love Almqvist beispielsweise an die zwanzig Bücher – in elf Verlagen! In dieser Hinsicht, wie auch in vielen anderen, war Albert Bonnier »der erste moderne Verleger«, wie Per I. Gedin in der Biografie über Alberts Sohn Karl Otto, *Litteraturens örtagårdsmästare* (Der Gärtner der Literatur), schreibt.

Zu gewissen Autoren vermochte Albert Bonnier trotz beharrlicher Versuche jedoch keine engeren Bande zu knüpfen, aber auch ihnen gegenüber befleißigte er sich immer eines korrekten und respektvollen Tons. Höflich-distanziert gestalteten sich beispielsweise seine Kontakte zu Anne Charlotte Leffler, einer zentralen Gestalt der modernen schwedischen Literatur der zweiten Hälfte des 19. Jahrhunderts. Sie wurde nie ein großer Name im Verlag Bonnier. Seinen guten Freund Frans Hedberg, einen der fleißigsten Mitarbeiter des Almanachs *Svea* und Autor des Schwanks *Rospiggarna* (Die Leute aus Roslagen), konnte Albert hingegen hemmungslos ausschimpfen, ohne dass ihre Beziehung dadurch getrübt worden wäre.

Der erste Jahrgang des Almanachs *Svea* für das Jahr 1845 enthielt Porträts Oskars I. und seiner Gemahlin Josefina, Artikel über Gustav Vasa und Erik XIV. und ein längeres Essay von Gustaf Thomée mit dem Titel »Ein Blick auf Schwedens gegenwärtige Stellung«. Die Prägung des Almanachs war deutlich nationalistisch, in den frühen Jahrgängen auch skandinavistisch. Beispielsweise enthielt die erste Ausgabe ein »Skandinavisches Volkslied« von Johan N.:

»Was ist der Skandinaven Land?
Das Svea-Land? Das Trönder-Land?
Ist es das, das die Sundwellen wiegen,
Das fröhliche, schöne Kopenhagen?
O ja, ja, ja!
Alles, – alles ist Skandinavia.«

Die Epoche des Skandinavismus war angebrochen, und die Brüder Bonnier, in Dänemark geboren und in Schweden tätig, waren begeisterte Anhänger dieser Bewegung.

* * *

Der Skandinavismus, der den nationalliberalen Ideen der Romantik entsprungen war, gewann in den Jahren nach 1830 an Einfluss. Sein Beginn lässt sich auf das Jahr 1829 datieren, in dem der schwedische Nationaldichter Esaias Tegnér seinen dänischen Kollegen Adam Oehlenschläger mit einem Lorbeerkranz krönte, als dieser die Ehrendoktorwürde der

Erste Ausgabe des Almanachs *Svea*.

Universität Lund erhielt. Tegnér sagte: »Die Zeit der Teilung ist vorüber.« Ein eher praktischer und prosaischer Grund für die Ideen des Skandinavismus war die Eröffnung der ersten Dampfschiffverbindung von Malmö nach Kopenhagen in diesem Jahr.

Der Skandinavismus fußte auf der Vorstellung einer ganz besonderen historischen und kulturellen Verwandtschaft der skandinavischen Völker. Diese setzte sich besonders bei den alten Erbfeinden Schweden und Dänemark durch. Die Norweger, die sich in einer problematischen Personalunion mit Schweden befanden, verhielten sich reserviert. Der Skandinavismus richtete sich auch gegen Bedrohungen von außen, im Fall Schwedens gegen Russland, im Fall Dänemarks gegen Deutschland.

Studenten, jüngere Akademiker und Kulturpersönlichkeiten engagierten sich. Im arktischen Winter 1838 zogen die Studenten aus Lund und Kopenhagen über das Eis des Öresunds, um einander zu grüßen, und im Jahr darauf kam es zu einem ersten grenzüberschreitenden Studententreffen in der dänischen Hauptstadt. Beim darauf folgenden Treffen 1842, ebenfalls in Kopenhagen, sprach der dänische Autor Frederik Barfod zum Thema »Die Einheit des Nordens ist die Freiheit des Nordens«. Am Treffen 1843 in Uppsala nahm sogar eine kleine Gruppe Studenten aus Finnland teil. Einige Schweden erhofften sich vom Skandinavismus eine Wiedervereinigung ihres Landes mit Finnland, das 1809 an Russland verloren gegangen war.

Am Studententreffen 1845 an Mittsommer in Kopenhagen nahm auch Albert Bonnier teil, nicht nur, weil er in Kopenhagen aufgewachsen war, sondern sicherlich auch inspiriert von seinen schreibenden Freunden. Sowohl Oscar Patric Sturzen-Becker mit dem Pseudonym Orvar Odd als auch C.V.A. Strandberg, Pseudonym Talis Qualis, waren überzeugte Anhänger des Skandinavismus.

Der *Stockholms Figaro* war enthusiastisch und schrieb, das große Treffen in Kopenhagen sei »epochemachend für die Geschichte des gesamten Nordens«. Und damit nicht genug: Der Redakteur der Zeitung, Albert Bonnier, schlüpfte in die Rolle des Korrespondenten in Kopenhagen und berichtete begeistert:

»Dieses bedeutungsvolle Treffen hat nicht nur alle Teilnehmer beeindruckt, sondern seine Folgen sind unvorhersehbar. Diesen Verhandlungen wird ganz Europa aufmerksam lauschen.«

Am konkretesten wurde jedoch Adolf von dem skandinavischen Freudentaumel mitgerissen, was allerdings einen tragischen Hintergrund hatte.

* * *

Nach elf Jahren Ehe war Esther endlich schwanger geworden. Vermutlich veranlasste dieser baldige Familienzuwachs Adolf dazu, eine größere Wohnung zu suchen. Um Esther Ruhe zu bieten, mietete er außerdem noch ein Sommerhaus auf der Insel Djurgården. Offenbar sorgte er sich um ihre Gesundheit, insbesondere wegen der Auswirkungen einer Schwangerschaft. Seine Besorgnis war angebracht. Nach einer schweren Entbindung brachte Esther am 3. Oktober 1845 ein totes Kind zur Welt und starb einige Stunden später.

Im Zuge der Beerdigung und anderer praktischer Erledigungen gelang es Adolf anfänglich, die schlimmste Verzweiflung in Schach zu halten. Nach einer Weile aber brach die Trauer über ihn herein. Mit Unterstützung Alberts, der ohne Zögern die Aufgabe schulterte, den Betrieb in Stockholm aufrechtzuerhalten, begab sich Adolf nach Kopenhagen, um Trost zu suchen und ungestörter seinen Verlust verarbeiten zu können. Während seines über drei Monate langen Kopenhagen-Aufenthalts entwickelte Adolf eine Idee, die den vorsichtigeren Albert in Schrecken versetzte.

Denn in Kopenhagen wurde Adolf vom Skandinavismus-Fieber gepackt, mit dem ihn vermutlich zwei schwedische Bekannte ansteckten, die sich ebenfalls gerade in Dänemark aufhielten: Sturzen-Becker und der in Schweden umstrittene Carl Jonas Love Almqvist, der sich immer häufiger außerhalb seines Heimatlands aufhielt. Im Februar 1846 hielt Almqvist in Kopenhagen einen Vortrag mit dem Titel »Über die Ausführbarkeit des Skandinavismus«. Adolf wurde in die illustre Skandinavisk Selskab, die Skandinavische Gesellschaft, aufgenommen, die schon recht viele prominente dänische Mitglieder besaß.

Bereits nach seiner Ankunft in Kopenhagen im November schrieb Adolf in einem Brief an Albert, dass ihn »mehrere Ideen für die Zukunft« beschäftigten. Er fuhr fort: »Der Buchhandel hier ist *äußerst, äußerst* rentabel, obwohl so viele ihn jetzt *miserabel* betreiben, *alle zusammen* geradezu jämmerlich.«

Adolf war aufgefallen, dass es im dänischen Buchhandel kaum schwedische Bücher gab. Er sah eine Möglichkeit, nicht nur an der »Förderung der skandinavischen Idee« mitzuwirken, sondern auch für die schwedische Literatur eine Lanze zu brechen und gleichzeitig für die französische, deutsche und englische. Er fand, dass Albert, David Felix und er als Kompagnons Buchhandlungen in Kopenhagen, Göteborg und Stockholm betreiben sollten.

Im Januar 1846 schrieb Adolf an Albert und bat ihn um eine Stellungnahme:

»Ich würde mich auf eine *Assoziation* in größerem oder kleinerem Umfang einlassen, um die *Etablissements* in Sthlm, Gtebg und Kphmn zu fördern, zusammen mit Dir und zu einem

Teil mit David, darüber müssen wir aber in Zukunft noch genauer nachdenken und planen.«

Im selben Brief betonte Adolf Kopenhagens »herrliche Lage, um in Eile Sachen aus Deutschland, Frankreich und England zu bekommen«. Er verlieh auch der Hoffnung Ausdruck, einen »Handel mit Norwegen« in die Wege zu leiten, und machte keinen Hehl aus seinem Ehrgeiz, »G. vom Schachbrett zu fegen«, womit C. W. K. Gleerup gemeint war.

Adolf scheint von einer internationalen Buchhandelskette mit skandinavischem Profil geträumt zu haben. Albert und David Felix hingegen waren skeptisch. Vermutlich erinnerten sie die großartigen Pläne ihres Bruders an die zweifelhaften Geschäfte ihres Vaters, was wohl kaum dadurch abgeschwächt wurde, dass Adolf der Meinung war, Gerhard könne bei Bedarf in der Kopenhagener Buchhandlung aushelfen. David Felix drückte seine Ablehnung am deutlichsten aus: »Man kann sich den Plan denken und vorgaukeln, aber er lässt sich nicht ausführen.«

Alberts nicht erhaltener Antwortbrief scheint vorsichtiger formuliert, aber trotzdem unmissverständlich gewesen zu sein, da Adolf sich windend eingestand, dass dieser ihn verunsichert hatte:

»Deine Antwort zu dem *großen Plan* – oder das *Luftschloss*, wie Du ihn zutreffender nennst – war mir sehr willkommen und recht zufriedenstellend – denn eine vollkommene *Décision* für oder *Aversion* gegen das Projekt war schließlich alles, was ich erwarten und begehren konnte. Ich kann Dir auch versichern, dass ich noch mehr darüber geschlafen und nachgedacht habe als damals, ohne dass ich in dieser Minute noch richtig einig mit mir selbst bin, welchen Beschluss man fassen sollte.«

Im März, als Adolf wieder in Schweden war, wurde die Idee der skandinavischen Buchhandlungen zu den Akten gelegt, allerdings nur vorläufig. Im Spätsommer, als Adolf Kopenhagen wieder einen Besuch abstattete, flammte »die lange und oft wiedergekäute und *besprochene* Idee«, wie Adolf es in einem Brief an Albert ausdrückt, wieder auf. Jetzt gelang es Adolf tatsächlich, auch David Felix zu überzeugen, der sich anlässlich der Hochzeit ihrer Schwester Bolette ebenfalls in Kopenhagen aufhielt. David Felix war zu dem Schluss gelangt, dass Adolf seine Idee ebenso gut ausprobieren könne, wenn es nur rasch und resolut geschehe: »Wenn es Krieg geben soll, dann soll es eben Krieg geben! Dieses ewige Diskutieren und Nachdenken muss endlich zu einem Ergebnis führen.«

Albert scheint sich einige Tage lang unschlüssig gewesen zu sein, möglicherweise weil sein jüngerer Bruder seine Einstellung geändert hatte. Adolfs Antwort auf einen Brief Alberts vom 12. September deutet darauf hin, dass Albert schließlich unmissverständlich und ablehnend Stellung bezogen hatte. Sein Kommentar, Adolf solle sich nicht übernehmen, fiel offenbar auf fruchtbaren Boden.

Einige Wochen später, am 2. Oktober, kapitulierte Adolf. Albert habe ihn, schrieb er, zu der »Resolution gebracht, alles *in statu quo* zu belassen«.

Was genau geschehen wäre, wenn Adolf Bonnier seine Pläne in die Tat umgesetzt hätte, ist ungewiss, aber sehr wahrscheinlich hätte die Geschichte des Bonnier'schen Buchhandels – und mit ihr die des Verlags – eine andere Wendung genommen.

* * *

Die vielen Briefe und Unterlagen aus der Mitte des 19. Jahrhunderts legen Zeugnis von Albert Bonniers enormer, fast manischer Arbeitskapazität ab. Trotz sehr schwieriger

Umstände – durch Adolfs Abwesenheit nach Esthers Tod war Albert nicht nur für seine eigenen Geschäfte verantwortlich, sondern auch für die seines Bruders – legte er in diesen anstrengenden Jahren das Fundament seiner großen Erfolge. Der Almanach *Svea* war ein wichtiger Teil dessen, aber bereits 1846 rief Albert ein Projekt ins Leben, das mehr als jedes andere seine zukünftige Stellung als wichtigster Verleger schwedischer Belletristik sichern sollte: *Den europeiska följetongen. Nytt romanbibliothek* (Das europäische Feuilleton. Neue Romanbibliothek). Diesen Titel änderte er recht umgehend in *Den europeiska följetongen. Tidskrift för Utländsk Romanlitteratur* (Das europäische Feuilleton. Zeitschrift für ausländische Romanliteratur).

Die Geschichte des Romans als literarische Gattung lässt sich bis in die Antike zurückverfolgen. Wichtige Entwicklungsschritte waren die Ritterromane des Mittelalters und im 17. und 18. Jahrhundert erzählende Werke wie Miguel de Cervantes' *Don Quijote* und Daniel Defoes *Robinson Crusoe*. Aber erst zu Beginn des 19. Jahrhunderts fand der Roman im modernen Sinne größere Verbreitung, beispielsweise mit Walter Scotts *Ivanhoe* und wenig später mit Autorinnen und Autoren wie Eugène Sue, Alexandre Dumas d. Ä., Honoré de Balzac, George Sand, William Thackeray und Charles Dickens. Dies im Zuge einer wachsenden, lesenden Mittelschicht durch die Industrialisierung in Ländern wie England und Frankreich. Dieses neue und relativ wohlhabende Bürgertum verlangte nach kultureller Unterhaltung. Der Roman, häufig in Fortsetzungen gedruckt, eignete sich dafür perfekt.

Schweden hinkte in der Entwicklung hinterher, aber um 1840, noch bevor sich Albert Bonnier als Verleger etablierte, war der Roman auch in Schweden angekommen. Dabei spielte Carl Jonas Love Almqvist mit *Drottningens juvelsmycke* (»Das Geschmeide der Königin«), *Törnrosens bok* (Buch der

Heckenrose) und *Det går an* (»Die Woche mit Sara«) eine herausragende Rolle. Auch zwei Autorinnen waren von großer Bedeutung, Fredrika Bremer mit Romanen wie *Grannarne* (»Die Nachbarn«) und *Hemmet* (»Das Haus oder Familiensorgen und Familienfreuden«) und die sich sehr gut verkaufende Emilie Flygare-Carlén, der mit *Rosen på Tistelön* (»Die Rose von Tistelön«) der Durchbruch gelang. Der literarische Salon Flygare-Carléns in Stockholm bildete Mitte des 19. Jahrhunderts eine Art Epizentrum der schwedischen Literatur.

Etwas Neues bahnte sich seinen Weg. Albert Bonnier erkannte dies und beschloss, den Trend aufzugreifen.

* * *

Sogenannte Romanbibliotheken, einfache, erschwingliche Hefte im Abonnement setzten sich in Schweden nach 1830 durch. Der Pionier war 1833, wie so oft, Lars Johan Hierta mit seiner *Läsebibliothek af den nyaste utländska litteraturen* (Lesebibliothek der neuesten ausländischen Literatur), die später einfach nur *Läsebibliothek* und *Nytt Läsebibliothek* (Neue Lesebibliothek) hieß. Zwei Jahre später brachte N. H. Thomson eine *Kabinettsbibliothek af den nyaste litteraturen* (Kabinettsbibliothek der neuesten Literatur) auf den Markt. Beide Verleger konzentrierten sich primär auf Romanübersetzungen. Thomson verlegte allerdings auch schwedische Autorinnen wie Emilie Flygare-Carlén. Hiertas wichtigster Autor war der äußerst beliebte Engländer Edward Bulwer-Lytton. Ein weiterer wichtiger Akteur war die Druckerei Östlund & Berling in Norrköping, die ab 1845 ihre *Originalbibliothek* herausgab und für diese Emilie Flygare-Carlén anwerben konnte.

In der Verlagsbranche herrschte vollkommene Anarchie. Für die Vorlagen von Übersetzungen galt kein Urheberrecht, und Übersetzungen entstanden mehr schlecht als recht, ohne dass die Autorinnen und Autoren ein Honorar erhalten hätten. Erst die internationale Berner Übereinkunft zum

Schutz von Werken der Literatur und Kunst im Jahr 1886 brachte eine gewisse Ordnung. Schweden trat ihr allerdings erst im Jahr 1904 bei.

Zwischen den schwedischen Buchverlegern bestand eine Art *gentlemen's agreement*. Sie gaben ihre Übersetzungspläne in Anzeigen bekannt, um Überschneidungen vorzugreifen. Das funktionierte nicht immer, und Albert geriet sich recht bald ernsthaft mit Lars Johan Hierta in die Haare.

Kundschaft war vorhanden, jetzt musste nur noch der Markt genutzt werden. Ein zeitgenössischer Beobachter beschrieb »die unruhige Erwartung«, die sich samstags in den gebildeten Stockholmer Familien verbreitete, während man auf ein »kleines, graues, unansehnliches Heft mit dem recht seltsamen Titel *Lesebibliothek*« wartete. Sobald es vom Briefträger gebracht wurde, suchte man sich »einen ruhigen Winkel im Haus, und der Glückliche, dem es gelungen war, das Heft zu ergattern, sah sich gezwungen, vorzulesen, damit alle an seinem Glück teilhaben konnten.«

Dieses gesteigerte Interesse an Belletristik ließ die Anzahl der Druck-Erzeugnisse förmlich explodieren. In den Jahren 1830 bis 1860 ist in Schweden mehr als eine Verdopplung zu verzeichnen. »Bücher hatten bislang im Allgemeinen als relativ teures und exklusives Produkt gegolten. Romane in Heften wurden in diesen Jahren zu einem Alltagsartikel«, schreibt die Literaturwissenschaftlerin Gunnel Furuland in ihrer Monografie über die Romanbibliotheken im Schweden des 19. Jahrhunderts.

Dem inzwischen 25-jährigen Albert Bonnier muss die Versuchung, sein Glück auf diesem wachsenden Verlagsmarkt zu erproben, unwiderstehlich erschienen sein. Im Sommer 1846 startete er die wöchentliche Veröffentlichung der Hefte des *Europeiska följetongen* (Das europäische Feuilleton), das dem breiteren schwedischen Publikum in den ersten Jahren seines Bestehens mehrere große europäische Romane nahebrachte, darunter Thackerays »Jahrmarkt der Eitelkeiten« und Alexandre Dumas' d. J. »Die Kameliendame«. Später, in den Jahren nach 1850, erschienen u. a. Dickens' »David Copperfield« und aus den USA Harriet Beecher-Stowes Anti-Sklaverei-Roman »Onkel Toms Hütte«. Im selben Jahr wie das französische Original, also 1862, erschien Victor Hugos »Les Misérables« (deutsch meist »Die Elenden«) im *Följetongen* unter dem schwedischen Titel »Das menschliche Elend«.

Das erste Heft des *Följetongen* enthielt die Übersetzung eines Romans des heute vergessenen Franzosen Eugène Sue, »Martin, der Findling«, der in der Zeitschrift *Le Constitutionnel* erschienen war. Wieder einmal unterstützte Adolf seinen kleinen Bruder. Er hielt sich gerade in Paris auf und schickte fortlaufend die neuesten Ausgaben des *Le Constitutionnel*, die Albert rasch übersetzen ließ.

Durch Zeitschriften aus dem Ausland und persönliche Kontakte hielt sich Albert über Neuerscheinungen auf dem Laufenden. Wie auch beim Almanach *Svea* las er alles, was im *Följetongen* gedruckt wurde, und übernahm oft auch die Korrektur.

* * *

Der wichtigste schwedische Verleger der damaligen Zeit war Lars Johan Hierta, Gründer der Tageszeitung *Aftonbladet*, ein geschickter Unternehmer und liberaler Meinungsmacher, der ein großes Vermögen erworben hatte. Unausweichlich kam es zu Konflikten zwischen dem etablierten Hierta und dem Jungunternehmer Albert Bonnier.

Die erste Schlacht betraf die Übersetzung von Alexandre Dumas d. Ä. »Memoiren eines Arztes«. Albert entschied sich für den Rückzug, »um eine Kollision zu vermeiden, die in einem Land mit einer so geringen Leserzahl wie Schweden den Konkurrenten unausweichlich geschadet hätte«. Aber dann wurde der Streit hitziger. Albert gab bekannt,

1847 eine Übersetzung von Edward Bulwer-Lyttons neuem Roman »Lucretia oder die Kinder der Nacht« herausgeben zu wollen. Hierta beantwortete diese Provokation damit, umgehend eine Übersetzung des Buches in seiner Tageszeitung *Aftonbladet* zu veröffentlichen. Albert reagierte darauf im *Stockholms Figaro* folgendermaßen:

»Wir haben es, gelinde gesagt, immer für wenig ritterlich gehalten, dass ein Verleger seine Zeitung als Vehikel zur Förderung seiner eigenen übrigen Unternehmungen verwendet.«

Kaum eine Sternstunde Albert Bonniers. Die Veröffentlichung Bulwer-Lyttons verstieß gegen die stillschweigende Abmachung der Verleger, die Finger von den Lieblingsautoren ihrer Kollegen zu lassen. Die Kritik daran, dass Hierta sich in dem Konflikt seiner Zeitung bediente, überzeugte nicht sonderlich, da Albert sich jetzt selbst seines *Stockholms Figaro* bediente.

Alberts Verhalten wirkt streitsüchtig. Vielleicht ging es ihm bei seinen Angriffen auf die wichtigsten Konkurrenten nur darum, seine eigene Bedeutung in der Verlagswelt hervorzuheben. Aus den ironischen und höhnischen Angriffen auf Hierta lässt sich ein gewisser Minderwertigkeitskomplex herauslesen:

»Der moderne Riese schreit fürchterlich, während er aber eigentlich nur gewahr wird, dass ihn das Volk meidet und sehr fürchtet. Figaro ist verglichen mit dem alten Krieger nur ein Jüngling, und da er keine anderen Waffen als ein paar schlichte Steine aus dem Bach mitführt, muss der Kampf gewagt werden.«

Der Konflikt zwischen Lars Johan Hierta und Albert Bonnier hielt einige Jahre an, bis Hierta seine Romanserie einstellte. Bonniers Serie erschien bis 1910, mit einer kürzeren Unterbrechung zwischen 1855 und 1857.

In literarischer Hinsicht gewann niemand. Im Kampf um die schnellste Übersetzung blieb das Niveau oft auf der Strecke. »Der eigentliche Sieger bei diesem Wettlauf lässt sich nicht bestimmen, aber beide waren Verlierer, was die Qualität der Übersetzungen betraf«, meint Gunnel Furuland abschließend. Die Schlacht zeigt jedoch, dass Albert Bonnier furchtlos und ehrgeizig war und bei Bedarf auch recht unverfroren.

Albert Bonniers Heftromane überlebten die von Hierta und auch die von Thomson, weil er ein besseres Marketing betrieb, das rückblickend beinahe modern anmutet. Bonniers Hefte enthielten neben Kulturnachrichten vielversprechende Ankündigungen von Autoren und Büchern in einer Form, die den heutigen Klappentexten entspricht. Albert war sich auch nicht zu fein, die Vorzüge des eigenen Feuilletons gegenüber den Konkurrenten ungeniert hervorzuheben. In der ersten Nummer 1847 heißt es beispielsweise:

»Die Vorzüge, die diese Bibliothek auszeichnen, sind: ein bequemes und sehr angenehmes Format, ein sparsamer, aber trotzdem augenfreundlicher Druck, gepflegte Übersetzungen und ein billiger Preis.«

Obwohl sich Albert anfänglich auf ausländische Autoren konzentrierte, erleichterten der Almanach *Svea* und *Den euorpeiska följetongen* (später unter dem Titel *Nya följetongen*) die Kontaktaufnahme zu etlichen der namhaftesten schwedischen Schriftsteller. Unter diesen fanden sich etablierte Autoren wie August Blanche mit *Taflor och berättelser ur Stockholmslifvet* (Bilder und Erzählungen aus dem Leben Stockholms) und Johan Gabriel Carlén mit *Romanser ur svenska folklifvet* (Romanzen aus dem schwedischen Volksleben), außerdem politische Meinungsführer wie Emil Key mit *Om Skandinaviens framtid* (Über die Zukunft Skandinaviens), scharfzüngige Journalisten wie Bernhard Palmær, Gründer des *Östgöta Correspondenten*, mit *En liten lustresa* (Eine kleine Vergnügungsreise) sowie Karl Anders af Kullberg, Mitarbeiter der Zeitung *Aftonbladet*, mit *Det otroliga* (Das Unglaubliche).

Die folgende interessante Beschreibung von Alberts Sohn Karl Otto, die in seiner Familiengeschichte enthalten ist, beruht teilweise auf eigenen Erinnerungen an den Vater:

»Im Alter ließ sein Interesse an neuen größeren Unternehmungen nach, und er überließ seinem Sohn und Miteigentümer die meisten Kontakte zur jüngeren Autorengeneration. Die beiden in seiner Jugend eingeleiteten Projekte, das ›Följetongen‹ und ›Svea‹, bedeuteten ihm jedoch noch immer sehr viel, und er bot für sie seine letzten Kräfte auf.«

Die letzten der 1840er-Jahre gestalteten sich für die drei Bonnier-Brüder recht hektisch. Albert hatte sehr viel mit *Den europeiska följetongen* und dem Almanach *Svea* zu tun, Adolf baute seinen Verlag aus und hatte eine neue Frau gefunden: Sophie Hirsch, die Schwester eines engen Freundes der Brüder, des Musikalienhändlers Abraham Hirsch. Im November 1848 kam ihr Sohn Isidor Adolf zur Welt. David Felix nannte sich inzwischen nur noch Felix, heiratete und gründete in Göteborg ebenfalls einen Verlag. Außerdem wurde Adolf Bonnier in Uppsala Universitätsbuchhändler, ein ehrenvolles Amt, das die schwedische Staatsbürgerschaft voraussetzte.

Adolfs Aufstieg zum Universitätsbuchhändler scheint der Hauptgrund dafür gewesen zu sein, dass die Brüder im Som-

Adolf Bonnier mit Sohn Isidor. Sophie Hirsch, Adolfs zweite Frau.

mer 1849 die schwedische Staatsbürgerschaft beantragten. Auch Felix war es wichtig, die Frage der Staatsbürgerschaft zu klären, da er in Göteborg große Pläne hatte und Schikanen vorgreifen wollte. Albert scheint das Ganze eher als eine Formalität betrachtet zu haben.

Am 11. September wurde dem Antrag der Brüder stattgegeben, und eine Unannehmlichkeit, die sie seit ihrer Ankunft in Schweden belastet hatte, war aus der Welt geschafft: Als Juden waren sie im Reich bislang nur geduldet gewesen und hätten jederzeit ausgewiesen werden können. Nichts deutet jedoch darauf hin, dass sie derartige Befürchtungen quälten, aber wiederkehrende Meinungsäußerungen antisemitischer Art, die brutalsten im Jahr 1838, riefen ihnen die Risiken natürlich ständig in Erinnerung.

Dass die Brüder den Antrag auf Staatsbürgerschaft gleichzeitig stellten, zeigt, wie verbunden sie einander waren, aber es traten auch immer wieder Reibereien auf, besonders jetzt, da sie sich alle drei in einer Phase der Expansion befanden.

Hauptsache dafür war offenbar der Wunsch Felix', aus dem Schatten seiner beiden älteren Brüder herauszutreten. Er wollte die Buchhandlung in Göteborg unter eigenem Namen führen. Nach einem recht scharfen Briefwechsel lenkte Adolf schließlich ein. Zwischen Felix und Albert kam es 1849 zum Streit wegen des lithografischen Prachtwerks *Sverige, framstäldt i taflor* (Schweden in Bildern), das sie anfänglich gemeinsam hatten herausgeben wollen. Felix überlegte es sich dann anders und forderte die Alleinrechte, womit sich Albert einverstanden erklärte, sofern sein Verlagsname auf dem Titelblatt erschiene. Das wiederum lehnte Felix ab.

Nach einem heftigen Disput, bei dem Felix Albert erbost als »Türkenhund« bezeichnete, nahm Albert Abstand von einer weiteren Beteiligung an dem Projekt, das in den Jahren nach 1850 großen Erfolg verbuchte.

Nichts davon konnte das Verhältnis der Brüder jedoch dauerhaft trüben. Trotz ihrer Scharmützel blieben sie gute Freunde und standen einander bei.

* * *

Das Ereignis, das Albert Bonnier in dieser Zeitspanne am meisten bewegte, war die Revolution des Jahres 1848. Vielleicht sollte man eher von Revolutionen sprechen. Alles begann in Paris am 22. Februar und breitete sich dann in weiten Teilen Europas aus, allerdings unter unterschiedlichen Vorzeichen. In Frankreich löste die Zweite Republik die bürgerliche Julimonarchie von 1830 ab. Missernten, soziales Elend und Arbeitslosigkeit hatten den Aufstand, der eine gewisse sozialistische Prägung hatte, ausgelöst. In Deutschland, Italien und im habsburgischen Österreich zeigte die Revolution nationalistische Züge. Als die letzten Wellen des

Aufstands im März bis nach Schweden schwappten, forderte man das Wahlrecht, die Repräsentationsreform und sogar die Republik.

Nach gewaltsamen Unruhen in Stockholm und anderen schwedischen Städten, die etwa dreißig Todesopfer forderten, bildete ein eingeschüchterter Oskar I. die Regierung um und gab ihr eine liberalere Ausrichtung. Einer der neuen Minister war der erst 34-jährige Johan August Gripenstedt.

Sämtliche Revolutionen scheiterten. Sie wurden praktisch überall niedergeschlagen. Von einer »Ouvertüre ohne Oper« ist die Rede, aber rückblickend weisen diese Revolutionen auf ein Erwachen der Massen hin, das Europa politisch und national veränderte.

Wie es um Albert Bonniers Sympathien stand, liegt auf der Hand. In diesem Revolutionsjahr 1848 schloss er sich einer Gesellschaft in Stockholm an, den Reformvännerna, den Reformfreunden, die bei einem »dürftigen Essen für die Freiheitshelden aus allen Ständen« gebildet worden war und zum Ziel hatte, »den sterbenden Rabulismus zum Leben zu erwecken«. Unter ihren gut 600 Mitgliedern war auch Albert Bonniers Rivale Lars Johan Hierta. Politisch standen sich die beiden nahe, was es noch unbegreiflicher erscheinen lässt, dass Albert Lars Johan Hierta zu seinem Hauptgegner erklärt hatte.

Albert ging noch weiter. Bereits 1842 hatte er davon geträumt, seine große Reise mit einem längeren Aufenthalt in Paris zu beenden. Seine Loyalität zu dem überarbeiteten Adolf hatte ihn damals jedoch veranlasst, nach Stockholm zurückzukehren. Jetzt empfand er das unwiderstehliche Bedürfnis, sich in die französische Hauptstadt zu begeben, um sich die Winde der Veränderung um die Nase blasen zu lassen. Er bat Adolf, ihn zwei Monate von der Buchhandlung zu beurlauben. Anfang Juli 1848 brach er auf. Felix war frisch verliebt und schlug das Angebot, ihn zu begleiten, aus.

Er verwies auf seine »göttliche Mamsell«, eine gewisse Charlotte Benecke, und auf die allgemein unsichere Situation in Frankreich:

»Aber wagst Du es, nach diesem letzten Spektakel zu reisen? Hast Du denn gar keine Angst vor der ›roten Republik‹? Es wäre fatal, wenn Du zufällig in einem verdächtigen Quartier Logis bezögest und Herr Cavaignac Dich über die Klinge turnen ließe!«

Felix meinte damit den General Louis-Eugène Cavaignac, der im Juni die Arbeiterrevolte in Paris blutig und grausam niedergeschlagen hatte und anschließend einige Monate lang de facto Diktator war.

Aus Alberts Zeit in Paris im Jahr 1848 existieren keine Briefe, aber gemäß des Sohnes Karl Otto, »kann man sich gewiss sein«, dass er sich amüsierte.

Die Jahre gingen ins Land, Alberts dreißigster Geburtstag rückte heran, und er war inzwischen ein etablierter Verleger. Seine beiden Brüder führten bereits ein bürgerliches Leben. Alberts Freunde rissen unterdessen Witze über seine Junggesellenallüren. Als Oscar Patric Sturzen-Becker die Nachricht von der Verlobung des ältesten Bonnier-Bruders mit Sophie Hirsch erhielt, schrieb er an Albert:

»Grüße Adolf recht herzlich von mir! Man sagt, er sei verlobt. Bravissimo! Ich gratuliere ihm tausendmal. Und Ihr, mein Herr?«

Albert Bonnier.

4. KAPITEL

NEUE BEDINGUNGEN

**Ein Junggeselle findet endlich zu einem gesetzten Leben.
Betty. Kontakt über die Ostsee. Albert kauft eine Druckerei.
Probleme in der Buchhandlung. Krise. Albert übernimmt
das Kommando.**

———

Die Jahre nach 1850 stellten für wenigstens zwei der Bonnier-Brüder eine anstrengende Zeit dar. In Konkurrenz mit dem Verlag Östlund & Berling in Norrköping gab Adolf eine Prachtausgabe der Bibel heraus. Doch da er sie in Leipzig drucken ließ, wurden zwanzig Prozent Zoll erhoben. Die Presse äußerte einen ziemlich absurden Einwand gegen seine Ausgabe: Weil er jüdischen Glaubens sei, sollte ihm nicht gestattet werden, die Bibel herauszugeben. Einen wichtigen Erfolg konnte Albert dennoch verbuchen. Mithilfe seines Freundes und Verlegerkollegen Philipp Meyer gelang es ihm 1853, die exklusiven Rechte an den Schriften Carl Michael Bellmans zu erwerben. Im Jahr darauf erhielt er auch die Rechte an den Noten.

In Göteborg gab Felix Bonnier weiterhin *Sverige, framstäldt i taflor* (Schweden, dargestellt in Bildern) heraus, aber seine Buchhandlung rentierte sich kaum. Felix war frisch verheiratet, und die Briefe des früher so übermütigen Rabauken waren von einer neuen Ernsthaftigkeit erfüllt. Felix war mit Abstand der fleißigste Briefeschreiber des Brüdertrios.

Albert verspottete ihn für sein verändertes Temperament. Darüber beklagte sich Felix bei Adolf:

»Albert meint, dass ich verglichen mit früher neuerdings ziemlich verbiestert sei – das glaube ich gern! Ich besitze Frau und Herd und muss jetzt vorsichtig sein. Als Jüngling kann man es sich gestatten, gegen die ganze Welt zu kämpfen, und geht man zugrunde, dann – adieu la compagnie!«

Auch Alberts Dasein gestaltete sich intensiv, wenngleich auf andere Art und Weise. Er war mit Adolf und Sophie in ihre neue Wohnung in der Drottninggatan gezogen, bezog dann aber im Herbst 1850 eine eigene Bleibe am Brunkebergstorg neben einem der beliebtesten Lokale Stockholms, dem De la Croix Salonger, das 1843 als elegante Filiale der Schweizeri De la Croix im Norrbrobasaren eröffnet worden war. Beruflich hatte er sowohl mit der Buchhandlung als auch mit dem Redigieren des Almanachs *Svea* und der Romanbibliothek alle Hände voll zu tun. Aber nach beendetem Arbeitstag begab er sich ins Nachtleben.

Ende der 1840er-Jahre pflegte Albert vor allen Dingen mit zwei Freunden Umgang, die er in Uppsala kennengelernt hatte, wohin er sich gelegentlich im Auftrag Adolfs begab. Die beiden Freunde waren Alfred von Betzen und Victor Enblom, ein Mediziner und ein Geisteswissenschaftler. Mit dem jungen Großhändler Adolf Schück bildeten sie ein Quartett, das sich, wie es Karl Otto Bonnier lakonisch formuliert, »recht tapfer amüsierte«. Das Quartett löste sich um 1850 auf, weil von Betzen eine Stelle als Arzt in Göteborg antrat und Enblom Lehrer am Gymnasium in Västerås wurde.

In Stockholm schloss sich Albert nun einem Kreis radikaler Zechbrüder an, die nicht nur das De la Croix, sondern auch das Brunkebergs Casino, das Konstnärsgillet und diverse Theater frequentierten. Zu ihnen gehörten unter anderem der Übersetzer Karl Anders af Kullberg, der Schriftsteller Frans Hedberg, zu diesem Zeitpunkt noch Schauspieler, der Maler Josef Wilhelm Wallander, Talis Qualis, Theodor Sack, ein Violinist der Hofkapelle, und Rudolf Wall, der Herausgeber des radikalen Wochenblatts *Friskytten* und spätere Gründer der Tageszeitung *Dagens Nyheter*. Manchmal leistete ihnen Sven Adolf Hedlund Gesellschaft, später einer der tonangebenden liberalen Publizisten, Redakteur der *Göteborgs Handels- och Sjöfarts-Tidning* und Mentor des Schriftstellers Viktor Rydberg.

Eine Artikelserie im *Friskytten* mit dem Titel *Schweiziska promenader* (Schweizer Spaziergänge) handelt vom bunten Leben in der Schweizeri De la Croix im Norrbrobasaren, einem Hort von »Freiheit, Gleichheit und Brüderlichkeit«. Laut Gudmar Hasselberg, dem Biografen Rudolf Walls, hat dieser die Artikel selbst verfasst:

»Wenn Sie der Zigarrenrauch nicht daran hindert, können Sie dort die Prominenz der Hauptstadt betrachten [...] Minister und Generäle, höhere Beamte sowie Unterleutnants, die entweder Ersteres oder Letzteres werden wollen, je nachdem, Professoren und Studenten [...] Wie die Zeitungen auf den Tischen sind dort Redakteure aller Couleur einträchtig vereinigt [...] ein junger Mann ruft *Punch* und erhält statt der Zeitschrift, die ganz gewiss ebenfalls nicht trocken ist, ein Glas Punsch. Einige Mitglieder des Reichstags betreten das Lokal, und ein Mitglied der Bauernpartei bringt einen Antrag auf Portwein ein.«

Die wichtigste Figur in Albert Bonniers Clique war der neun Jahre ältere August Theodor Blanche, der in den 1840er-Jahren mit den Komödien *Positivhataren* (Der Drehorgelhasser) und *Ett resande teatersällskap* (Eine reisende Theatertruppe) große Erfolge feierte. Blanche, der in Uppsala Jura studiert hatte, war in den Stockholmer Rabulistenkreisen als hervorragender Redner und Alleinunterhalter berühmt, der sein Publikum fesselte, ganz gleichgültig, ob er auf der Bühne stand oder an einem Diner teilnahm. Mit grenzenloser Bewunderung schaute Albert zu ihm auf.

Im Jahr 1859 ließ sich Blanche als Vertreter des Bürgerstands in den Reichstag wählen und setzte sich für die Rechte der Frauen, die Abschaffung der Todesstrafe und die Reform des Ständereichstags und der Reichstagsordnung ein. Blanche, der 1868 starb, war auch in der Scharfschützenbewegung aktiv, einer volkstümlichen, freiwilligen Miliz, die in den Jahren nach 1860 entstand. Als Albert in eine Wohnung am Berzelii-Park umzog, erhielt eine Blanche-Büste dort einen Ehrenplatz.

* * *

Politisch herrschte in der Zeit nach 1850 Flaute, eine konservative Reaktion auf die Aufstände der Jahre 1848 und 1849, die die liberalen Sympathien Alberts nicht abzuschwächen vermochte. Als der verbannte ungarische Freiheitsheld Lajos Kossuth, den Albert aus Pest kannte, im Jahr 1851 Stockholm besuchte, wurde ihm zu Ehren ein öffentliches Fest veranstaltet. Die Eintrittskarten à zwei Reichstaler gab es natürlich in der Buchhandlung Bonnier an der Norrbro.

Unter der Oberfläche jedoch brodelte eine allgemeine Unzufriedenheit, die sich allerdings nicht in großen Aufständen wie beispielsweise in den Jahren 1838 oder 1848 manifestierte, sondern in sogenannten Gänsemärschen. Angehörige vorzugsweise der unteren Gesellschaftsschichten zogen unter strengem und gespenstischem Schweigen durch Städte wie Uppsala und Stockholm.

Im März 1851 lehnte der Ständereichstag den Vorschlag ab, den Anhängern des jüdischen Glaubens größere Rechte einzuräumen.

Die liberale Revolution befand sich bis auf Weiteres in der Warteschleife, aber bei Albert Bonnier vollzogen sich große Veränderungen sowohl privater als auch beruflicher Natur.

Es war höchste Zeit, eine Frau zu finden und eine Familie zu gründen. Außerdem war es ihm gelungen, den Kontakt zu einem Autor herzustellen, der dem Verlag seine größten Einnahmen bescheren würde. Bald tätigte er außerdem sein bis dahin größtes und vermutlich riskantestes Geschäft: Er kaufte eine Druckerei.

* * *

In den Briefen seiner Freunde, deren Mehrzahl inzwischen ein bürgerliches Leben führte, schwingt eine zunehmende Ungeduld über Alberts Widerstand oder Unfähigkeit, eine Frau zu finden, mit. Im Jahr 1851 meldete sich beispielsweise August Blanche aus Paris:

»Ich hoffe, dass es Dir gut geht und dass Du gedeihst, und ich hoffe auch, dass ich bei meiner Rückkehr ein neues, gemütliches Zuhause vorfinde, in dem ich ein und aus gehen kann, um dann Pate Deines ersten Kindes zu werden, sofern die Synagoge keine Einwände dagegen hat.«

Die beiden Junggesellen Blanche und Albert hatten etwas gemeinsam. Als die 1840er-Jahre ihrem Ende zugingen, waren sie in dieselbe Frau verliebt, in die hübsche schwedische Sopranistin Mathilda Ebeling, neben Jenny Lind der größte Opernstar der damaligen Zeit. Mathilda interessierte sich jedoch für keinen der beiden. Ihre Karriere als Sängerin hatte Vorrang, und sie begab sich nach Berlin, um sich künstlerisch weiterzuentwickeln. Dort starb sie bereits 1851 an Tuberkulose.

Beinahe hätte Albert um die Hand Fanny Behrens' angehalten, konnte sich dann aber doch nicht dazu durchringen.

Felix schüttelte über diese Unentschlossenheit seines Bruders nur den Kopf:

»Warum zögerst Du, verdammt? Soll es jetzt sein, oder soll es nicht sein? ›Das Mädchen ist schön, und Geld hat sie auch, tralala etc.‹ Und wenn Ersteres nicht sicher ist, so ist es Letzteres umso mehr. Also ergreife die Gelegenheit und *que ça finisse*!«

Fanny Behrens heiratete schließlich einen guten Freund Alberts, den Arzt Axel Lamm. Bei Lamms Junggesellenabschied 1851 deklamierte Albert ein Gedicht, in dem er selbstironisch die Einsicht zum Ausdruck brachte, dass es nicht mehr lange so weitergehen könne:

»Im Kreis der Junggesellen wird es licht,
bald findet sich hier niemand mehr.
Es sieht so aus, als wollt man nicht
alle Tage gehören zu der Junggesellen Heer.«

Im Jahr darauf erhielt Albert einen Brief von einem anderen Freund, dem Buchhändler Reinhold Frenckell in Helsinki. Frenckell äußerte sich sehr unverblümt:

»Als Dein alter Freund möchte ich diese Gelegenheit nutzen und Dich ernsthaft daran erinnern, an den Rückzug zu denken, d. h. endlich von den Schmeicheleien und den Kniefällen bei allen schönen Stockholmerinnen abzusehen und in der Welt ein gestandener Mann zu werden.«

Albert war schlicht und ergreifend wählerisch. Aus Göteborg schrieb sein Freund Alfred von Betzen tröstend, dass es für ihn zwar höchste Zeit sei, »die Freuden des Junggesellenlebens zu opfern«, aber dass es nicht infrage komme, »die erste Beste« zu nehmen. Da sei es, meinte von Betzen, »besser, allein zu bleiben«.

Im Jahr 1853 ging Albert schließlich eine Verbindung ein, die zu einer Ehe führte.

Betty Rubenson war acht Jahre jünger als Albert und stammte aus einer der ältesten und bekanntesten jüdischen Familien Schwedens. Ursprünglich aus Polen kommend, war die Familie unter dem Namen Wolff um 1790 nach Schweden eingewandert. Bettys Großvater Ruben Wolff wurde der Rabbiner der Stockholmer jüdischen Gemeinde, worauf seine Kinder sich den Nachnamen Rubenson gaben. Ihr Vater Wolff Rubenson betrieb in Stockholm einen Großhandel für Manufakturwaren. Betty und Albert begegneten sich hin und wieder bei Gesellschaften in jüdischen Kreisen, und aus einer anfänglich nur oberflächlichen Bekanntschaft entwickelte sich eine Freundschaft, später dann Liebe. Sie verlobten sich im Januar 1854. Aber das Idyll war getrübt.

Betty litt an einer Krankheit, die im 19. Jahrhundert als nervöse Melancholie bezeichnet wurde, heute würde man von wiederkehrenden Depressionen sprechen. Die Symptome waren so ausgeprägt, dass Albert trotz seiner starken Gefühle zu zweifeln begann. Monatelang graute ihm vor der Entscheidung. In dieser Zeit scheint er sich von seinen Brüdern abgewandt zu haben. Als Felix im Mai endlich wieder ein Lebenszeichen seines Bruders erhielt, war er erleichtert und schrieb, Albert sei »vom Scheintod wiederauferstanden«.

Die Einladungen zur Hochzeit zögerte Albert bis ins Letzte hinaus; so lange, dass Felix sich gezwungen sah, abzusagen, da er bereits die Einladung zu einer Hochzeit in Göteborg angenommen hatte.

Am 27. Juni 1854 heirateten Albert Bonnier und Betty Rubenson, die gerade eine depressive Episode überwunden hatte.

Es begann eine Ehe, in der sich ausgelassene Freude mit tiefer Verzweiflung abwechseln sollte. An der aufrichtigen Liebe der beiden zueinander besteht allerdings kein Zweifel.

In einem der ersten Briefe an ihren »lieben, geliebten Mann«, den Betty im Bett schrieb, als Albert auf Reisen war, klagt sie über »die schreckliche Leere« neben sich. Sie schließt mit »viele Küsse in die Luft, adieu, adieu, mein Geliebter«. Ein Postskriptum bezeugt eine von Galgenhumor geprägte Selbsterkenntnis, die vermutlich zu Alberts Überzeugung beitrug, dass er den zu erwartenden Herausforderungen gewachsen sei: »Sonst geht es mir so lala, aber so soll es wohl sein, und das geht vermutlich vorbei, pflegte die Alte zu sagen.«

Am 7. Juni 1855 wurde ihr erstes Kind geboren, die Tochter Jenny, benannt nach Bettys Mutter, die acht Monate zuvor an Cholera gestorben war.

* * *

Die 1850er-Jahre stellen politisch, aber auch im Hinblick auf die schwedische Literatur ein verlorenes Jahrzehnt dar. Nur wenige Romanautoren erlebten in diesem Zeitraum ihren Durchbruch. Eine Ausnahme bildete die an sozialen Fragen interessierte Marie Sophie Schwartz, eine der in der zweiten Hälfte des 19. Jahrhunderts meistgelesenen und meistübersetzten Autorinnen. Sie lebte mit dem gut vierzig Jahre älteren Gustaf Magnus Schwartz zusammen, der Direktor des Teknologiska Institutet (der Technischen Hochschule) und in jungen Jahren ein Gönner Gerhards und Adolfs gewesen war. Marie Sophie Schwartz machte sich 1858 mit *Mannen af börd och qvinnan af folket* (Der Mann aus guter Familie und die Frau aus dem Volke) einen Namen. Bereits sechs Jahre zuvor hatte Albert begonnen, ihre Bücher zu verlegen. Ihre Texte erschienen auch in *Svea*.

Auch Bruder Adolf verlegte eine in sozialen Fragen enga-

Albert Bonniers Frau Betty mit den Kindern
Jenny, Karl Otto und Eva.

gierte Autorin, die allerdings bereits sehr etabliert war: Fredrika Bremer. Unter anderem gab er 1856 ihren feministischen und bahnbrechenden Roman *Hertha, eller en själs historia* (Hertha oder Geschichte einer Seele. Skizze aus dem wirklichen Leben, auf Deutsch 1857) heraus.

In Ermangelung neuer belletristischer Werke in schwedischer Sprache konzentrierte sich Albert auf aktuelle Fachbücher vor allem aus dem Ausland. Der Krimkrieg zwischen Großbritannien, Frankreich und dem Osmanischen Reich auf der einen und Russland auf der anderen Seite wütete zwischen 1853 und 1856, und die Schweden verfolgten ihn mit großem Interesse. Oskar I. hätte die Situation gerne ausgenutzt, um die Grenze im Osten auf Kosten Russlands zu verschieben. Albert gab mit Landkarten illustrierte Broschüren mit Kriegsschilderungen und Kommentaren zum Kriegsverlauf heraus, die reißenden Absatz fanden. Ein weiterer Erfolg war die Fortsetzung von Llewellyn Lloyds *Jagtnöjen* (Jagdvergnügen) von 1830 unter dem Titel *Anteckningar under ett tjugoårigt vistande i Skandinavien* (Aufzeichnungen während eines zwanzigjährigen Aufenthalts in Skandinavien).

* * *

Einer der wichtigsten literarischen Kontakte, die Albert Bonnier zu dieser Zeit knüpfte, ergab sich zu einem zwei Jahre älteren schwedischsprachigen, promovierten Journalisten und Schriftsteller aus Finnland, der in Schweden zwar noch unbekannt, jenseits der Ostsee aber bereits berühmt war. In Finnland hatte er Gedichte, Glossen und Erzählungen in Fortsetzungen in der Tageszeitung *Helsingfors Tidningar* veröffentlicht. Es handelte sich um den außerordentlich vielseitig begabten Zacharias Topelius.

Als Topelius im Sommer 1851 mit dem Drama *Efter 50 år* (Nach 50 Jahren) am Djurgårdsteatern in Stockholm reüssierte, sicherte sich Bonnier die schwedischen Buchrechte.

Eine Beziehung entstand, die für den Albert Bonniers Förlag nicht nur höchst einträglich war, sondern auch zu einer engen Freundschaft zwischen Autor und Verleger führte.

Anfang 1854 begann Albert die historischen Erzählungen *Fältskärns berättelser* (»Erzählungen eines Feldschers«, deutsch 1880) in seiner Romanbibliothek zu veröffentlichen, die die Grundlage für einen einzigartigen wirtschaftlichen Erfolg in den nächsten drei Jahrzehnten bildeten.

Albert war in diesen Jahren äußerst vorsichtig, noch vorsichtiger als früher. Mehrere verlegerische Pläne begrub er, weil er sie für zu riskant hielt, unter anderem ein Konversationslexikon und eine illustrierte Geschichte Schwedens. Ein Grund für seine Vorsicht war neben dem Schatten, den die Exzesse seines Vaters Gerhard warfen, der Umstand, dass er eine Familie gegründet hatte. Außerdem plante er eine Investition, die einen Schritt ins Ungewisse darstellte.

Am 4. Juli schrieb er an Adolf:

»Hoffentlich steht es unter einem glücklichen Stern. Ich mache mir Sorgen über die Risiken, die dadurch auf einen zukommen.«

Einige Tage zuvor hatte Albert Bonnier eine Druckerei gekauft.

* * *

Der Buchdrucker Carl Fredrik Björklund übernahm 1838 die Hörbergska Boktryckeriet von Johan Hörberg. Albert hatte sich oft der Dienste Björklunds bedient, und daher war es natürlich, dass dieser sich an Albert wandte, nachdem er beschlossen hatte, sich anderen Dingen zuzuwenden. Die Verhandlungen verliefen reibungslos, und Albert übernahm die Druckerei am 1. Oktober 1856. Diese befand sich auf Riddarholmen in einem Teil des Geijerska Huset.

Björklund hatte sich sogar schon eine Schnellpresse zugelegt, aber trotzdem bestand ein gewisser Modernisierungsbedarf. Ganz seiner Gewohnheit entsprechend wartete der vorsichtige Albert zunächst aber ab. »Ich gedenke nicht, bereits im ersten Jahr finanzielle Risiken einzugehen, sondern lasse bis auf Weiteres alles auf die alte Art weiterlaufen.« Erst 1864 ließ er sich zwei neue Druckmaschinen eines Kopenhagener Herstellers liefern.

In der Druckerei arbeitete der äußerst kompetente Faktor C. V. J. Psilander, der Albert genauestens über den Betrieb auf dem Laufenden hielt. Ebenso wichtig war, dass Albert die Kunden Björklunds übernahm, zu denen eine ganze Reihe angesehener Institutionen gehörten, beispielsweise die Königliche Kriegsakademie, die Kanzlei des geistlichen Stands im Reichstag, das Innenministerium, die Technische Hochschule und das Katasteramt.

Alberts Kauf der Druckerei irritierte Felix, der beinahe zeitgleich eine eigene Druckerei in Göteborg eröffnet hatte und erwog, dort eine Zeitung herauszugeben.

Offenbar hatte Albert seinen Bruder nicht im Voraus von seinen Plänen unterrichtet. Anfang Oktober schrieb Felix an Albert in einem zu Recht etwas beleidigten Tonfall: »Ich hatte eigentlich damit gerechnet, für Dich und Adolf zu arbeiten, aber daraus wird nichts, falls Du (was ich nie erfahren habe) wirklich Björklunds Offizin gekauft hast.«

Alberts neue Stellung als Druckereidirektor – Psilander sprach ihn mit »Patron« an, was sich bald allgemein durchsetzte – führte dazu, dass sich sein Interesse für die Buchhandlung an der Norrbro noch weiter verringerte.

Dieser Prozess war bereits eine Weile im Gange und wurde durch Alberts erweiterte Verlagstätigkeit beschleunigt. Aber es gab auch ein anderes Problem, das seine Begeisterung dämpfte: In der Buchhandlung herrschte Unordnung

Das Geijerska Huset auf Riddarholmen in Stockholm. [10]

und in der Kasse Ebbe. Der 50-jährige Adolf, um dessen Gesundheit es nicht zum Besten stand, hatte nicht die Kraft, allen Mängeln abzuhelfen. Stattdessen nahm Alberts Arbeitsbelastung zu. Im Sommer 1855 klagte er in einem

Brief an Felix, dass mehrere Ladengehilfen an »Faulheit leiden«, und schrieb über seine eigene Situation:

»Obwohl ich im Allgemeinen eine bis zwei Stunden früher als zuvor aufstehe – und an keinem einzigen Abend den Laden vor halb 10 Uhr verlasse –, als Betty in der Regel schon eine gute Weile dort unten auf mich wartete –, habe ich trotzdem noch immer keinen Blick auf die dänischen oder französischen Geschäfte geworfen, sogar Briefe mit Bestellungen, die schon längst hätten abgeschickt werden müssen, sind liegen geblieben und mussten warten.«

Eine weitere Komplikation im Verhältnis der beiden Brüder war, dass sich Albert mit Adolfs neuer Frau Sophie schwertat, möglicherweise weil ihm Esther fehlte, die ihm eine Art mütterliche Zuneigung entgegengebracht hatte. Wie so oft gewann jedoch Alberts Loyalität zu seinem Bruder Adolf die Oberhand.

Auch nach dem Kauf der Druckerei scheute Albert keine Mühen, um seinem großen Bruder beizustehen. Er war außer sich, als Ludvig Josephson, der Adolf so viel zu verdanken hatte, kündigte und eine eigene Buchhandlung eröffnete, ihnen also Konkurrenz machte.

Auch Felix, der mit eigenen Geldsorgen kämpfte, verfolgte die Stockholmer Zustände mit zunehmender Verzweiflung und geriet hin und wieder mit Adolf in Streit, wenn Lieferungen nach Göteborg ausblieben. Außerdem belastete ihn eine Verpflichtung familiärer Natur.

Felix hatte 1855 Adolf, einen Sohn seiner Schwester Hanne, bei sich aufgenommen, der aus Hannes unglücklicher Ehe in Kopenhagen stammte. Der junge Adolf besuchte die Schule in Göteborg. Felix und seine Frau Charlotte waren seiner bald überdrüssig, weil er ihrer Meinung nach zu nichts taugte. Schließlich schickten sie ihn mit der Postkutsche nach Stockholm, und zwar an Heiligabend 1857. Felix' großer Bruder Adolf sollte die Verantwortung übernehmen. Adolf ignorierte dieses Ansinnen, offenbar weil er sich vor Sophies Reaktion fürchtete. Stattdessen mussten Albert und Betty einspringen und sich, wie Albert an Felix schrieb, »um den Jungen kümmern«.

In diesem zwischen Weihnachten und Neujahr verfassten, langen Brief ging Albert ein seltenes Mal näher auf Bettys mentale Verfassung ein. In Wendungen, die die patriarchalen Strukturen der Zeit spiegeln, kontrastiert er seine eigene tolerante und offene Beziehung mit der verängstigten von Adolf und Sophie:

»Ich verstehe mich nicht auf Zimperlichkeiten und leide glücklicherweise auch nicht an empfindsamen Nerven, obwohl meine Frau von allen Schwägerinnen wahrscheinlich von Natur aus am meisten dahingehend veranlagt ist, wofür man als Beispiel ihre nervöse Kränklichkeit während unserer Verlobungszeit anführen könnte, von der Du sicher gehört hast, aber es ist mir Gott sei Dank gelungen, sie nach vier Jahren zu einem gesunden und tüchtigen Charakter umzuformen. Ich kann ihr ohne Umschweife jede Neuigkeit mitteilen, traurige und angenehme, und so sollte eine Compagne, ein Weib, eine Begleiterin durchs Leben sein, und das ist, nach meiner Meinung, gerade das Liebliche einer Ehe, dass man jemanden hat, dem man seine Traurigkeit anvertrauen kann, seinen Kummer und seine Sorgen. Ein Benehmen à la Adolf, tagelang etwas Unbehagliches mit sich herumzutragen, ohne es seiner Frau mitzuteilen, wäre auch in anderer Hinsicht für mich eine Unmöglichkeit, da sie es mit einer seltsam feinen Beobachtungsgabe meinem Gesicht abliest, wenn etwas weniger Angenehmes geschehen ist, und da wäre es unmöglich, auch nur den Versuch zu unternehmen, sie zu täuschen.«

Unterdessen braute sich ein wirtschaftliches Unwetter über Schweden zusammen.

* * *

Der Krimkrieg, der mit einer vernichtenden russischen Niederlage endete, hatte einer spekulativen Hochkonjunktur Auftrieb gegeben, die sich nach dem 1856 in Paris ausgehandelten Friedensvertrag rasch abkühlte. Ende August des darauffolgenden Jahres wurden große Teile des Stockholmer Stadtteils Södermalm von einem Feuer verwüstet, ein schlechtes Omen.

Im Zuge der Industrialisierung, eines zunehmenden Handels, einer verbesserten Kommunikation und eines modernisierten Kreditwesens war die internationale Wirtschaft stärker verflochten denn je.

Weit entfernt in New York nahm eine Finanzkrise ihren Anfang, die, via London, Hamburg und große deutsche Banken mit Verbindungen nach Schweden erreichte. Im Herbst brach die Krise dann über Schweden herein und führte eine Welle von Konkursen mit sich. Voller Panik strömten die Menschen in die Bankfilialen, um Geldscheine in sicherere Silbermünzen zu wechseln.

Im Dezember 1857 stand eine der größten schwedischen Privatbanken, die Skånes Enskilda Bank in Ystad, kurz vor dem Zusammenbruch. Johan August Gripenstedt, der im Jahr zuvor Finanzminister geworden war, rettete die Situation. Ihm gelang es fast im Alleingang, den vollständigen Kollaps zu verhindern. Mithilfe des Finanzmanns André Oscar Wallenberg und einem Kredit aus dem Ausland wurde die Bank und damit das schwedische Finanzsystem gerettet. Der ansonsten ultraliberale Gripenstedt ordnete kurzerhand eine Intervention des Staates an. Es war der erste Rettungsschirm und ein entscheidender Augenblick, der die pragmatische politische Kultur Schwedens definierte.

Beinahe hätte die Krise auch einen der Brüder Bonnier vernichtet. Und zwar nicht Adolf, sondern Felix, dessen Druckerei nicht wie erhofft das schnelle Geld gebracht hatte. Im Unterschied zu Albert hatte er mit seiner Druckerei keinen Kundenstamm übernommen, auf den er hätte zurückgreifen können. Im Dezember 1857 flehte er Albert an:

»Sehr schweren Herzens schreibe ich diese Zeilen, um Dir zu sagen, dass ich *ruiniert* bin, ja! *ruiniert*, wenn ich keine Hilfe erhalte – an Dich wende ich mich mit der Bitte, dass Du mich um Gottes willen retten mögest.«

Man könnte sagen, dass sich Albert Bonniers manchmal vielleicht übertriebene Vorsicht in diesem Augenblick auszahlte. Er war noch kein sonderlich reicher Mann, hatte aber sehr konsequent dafür gesorgt, dass es für alle Eventualitäten eigenes Kapital gab, ein Prinzip, das auch sein Druckereikauf nicht erschüttert hatte. Felix erhielt umgehend die benötigten Mittel. Wieder einmal hatte die Loyalität gegenüber der Familie höchste Priorität.

Nachdem er lange in Adolfs Schatten gestanden hatte, trat Albert jetzt als der Bruder in Erscheinung, der das Fundament für die Erfolge legte, die wir heute mit dem Namen Bonnier verbinden. Die Investition in die Druckerei stellte eine Art Selbstständigkeitserklärung dar, was aus dem Brief an Felix hervorgeht, in dem er sich bereit erklärt, sich um Hannes Sohn zu kümmern:

»Ich habe, einzig um einen Notanker für meinen eigenen Jungen zu reservieren – falls er denn am Leben bleibt –, die Druckerei gekauft, in der ich zumindest mein eigener Herr bin und tun und lassen kann, was mir beliebt.«

Am 20. Juni 1856, ein paar Wochen bevor Albert den Kaufvertrag für die Druckerei unterzeichnete, hatte Betty einen Sohn zur Welt gebracht. Betty liebte Doppelnamen, und sie und Albert erwogen erst den urschwedisch klingenden Namen Sven Erik. Darüber macht sich Adolf in einem Brief gutmütig lustig, was nahelegt, dass die Reibereien zwischen den Brüdern keine tiefer gehenden Konsequenzen gehabt hatten:

»Sven Erik! Warum nicht gar noch hinzusetzen: Jöns, Nils, Måns oder Pärsson – aber schließlich tut der Name nichts zur Sache und kann in Zukunft geändert werden. Mit ihm hat Euch Gott alles irdische Glück und Wohlergehen hier im Leben geschenkt.«

Schließlich erhielt der Junge den Namen Karl Otto.

David Felix Bonnier.

5. KAPITEL

FRISCHE WINDE

Felix gründet die Göteborgs-Posten. Die Öre-Schriften.
Eine königliche Ablehnung. Der Handelskalender. Albert
erkrankt. »Mussa« und Gustaf Banck. Eisenbahnen und
Gewerbefreiheit. Rudolf Wall und *Dagens Nyheter*. Die Druckerei
zieht um. Alberts Befreiung. Adolfs Tod.

———

Eine der größten und traditionsreichsten Tageszeitungen
Schwedens, die *Göteborgs-Posten*, wird in der Regel nur mit
der Eigentümerfamilie Hjörne assoziiert. Weniger bekannt
ist, dass die *Göteborgs-Posten* von einem Mitglied der Familie
Bonnier gegründet wurde.

Im Oktober 1856 schrieb Felix Bonnier, der gerade eine
Druckerei erworben hatte, an seinen Bruder Albert:

»Etliche unserer feineren Kaufleute wünschen sich eine
neue Zeitung und sind bereit, Anteile zu erwerben – ich
würde sie drucken. Das wäre für meine Druckerei eine bril-
lante Unternehmung und eine vortreffliche Basis für ihre
Existenz.«

Für die Zeitung, die laut Felix »liberal, aber halbwegs ver-
nünftig« sein sollte, wurde ein Redakteur gebraucht, und
Felix bat Albert, ihm einen geeigneten solchen vorzuschlagen.
Anfang 1858, als sich Felix' Zeitungspläne konkretisier-

ten, empfahl Albert seinen guten Freund Rudolf Wall, der gerade seine Zeitschrift *Friskytten* hatte einstellen müssen. Er schrieb an Felix:

»Der Zufall wollte es, dass mich Wall (der mich letztens zu einem wirklich eleganten Leichenschmaus für den Friskytten im Hotel de Suède eingeladen hatte) gestern Abend im Laden aufsuchte. Er kam wie gerufen [...] Diesem Mann fehlen allerdings sogenannte akademische Studien [...] Hingegen besitzt er einen guten (fast brillanten) Verstand, und vor allen Dingen hat er Routine.«

Über Albert bot Felix Rudolf Wall ein großzügiges Gehalt an. Wall lehnte ab. Er wollte nicht nach Göteborg ziehen und seinem und Alberts Freund Sven Adolf Hedlund, dem Chefredakteur der *Göteborgs Handels- och Sjöfarts-Tidning*, *GHT*, häufig nur als *Handelstidningen* bezeichnet, Konkurrenz machen. Der wichtigste Grund für Walls Ablehnung war jedoch, dass er in Stockholm eigene Zeitungspläne verfolgte. Sechs Jahre später, 1864, gründete er mit Alberts Hilfe *Dagens Nyheter*.

Es handelt sich um eine seltsame Episode der schwedischen Pressegeschichte: Schwedens heute größte Tageszeitung hätte vielleicht nie das Licht der Welt erblickt, wenn ihr Gründer stattdessen auf Anraten Albert Bonniers Chefredakteur der heute zweitgrößten geworden wäre. Die *Göteborgs-Posten* erscheint seit Januar 1859 regelmäßig.

Einer der ersten profilierten Mitarbeiter der neuen Zeitung war Adolfs, Alberts und Felix' guter Freund Oscar Patric Sturzen-Becker, der unter dem Pseudonym Orvar Odd bissige und geistreiche Texte verfasste. Diese Wahl und der Vorschlag an Rudolf Wall beweist, dass die Brüder Bonnier über ein Netzwerk treffsicherer Skribenten verfügten.

* * *

In Schweden verliefen die Jahre um 1860 in literarischer Hinsicht recht ereignislos. Mit wenigen Ausnahmen: Im Jahr 1859 erschien Viktor Rydbergs *Den siste Athenaren* (»Der letzte Athener«) und wurde in Fortsetzungen in der *Handelstidningen* vorabgedruckt. Rydberg wurde später zu einem der bedeutendsten Namen im Katalog von Albert Bonniers Verlag.

Für Albert war es trotzdem eine prägende, von harter Arbeit erfüllte Zeit. Er leitete nicht nur die Druckerei, sondern auch den Verlag und die Buchhandlung, in der Adolf jede erdenkliche Hilfe benötigte. Außerdem hatte Alberts Familie Zuwachs bekommen. Am 17. November 1857 brachte Betty die Tochter Eva Fredrika zur Welt. Mit dem zweiten Namen, der schwedischen Form von Frederikke, wollte Albert offenbar seiner großen Schwester Reverenz erweisen, die ihm sehr fehlte.

Von besonderer Bedeutung für die Position des Verlags im Bereich der Belletristik war, dass Albert einige Jahre später begann, billige Hefte herauszugeben, *Öreskrifter för folket* (Öre-Schriften für das Volk). Hier erlangte Pehr Thomasson, ein Bauernsohn und Autodidakt aus Blekinge, große Beliebtheit mit Erzählungen aus dem Volksleben wie *Kung Oskar och Skogvaktaren* (König Oskar und der Waldhüter) und *En fyndig bonde* (Ein gewitzter Bauer). Albert war Thomassons Tendenzroman *En arbetares lefnadsöden eller Slaflifvet i Sverige* (Das Schicksals eines Arbeiters oder Sklavenleben in Schweden) aufgefallen, ein früher Vorläufer der Arbeiterromane des 20. Jahrhunderts.

Die *Öreskrifterna* wurden zum Verkaufsschlager.

Wieder lag Albert im Trend. Die zunehmende Lesefähigkeit und die wachsende Mittelschicht führten ab der Mitte des 19. Jahrhunderts zu einer starken Nachfrage von Druck-Erzeugnissen. Die *Öreskrifterna* erschienen mit 167 Num-

Eva Bonnier, die jüngste Tochter von Albert und
Betty Bonnier, als Kind und junge Frau.

mern, ehe die Serie im Jahr 1900, dem Todesjahr Albert Bonniers, eingestellt wurde.

Zu den Aufgaben eines Verlegers zählt allerdings nicht nur, Bücher zu veröffentlichen, sondern auch, Manuskripte abzulehnen. Anfang 1858 begutachtete Albert eine Reihe Gedichte des Herzogs von Östergötland, Prinz Oskar, später Oskar II., eines Mitglieds des Königshauses mit literarischen Ambitionen. Dieses nationalistische Machwerk, *Ur svenska flottans minnen* (Aus den Erinnerungen der schwedischen Marine), war vorher anonym zu einem Wettbewerb der Schwedischen Akademie eingereicht worden und von dieser mit einem Preis ausgezeichnet worden. Bernhard von Beskow, der Ständige Sekretär der Akademie, zeigte sich hochbeeindruckt: »Durch seine Lieder zieht die frische Meeresbrise, und die Pietät, mit der er die alten Helden der Meere zeichnet, hat oft etwas Rührendes.«

Nun brauchte der Prinz einen Verleger.

Albert Bonnier hätte das Manuskript für 1250 Reichstaler erwerben können, bei einer Auflage von 2500 Exemplaren. Er steckte in einer Zwickmühle. Einerseits erkannte er auf Anhieb, dass die Gedichte nichts taugten, andererseits war der Verfasser ein Prinz mit den besten Verbindungen zu tonangebenden Kritikern der Schwedischen Akademie. Sicherheitshalber zog er Felix zurate, der säuerlich, wie es seine Art war, antwortete: »In diesen düsteren Zeiten sind er und seine poetischen Ergüsse der Öffentlichkeit gleichgültig. Ich rate nachdrücklich vom Kauf ab.«

Albert lehnte ab. Stattdessen druckte Norstedts *Ur svenska flottans minnen*, ein heute vollkommen unleserliches Buch, allerdings befreit von einigen der Exzesse Oskars.

Im Gedicht »Psilander« über einen Offizier der schwedischen Marine, der sich 1704 geweigert hatte, bei der Begegnung mit der englischen Flotte die Flagge zu streichen, hatte der Prinz geschrieben:

»Er hatte bloß ein Schiff – eines der geringen –
doch Männer trug es, nicht leicht zu bezwingen,
und Eisen aus unserm alten schwedischen Berg,
und einen Kapitän mit Eisen bis ins Mark.«

An den Rand des Manuskripts hatte jemand von der Akademie notiert: »Entbehrlich«. In seiner unterhaltsamen Schilderung der literarischen Anstrengungen Oskars *Skaldernas konung* (Der König der Skalden) stellt der Literaturwissenschaftler Germund Michanek trocken fest: »Oskar strich die ganze Strophe, und damit war nicht er es, der den Mann aus Stahl in die Weltliteratur einführte.« [Superman, »der Mann aus Stahl«, heißt auf Schwedisch Stålmannen, Stahlmann.]

* * *

Albert Bonnier stand nach wie vor im Schatten von Konkurrenten wie Lars Johan Hierta. In diesen Jahren wandte er sich einem Projekt zu, das nichts mit Belletristik zu tun hatte, aber die finanzielle Grundlage für den später führenden Belletristik-Verlag Schwedens schuf.

Eigentlich begann alles mit dem misslungenen Versuch von Alberts und Adolfs Verlegerfreund Philipp Meyer im Jahr 1855, einen *Merkantil kalender* (Kaufmännischen Kalender) zu lancieren, eine Art Katalog mit Adressen und anderen Angaben zu Unternehmen im ganzen Land. Aufgrund der schlampigen Ausführung sowie etlicher Fehler fand Meyers Verzeichnis wenig Anklang, aber Albert erkannte die Vorzüge der aus Dänemark und Deutschland stammenden Idee. Hier konnten die Unternehmen, die nach der Abschaffung des Zunftzwangs und durch den Ausbau der Verbindungen zwischen den Städten entstanden waren, für sich werben.

Die Eisenbahn, u. a. eifrig von Albert in Artikeln im Almanach *Svea* befürwortet, hatte in Schweden Einzug gehalten,

1853 summten die ersten Telegrafenleitungen, und die Einführung von Briefmarken vereinfachte das Postwesen.

Jetzt musste Albert das Kalenderprojekt nur mit größerer Gewissenhaftigkeit als Meyer umsetzen, und dazu brauchte er einen geeigneten Redakteur.

Also wandte er sich an seinen Freund Rudolf Wall, der sich nach der Auflösung des *Friskytten* mit sporadischen Artikeln im *Aftonbladet* und in der *Handelstidningen* über Wasser hielt. Wall nahm Alberts Angebot an.

Rudolf Wall hatte seine Karriere als Laufbursche bei Lars Johan Hierta begonnen. Er war nicht nur ein kompetenter Journalist, sondern interessierte sich auch für Geschäfte und tätigte einige Spekulationen, allerdings mit mäßigem Erfolg. »Kapital sammle ich mit Branntwein und Getreide«, schrieb er ein wenig prahlerisch an S. A. Hedlund von der *Handelstidningen*. Mit dem Kapitalsammeln war es allerdings nicht weit her. Wall war als Großhändler der beiden genannten Produkte wenig Glück beschieden, doch seine Kombination aus journalistischem Talent und Interesse an Geschäften – und vielleicht auch ihre Freundschaft – ließ Rudolf Wall in Alberts Augen als idealer Redakteur des neuen Kalenders erscheinen.

Im Mai 1859 erschien der von Wall redigierte *Sveriges Handels-Kalender* zum ersten Mal. Die Investition erwies sich bald als außerordentlich rentabel. Anfänglich erschien der Kalender jedes zweite Jahr, ab 1895 jährlich. Wall gab die Redaktion jedoch bereits nach einigen Jahren ab, weil er beschlossen hatte, *Dagens Nyheter* zu gründen.

Die Erfolge des Albert Bonniers Förlag in den folgenden Jahrzehnten sind ohne die erheblichen Einnahmen, die der Handelskalender generierte, schwer vorstellbar. In seiner Geschichte des Verlags und der Familie schrieb Alberts Sohn und Nachfolger Karl Otto: »Ohne zu übertreiben, kann man sagen, dass Sveriges Handelskalender eines der solidesten Fundamente des Bonnier'schen Verlags darstellte.«

Der Kalender spiegelte die dynamische Entwicklung des schwedischen Handels wider. Der erste Jahrgang in kleinem Format umfasste 95 Seiten. Knapp hundert Jahre später umfasste der Kalender drei Bände mit insgesamt 3500 Seiten.

Kalender waren für Albert nichts Neues, schließlich brachte er bereits seit Mitte der 1840er-Jahre den literarischen Almanach *Svea* heraus, der ihm eine Herzensangelegenheit war. Einige Jahre vor Erscheinen des Handelskalenders war Albert Herausgeber des *Sveriges Ridderskaps och Adels kalender* (Schwedens Ritterschafts- und Adelskalender) geworden, den Gabriel Anrep gegründet hatte. Anrep hatte sich schon früh für Ahnenforschung begeistert. Klug, wie er war, behielt Albert ihn als Redakteur.

Anrep redigierte den Adelskalender bis 1903. Er war nicht nur überaus umsichtig und pedantisch, sondern auch furchtlos und daher in den Kreisen des Adels umstritten, da er nicht davor zurückschreckte, auch weniger schmeichelhafte Informationen zu veröffentlichen, wobei Albert ihm immer den Rücken stärkte.

Nach Alberts Tod vertraute sich Anrep in einem Brief Karl Otto an:

»Beim Adel war ich nie sonderlich gut angesehen, am allerwenigsten bei den Frauenzimmern, die es mir nie verzeihen konnten, dass ich ihr Alter preisgab. Ein recht holpriges Poem in der Allehanda, als der Kalender schon ein paar Jahre auf dem Markt war, schlug vor, mich für dieses verdammte schwarze Buch zu hängen und zu verbrennen – dieses Opus hatte die Gräfin Gyllenhaal, geborene d'Orozco, in Auftrag gegeben, die, angeblich 1796 geboren, schwor, ich hätte sie zehn Jahre älter gemacht, wobei sie allerdings vergaß, dass ihr Sohn 1820 zur Welt gekommen war, zu einem Zeitpunkt, an dem ihre Hochzeit bereits einige Jahre zurücklag.«

Auch an der literarischen Front brachten die Jahre nach 1860 einige Erfolge für Albert. Er gab die gesammelten Werke von Elias Sehlstedt heraus. Sehlstedt ist heute vergessen, wurde aber damals viel gelesen. Er war Zollinspektor in Sandhamn und publizierte nebenher in verschiedenen Verlagen, u.a. bei Adolf Bonnier, kleine Bände mit Gedichten und Erzählungen. Weil sie so beliebt waren, beschloss Albert, die Rechte an sämtlichen Schriften Sehlstedts zu erwerben. Seine *Samlade sånger och visor* (Gesammelte Gesänge und Lieder) erschienen von 1861 bis 1876 in fünf Bänden und wurden zu einem der bestverkauften Artikel des Verlags. Der Nachwelt ist Sehlstedt mit dem Lied »Litet bo jag sätta vill« (Ein kleines Haus will ich bauen) in Erinnerung geblieben.

Ein weiterer Erfolg waren die *Bilder ur Werkligheten* (Bilder aus der Wirklichkeit), die Alberts Idol August Blanche verfasst hatte, eine Serie von Büchern, die bereits publizierte Erzählungen enthielten und in großen Auflagen erschienen. Albert veröffentlichte weiterhin Volksstücke, die vom breiten Publikum angenommen wurden, unter anderem Frans Hodells *Andersson, Pettersson och Lundström*.

Am wichtigsten war jedoch der fortbestehende Kontakt zu Zacharias Topelius, der mit *Fältskärns berättelser* (Die Erzählungen eines Feldschers) Erfolge gefeiert hatte. Auf diese Erzählungen folgte ab 1865 eine weitere Serie aus Topelius' Feder, die sich sehr gut verkaufte: *Läsning för barn* (Lektüre für Kinder).

* * *

Im Grunde genommen ging Albert Bonnier drei Tätigkeiten nach, in der Druckerei, im Verlag und in der Buchhandlung. Die hohen Anforderungen und die harte Arbeit trugen dazu bei, dass der sonst immer kerngesunde Albert 1861 versuchte, den Umstand zu ignorieren, dass er an Gelbsucht, Hepatitis, erkrankt war. Sein Zustand verschlechterte sich rapide, und sein Arzt verschrieb ihm eine Reise in einen deutschen Kurort. Betty auf diese Reise mitzunehmen, war für Albert eine Selbstverständlichkeit. An Felix schrieb er:

»Ich hätte nicht den Entschluss fassen können, alleine zu reisen, denn dann hätte ich mich zu Tode gelangweilt, aber da meine liebe Betty mich begleitet, könnte es doch noch ganz erträglich werden.

Außerdem hat sie verdient, sich ein wenig zu amüsieren, da sie zumindest einige Wochen lang Krankenschwester gewesen ist.«

Es war die erste von mehreren langen Reisen, die Albert und Betty ins Ausland unternahmen. Im Mai brachen sie auf und kehrten erst im Oktober wieder. Nach zwei Monaten in Deutschland reisten sie nach Genf, Marseille und Nizza. Von dort kehrten sie nach Deutschland zurück, weil Albert Nizza »kalt und ungemütlich« fand. Zu guter Letzt löste Albert ein Versprechen ein, das er Betty gegeben hatte: Sie fuhren nach Paris und verweilten dort fast einen Monat. Bei seiner Rückkehr war Albert weitgehend kuriert.

Albert hatte seinen anspruchsvollen Posten als Verleger, Buchhändler und Druckereidirektor bis dahin noch nie so lange verlassen und empfand aus diesem Grund eine nagende Unruhe darüber, wie alles ohne ihn gehen würde. Um die Druckerei kümmerte sich sein zuverlässiger Faktor Psilander. Die Kasse der Buchhandlung betreute sein Schwager Joseph Rubenson, da Adolf nicht mehr so einsatzfähig war. Den Hausstand in dem zweigeschossigen Eckhaus am Norrmalmstorg, das Albert hatte erbauen lassen, konnten Betty und er getrost einer Person überlassen, die eine außerordentlich wichtige Rolle im Leben der Familie spielte, nämlich Marie Banck, genannt Mussa.

Hier wird ein anrührender Aspekt der persönlicheren

Geschichte Albert Bonniers erkennbar, eine Bestätigung, dass der bisweilen recht unzimperliche Geschäftsmann eine für seine Zeit ungewöhnlich vorurteilsfreie Haltung sozialen Konventionen und Schranken gegenüber an den Tag legte.

Marie Banck, die in Östergötland in einer Soldatenkate

Marie »Mussa« Banck, die geliebte Haushälterin der Bonniers, porträtiert von Eva Bonnier im Jahr 1890, Nationalmuseum. [11]

zur Welt gekommen war, hatte 1855 als Dienstmädchen bei Albert und Betty angefangen. Als Jenny, Karl Otto und Eva geboren wurden, fiel ihr die Rolle des geliebten Kindermädchens zu, anschließend wurde sie Haushälterin. Nach Bettys Tod übernahm sie die Verantwortung für den gesamten Haushalt. Sie blieb den Bonniers bis zu ihrem Ableben 1906 treu. Eva hat sie mehrmals sehr liebevoll porträtiert.

Aber die Geschichte von Banck und Bonnier ist umfangreicher.

Mussa empfahl ihren jüngeren Bruder Nils Gustaf, meist einfach Gustaf genannt, als Albert 1858 einen neuen Hausknecht suchte und sich bereits mehrere Anwärter als untauglich erwiesen hatten. Er stellte den Stallburschen Gustaf Banck ein, obwohl aus seinem Zeugnis nur hervorging, dass er sich auf die Pflege von Pferden verstand.

Albert fiel recht rasch auf, dass der junge Mann ungewöhnlich begabt war. Intelligent, energisch, gründlich. Er sorgte dafür, dass Gustaf, der nur kurz die Schulbank gedrückt hatte, Unterricht in Schwedisch, Rechnen und Buchführung erhielt. Gustaf stieg im Verlag auf und zog später in eine Wohnung im neuen Druckereigebäude in der Ålandsgatan. Dort wohnte er bis zu seinem Tod im Jahr 1912.

Gustaf Banck war, mit Karl Otto Bonniers Worten, Alberts »unersetzlicher« nächster und lange Jahre einziger Mitarbeiter in der Redaktion des Verlags. Hier war er für die Buchhaltung und das Kassenbuch verantwortlich. In späteren Jahren durfte sich Gustaf als Oberbuchhalter bezeichnen und wurde scherzhaft, aber doch respektvoll »Bonniers Bank« genannt.

Im Bonnier-Archiv werden unzählige Briefe Bancks verwahrt. Mit gestochener Handschrift informierte er Albert, wenn dieser auf Reisen war, über die Vorgänge in der Firma. Er verwendete immer dieselbe Anrede: »Herr Patron«. Banck scheint es für seine wichtigste Aufgabe gehalten zu haben, seinen Chef zu beruhigen, der sich sehr schnell und manchmal grundlos Sorgen machte. Ein (gekürztes) Zitat aus einem dieser vielen Briefe, datiert Februar 1870, muss genügen:

»Die Kasse hat bislang bestens für Löhne und anderes ausgereicht […] Alles ist gut hier zu Hause.
Ergebenst
Gustaf Banck«

In der zweiten Hälfte des 19. Jahrhunderts war Gustaf Banck zweifellos eine der wichtigsten Personen im Verlag. Alberts Lob wirkt angebracht:

»Banck ist und bleibt die Säule des Geschäfts – vor allem dank des Ernstes, Eifers, Fleißes und Interesses, welches er den Angelegenheiten gegenüber ständig an den Tag legt.«

* * *

Um 1860 setzte eine bis dahin in Schweden nicht gekannte Zeit der Reformen ein, die von zwei Ministern vorangetrieben wurden, Justizminister Louis De Geer und Finanzminister Johan August Gripenstedt. Sie hatten sich beide von den liberalen Strömungen der Zeit anstecken lassen, besonders in wirtschaftlicher Hinsicht. Das Tempo war schwindelerregend.

Unverheiratete Frauen erhielten 1858 die Möglichkeit, ihre Mündigkeit zu beantragen, ein erster winziger Schritt auf dem Weg zur Gleichberechtigung. Fünf Jahre später wurden unverheiratete Frauen mit 25 automatisch mündig gesprochen. Ihnen eröffneten sich neue Berufsmöglichkeiten, so erhielten sie 1861 beispielsweise das Recht, sich zu Zahnärztinnen auszubilden.

Die Kreditzinsen wurden dereguliert, der Passzwang fiel

weg. Die alten Kirchspiele und ihre Versammlungen wurden von Gemeinden abgelöst, eine Reform aus dem Jahr 1862, die den Einfluss der Kirche und die Macht der Pfarrer auf lokaler Ebene einschränkte. Weiterhin wurde verboten, Branntwein für den Hausbedarf zu brennen.

Ein Erlass vom Juni 1864 setzte die Gewerbefreiheit fest. Wer den Text liest, hört geradezu, wie die letzten Fesseln des Zunftwesens und des Merkantilismus gesprengt wurden:

»Der schwedische Mann oder die schwedische Frau sind berechtigt [...] in der Stadt oder auf dem Land einen Handel oder eine Fabrik, ein Handwerk oder eine andere Tätigkeit zu betreiben sowie Waren ins Ausland auszuführen oder von dort einzuführen sowie zwischen den Orten im Inland zu versenden.«

Nach lang anhaltenden Auseinandersetzungen und großem Streit wurde in den Jahren 1865 und 1866 endlich die Repräsentationsreform durchgesetzt. Der Ständereichstag wurde durch einen Reichstag mit zwei Kammern ersetzt. Schweden schloss sich durch ein Traktat mit Frankreich dem europäischen Freihandelssystem an.

Alberts Sympathien gehörten dem Lager der liberalen Reformer, die er mit seinem Verlag indirekt unterstützte. Nach der Repräsentationsreform gab er das Programm der neu gegründeten Partei Nyliberalerna (die Neuliberalen) des streitbaren Redakteurs Adolf Hedin heraus: *Hvad folket väntar af den nya representationen* (Was das Volk von der neuen Repräsentation erwartet). Hedin forderte u. a. ein erweitertes Wahlrecht, Parlamentarismus und die Emanzipation der Frau. Die Neuliberalen hatten zwar keinen größeren Erfolg, gelten aber als bahnbrechend, was schwedische Parteipolitik moderner Prägung betrifft.

Man kann durchaus von einem neuen schwedischen Selbstvertrauen sprechen, besonders in wirtschaftlicher Hinsicht, einem Wunsch, dem mit den geflügelten Worten Esaias Tegnérs Ausdruck verliehen wurde, »innerhalb der Grenzen Schwedens Finnland zurückzuerobern«. Dieses Selbstvertrauen manifestierte sich u. a. in der ersten internationalen Industrieausstellung, die von der Weltausstellung 1851 in London inspiriert worden war.

Königin Lovisa weihte im Juni 1866 die Allgemeine Industrie- und Kunstausstellung in Stockholm ein, die bis in den Oktober währte und auf dem Karl XIII.'s Torg, dem heutigen Kungsträdgården, stattfand. Dort stellten Schweden-Norwegen, Dänemark und das russische Großfürstentum Finnland

Königin Lovisa weiht 1866 die Allgemeine Industrie- und Kunstausstellung in Stockholm ein. Das Bild, aufgenommen von Hoffotografen Johannes Jaeger, gilt als erstes schwedisches Reportagefoto. [12]

das Beste, was sie auf industriellem und kulturellem Gebiet zu bieten hatten, zur Schau. Die Einweihungsfeierlichkeiten ließen neue Möglichkeiten für die Massenmedien erahnen. Das Foto von Königin Lovisa auf der Ehrentribüne, aufgenommen von dem in Berlin geborenen Hoffotografen Johannes Jaeger, gilt als erstes schwedisches Reportagefoto.

All dies freute Albert Bonnier. Einem Brief aus jener Zeit ist zu entnehmen, dass er zumindest flüchtige Verbindungen zu Johan August Gripenstedt pflegte, dem führenden Reformbefürworter der Regierung.

Der eingefleischte Unternehmer Albert Bonnier machte sich die sich beschleunigende Entwicklung zunutze. Im Jahr der Stockholmsausstellung, als das Eisenbahnnetz zügig ausgebaut wurde und das Reisen erleichterte, gab er den ersten schwedischen Reiseführer mit dem Titel *Illustreradt Sverige*, heraus, der von seinem zuverlässigen Mitarbeiter Gustaf Thomée redigiert wurde. Das Buch war ein Riesenerfolg. Von diesem Reiseführer wurden in den folgenden Jahrzehnten mehrere aktualisierte Auflagen gedruckt. Passend dazu veröffentlichte Albert gleichzeitig einen handlichen Stockholm-Führer.

Am meisten dürfte Albert an dieser Reformwelle gefreut haben, dass sie ihm und allen seinen Glaubensgenossen weitere Schritte Richtung Emanzipation ermöglichte. Die Vorschrift, dass sich Juden nur in Stockholm, Göteborg, Norrköping und Karlskrona niederlassen durften, war 1854 weitgehend aufgehoben worden. Sechs Jahre später gestand man den Juden das Recht zu, sich überall im Land anzusiedeln und auch Eigentum zu erwerben. 1863 wurde das Verbot, Angehörige anderer Glaubensgemeinschaften zu ehelichen, aufgehoben, und im Zusammenhang mit der Repräsentationsreform 1865–1866 erhielten die Juden das Stimmrecht für die Reichstagswahl. Langsam schwächte sich der Widerstand gegen diese Art von Reformen ab. In gewissen Kreisen lebten antisemitische Anschauungen jedoch beharrlich weiter und wurden von Blättern, die es weniger genau nahmen, wie dem Skandalblatt *Fäderneslandet* (*Vaterland*), angefacht. Dieses Blatt griff die Juden ständig an, oft bebildert mit einschlägigen Karikaturen der bis weit ins 20. Jahrhundert gängigen Stereotypen: Auf den Bildern schwenken schwarzhaarige und krummnasige Männer Säcke mit Geld.

Die Reformen und der wirtschaftliche Aufschwung begünstigten in erster Linie die Städte und konnten nicht darüber hinwegtäuschen, dass Schweden eine rückständige Nation war. Der Großteil der Bevölkerung lebte in Armut auf dem Land, was in den Misserntejahren 1867 bis 1869 mit besonderer Tragik deutlich wurde, als Norrland, aber auch Småland von Hungersnöten heimgesucht wurden. Die bislang in geringem Ausmaß stattfindende Auswanderung nach Amerika nahm zu und erreichte gegen Ende des Jahrhunderts ihren Höhepunkt.

* * *

Mit dem Ausbau der Eisenbahn Mitte des 19. Jahrhunderts nahm die umwälzendste technische Veränderung ihren Anfang. Die ersten beiden vom Staat finanzierten Strecken, die sogenannten Stammbahnen, von Malmö nach Lund und von Göteborg nach Jonsered, wurden 1856 eröffnet. In nur knapp zehn Jahren von 1856 bis 1865 wurde das Eisenbahnnetz von 66 km auf 1 305 km ausgebaut. Diese Entwicklung hatte direkte Auswirkungen auf ein Zeitungsprojekt, das heute fast synonym mit dem Namen Bonnier ist.

Der Eisenbahnenthusiast Albert erkannte, dass ein neues, schnelleres Verkehrsmittel eine Idee begünstigte, für die sich Rudolf Wall bei ihm eingesetzt hatte. Im Frühjahr 1864 schrieb Albert an Felix, der ebenfalls in Rudolf Walls Pläne eingeweiht war:

»Ein Morgenblatt könnte sicherlich Erfolg haben [...] Nicht nur in Stockholm, sondern auch in der Provinz, die mit dem ersten Zug *gleichzeitig* mit den Abendblättern des Vortags eine solche Zeitung mit sämtlichen Nachrichten jener Blätter sowie neu hinzugekommene erhalten könnte.«

Albert erzählte Felix, dass ihm Rudolf Wall schon ein Jahr zuvor vorgeschlagen habe, eine solche Tageszeitung zu verlegen und zu drucken, worauf er damals aber aus »Angst vor der Nachtarbeit« nicht eingegangen sei: »Dafür benötigt man eine doppelte Belegschaft gesunder junger Leute und muss auch selbst noch jung sein.«

Mit diesen interessanten und für Albert charakteristisch vorsichtigen Zeilen begann die Geschichte der Bonniers mit der Tageszeitung *Dagens Nyheter*.

Im Jahr 1864 wandte sich Rudolf Wall an verschiedene potenzielle Interessenten, u. a. Albert und Felix Bonnier und seinen alten Gönner Lars Johan Hierta. In Stockholm existierte nur eine Morgenzeitung, das *Stockholms Dagblad*, das mehr den Charakter eines Anzeigenblatts hatte. Die anderen Zeitungen der Hauptstadt erschienen erst nachmittags. Wall schwebte eine Zeitung nach französischem, englischem und dänischem Vorbild, u. a. des *Le Petit Journal* in Paris, vor, die mittels eines niedrigeren Preises und aggressiverer Nachrichtenvermittlung mit den anderen Blättern in Konkurrenz treten sollte.

»Albert Bonnier war von dem Plan begeistert«, schrieb der Enkel Åke Bonnier in seiner Familienchronik.

Was nicht ganz der Wahrheit entspricht.

Wall hatte die Absicht, eine Aktiengesellschaft zu gründen, aber Albert und andere angesprochene Investoren bekamen kalte Füße, sodass aus der Gesellschaft nichts wurde. Albert hatte ursprünglich nur zehn Aktien gezeichnet, zog diese Order aber zurück. Felix zeichnete ebenfalls nicht.

Albert zögerte aus mehreren Gründen. Er wollte zwar sehr gern an der Publikation einer liberalen Morgenzeitung in Stockholm mitwirken, war aber skeptisch gegenüber Walls Geschäftssinn und dem Vorhaben, nachts zu drucken. Weiterhin beunruhigte Albert eine potenziell verheerende Nachricht, die er Ende März 1864 erhalten hatte.

Bahngleise der sogenannten Verbindungsbahn sollten über den Riddarholmen verlegt werden, und das baufällige Geijerska Huset mit der Druckerei Hörberg musste weichen. An Felix schrieb Albert im April, dass dies »große Umstände und höhere Kosten« verursachen würde. Im Dezember, knapp zwei Wochen bevor die erste Nummer der *Dagens Nyheter* erschien, führte er, wiederum in einem Brief an Felix, den bevorstehenden Abriss als einen Grund für seinen Verzicht auf die Aktien an:

»Aus Walls Unterfangen wird wohl nichts; es ist ihm nicht geglückt, genug Aktien unter die Leute zu bringen [...] Ich hatte zehn Aktien gezeichnet, aber nur unter der Voraussetzung, die Zeitung auch drucken zu dürfen, bis meine Aktien zurückbezahlt wären oder ich ihren Wert eingenommen hätte. Dazu wird es kaum kommen, weil ich nächsten Herbst Riddarholmen verlassen muss und es unsicher ist, ob ich Räumlichkeiten in der Stadt finde.«

Albert pflegte sich über die seiner Meinung nach finanziell angestrengte Lage Sorgen zu machen. Bereits früher in diesem Jahr hatte er sich bei Felix beklagt, und zwar in Wendungen, die kaum der Wirklichkeit entsprachen: »Hier sind wir schrecklich knapp bei Kasse – und zwar in einem Maße, dass ich kaum noch weiß, wie ich zurechtkommen soll.«

Es gab aber noch einen anderen Grund für Alberts Zweifel, allerdings nicht finanzieller, sondern politischer Art.

Rudolf Wall und Albert Bonnier waren liberale Gesinnungsgenossen, offenbar eine der Grundlagen ihrer Freundschaft, aber in einem Punkt gingen ihre Meinungen auseinander. Wall hatte für den Skandinavismus nichts übrig, während der in Dänemark geborene Albert ein leidenschaftlicher Anhänger dieser Bewegung war.

Im Jahr 1864 spitzte sich die Situation zu, denn die deutschen Großmächte Preußen und Österreich griffen Dänemark an. Der Krieg endete für Dänemark mit einer vernichtenden Niederlage. Beim Frieden von Wien im Oktober desselben Jahres verlor Dänemark die Herzogtümer Schleswig, Holstein und Lauenburg. In Schweden hegte man große Sympathien für die Dänen. Über 400 Schweden hatten sich als Freiwillige zur dänischen Armee gemeldet.

Dieser Konflikt hinterließ auch Spuren in Alberts verlegerischer Tätigkeit. In Zusammenarbeit mit einem dänischen Verlag erschien *Taflor och skildringar från Slesvigska kriget* (Bilder und Schilderungen aus dem schleswigschen Krieg), dem jedoch nicht derselbe Erfolg beschieden war wie dem entsprechenden Werk über den Krimkrieg zehn Jahre zuvor.

In dem Brief, in dem Albert seinem Bruder Felix die Gründe des Verzichts auf die *Dagens Nyheter*-Aktien erläuterte, greift er einen weiteren Punkt auf, in dem er Wall misstraute: »Da ich mir recht sicher bin, dass er dem Skandinavismus entgegenarbeitet, kann ich nicht leugnen, dass ich in dieser Sache lieber nicht mitmische.«

Trotz dieser Bedenken übernahm Albert schließlich den Druck der *Dagens Nyheter*, deren erste Nummer am 23. Dezember 1864 erschien. Der Einzelpreis betrug fünf Öre, und das Blatt war damit billiger als das *Stockholms Dagblad*, das *Aftonbladet*, die *Nya Dagligt Allehanda* und die *Posttidningen*. In seiner Ankündigung schrieb Rudolf Wall, das aktuelle Anliegen der Zeitung sei, »mit Ernst die großen Fragen der Zeit und des Landes zu behandeln«.

»In all diesen Fragen ist die *Freiheit* unsere Losung und unser Ziel. Der Weg dorthin ist lang, und viele Hindernisse halten die Wanderung auf. In der relativ kurzen Lebenszeit einer Zeitung lassen sich leider nicht allzu viele Hindernisse aus dem Weg räumen, aber wir tragen mit Freuden dazu bei, einige niederzureißen.«

Eines der auszuräumenden »Hindernisse« war der Ständereichstag. Fast genau ein Jahr nach Erscheinen der ersten *Dagens Nyheter* wurde endlich beschlossen, diesen abzuschaffen. Derartige für ihre Zeit recht radikale Ziele veranlassten August Strindberg später, in seinem Roman *Röda rummet* (Das rote Zimmer) die Zeitung *Dagens Nyheter* »Rödluvan« (Rotkäppchen) zu taufen.

Anfänglich lagen die winzige Redaktion und die Verwaltung der *Dagens Nyheter* im dritten Stock über der Druckerei Hörberg auf Riddarholmen, in der die Zeitung in den ersten neun Monaten ihres Bestehens gedruckt wurde. Allerdings traten technische Probleme auf, denn die Druckmaschine war zu klein. Dann zog das Unternehmen in die Stora Nygatan in der Gamla Stan, wo Wall eine eigene Druckerei bekam.

Die neue Morgenzeitung war erfolgreich. Die Auflage stieg rasch, und nach etwa einem Jahr hatte man das gesteckte Ziel von 5000 Exemplaren erreicht. Im Jahr 1870 waren es bereits 10 000 Exemplare, und nach zehn Jahren, 1874, wurde *Dagens Nyheter* zu guter Letzt eine Aktiengesellschaft.

Auch für Albert Bonniers Problem mit dem Standort für seine Druckerei fand sich eine Lösung. Im Mai 1865 erwarb er ein größeres Anwesen, Ålandsgatan 15 und 17 (heute Mäster Samuelsgatan) für 150 000 Reichstaler. Er ließ einige kleinere Gebäude abreißen und ein zweistöckiges Druckereigebäude mit großem Dachboden errichten. In dem Anwesen richtete er sich ein Büro ein, das zwar recht unansehn-

Der Albert Bonniers Förlag kurz nach 1900.

lich, aber doch repräsentativer war als der Verschlag, den er auf Riddarholmen genutzt hatte. Viele Jahre lang sollte dies der zentrale Punkt seines Lebens und seines Verlags sein.

Man kann Albert Bonnier als Paten der *Dagens Nyheter* bezeichnen, da er seine Druckerei zur Verfügung stellte, doch als Eigentümer wollte er sich nach wie vor nicht von Rudolf Wall einspannen lassen. Albert glaubte nicht an eine längerfristige Rentabilität der Zeitung. Einige Male erwarb er Aktien, um das Unternehmen zu stützen, und übernahm auch solidarisch den Posten seines Neffen Isidor, als dieser in finanzielle Schwierigkeiten geriet. Zum Zeitpunkt seines Todes besaß Albert Bonnier nur 129 Aktienanteile an *Dagens Nyheter*.

Erst im Jahr 1909 wurde ein Bonnier Vorstandsvorsitzender der Aktiengesellschaft und Inhaber des größten Aktienpostens. Karl Otto, Alberts Sohn, gab bei dieser Gelegenheit ein oft zitiertes Versprechen ab, sich nie »unbefugt in die redaktionelle Leitung und die Unabhängigkeit der Zeitung einzumischen«.

Durch den Umzug vom zentralen Riddarholmen in die Ålandsgatan im entlegeneren Stadtteil Norrmalm begann im Leben des Buchverlegers Albert Bonnier eine neue Phase. Er konnte nicht damit rechnen, die Behörden, Reichstagsgremien und anderen öffentlichen Institutionen, die die Druckerei Hörberg der geografischen Nähe wegen beauftragt hatten, als Kunden zu behalten. Um die Druckmaschinen in der Ålandsgatan in Gang zu halten, musste er die Bücherproduktion ankurbeln, vor allen Dingen die Belletristik, aber auch Lehrbücher.

Bereits 1846 hatte Albert sein erstes Lehrbuch verlegt, eine französische Grammatik, ganz im Einklang mit den angeblichen französischen Wurzeln, auf die sich die Bonniers so gerne beriefen. In den Jahren nach 1860, besonders nach dem Umzug der Druckerei, nahm die Zahl der Lehrbücher weiter zu. Es erschienen Titel wie *Matematiska och fysikaliska problemer* (Mathematische und physikalische Probleme), *Tysk språklära* (Deutsche Sprachlehre) und *Lärobok i allmänna historien* (Lehrbuch in allgemeiner Geschichte).

Albert Bonnier hatte jetzt endlich die Möglichkeit, sich ganz seinem Verlag und seiner Druckerei zu widmen, denn Ende 1865 zog er sich nach Absprache mit Adolf aus der Buchhandlung auf der Norrbro zurück. Kein leichter Beschluss im Hinblick auf das enge Verhältnis der Brüder, aber gleichzeitig eine Befreiung: Dem älteren Bruder in einer Buchhandlung in zunehmendem Verfall beizustehen, hatte Albert übermäßig angestrengt.

* * *

Adolf hatte schon des Längeren gesundheitliche Probleme, und seine Gebrechlichkeit verschlimmerte sich durch die langjährige harte Arbeit und die Sorgen über das Geschäft. Mehrere Reisen in deutsche Kurorte hatten keine Abhilfe geschaffen. Er zog sich einen Leistenbruch zu, der durch einen Sturz verschlimmert wurde und operiert werden musste. Eine Komplikation während des Eingriffs führte zur Nekrose, und nach mehrtägigem schwerem Kampf starb Adolf Bonnier am 31. März 1867.

Albert unterrichtete Felix über den Tod ihres Bruders:

»Der Friede sei mit ihm. Einen besseren oder gutherzigeren Menschen kann man sich kaum vorstellen, und sein wirklich frommes kindliches Gemüt und seine Herzensgüte werden in der Erinnerung all jener, die ihn kannten, weiterleben.«

In seiner Chronik der Buchhändler- und Verlegerfamilie Bonnier zitierte Åke Bonnier den Buchhandelshistoriker August

Hånell, der Adolfs Einsatz in zweierlei Hinsicht als »beinahe epochal« bezeichnete. Durch seine internationalen Verbindungen hatte er Schweden einen »geordneten ausländischen Buchhandel« geschenkt und gleichzeitig »einen Stab fähiger Mitarbeiter ausgebildet, die dann in eigenständiger Tätigkeit die guten Ideen, die ihnen Adolf Bonnier mitgegeben hatte, weiterführten«.

Jetzt musste Albert gemeinsam mit Adolfs Schwager Abraham Hirsch das Versprechen an Adolf einlösen, sich um den Nachlass zu kümmern.

Das Bild, das sich ihm bot, entsetzte ihn: »Leider befindet sich alles in großem Chaos und großer Unordnung.«

Albert und Abraham sahen sich gezwungen, Adolfs und Sophies Sohn Isidor von der höheren Schule zu nehmen, obwohl er nur wenige Monate später das Abitur abgelegt hätte. Einer von Isidors Mitschülern am Stockholmer Lyzeum war übrigens August Strindberg, ein Zufall, über dessen Bedeutung damals, 1867, niemand weiter nachdachte, denn erst fünf Jahre später schrieb Strindberg sein erstes großes Werk, das Drama *Mäster Olof* (Meister Olof).

Isidor musste nun in der Buchhandlung arbeiten, wozu ihn Adolf nicht hatte zwingen wollen. Albert erläuterte Felix diese Maßnahme und ließ dabei einen gewissen Mangel an Respekt vor jeder formalen Ausbildung erkennen. Albert war selbst ein »selfmade man« und fand offenbar, dass die anderen Bonniers denselben Weg beschreiten sollten:

»Viele Male habe ich Adolf aufgefordert, Isidor in eine Buchhandlung zu stecken und dann einen Kurs im Ausland absolvieren zu lassen, aber Gott behüte!, der Junge ist so klug und muss unbedingt das Abitur machen und den akademischen Bürgerbrief erwerben.«

Karl Otto Bonnier beschrieb Jahre später die Reaktion seines Vaters auf die Zahlen, mit denen er sich bei der Sichtung von Adolfs Nachlass konfrontiert sah:

»Was seine eigenen Geschäfte anbelangt, hat er sich immer an die Maxime gehalten: Keine Kredite! Keine Geschäfte, für die man sich verschulden muss! Der Zustand des Nachlasses und der Mangel an Liquidität brachten ihn zur Verzweiflung.«

Albert erwog sogar einen Akkord, also eine Vereinbarung mit den Schuldnern über einen Schuldenschnitt. Er war sich jedoch bewusst, dass dies einen Schatten auf Adolfs Lebensleistung als Buchhändler und Verleger geworfen hätte. Schließlich stellte sich heraus, dass die Lage nicht ganz so schlimm wie befürchtet war. Die Schuldner erklärten sich mit Ratenzahlungen über vier Jahre einverstanden, Albert und Abraham Hirsch verpflichteten sich als Bürgen. Zu Alberts großer Erleichterung wurde so der Verantwortlichkeit Genüge geleistet. Isidor Bonnier übernahm die Leitung des Verlags seines Vaters, überließ das Unternehmen aber 1904 seinem Cousin Karl Otto Bonnier und dem Albert Bonniers Förlag.

Adolf Bonnier wird in den Chroniken über die Bonniers, einem Familiennamen, der sich zu einem Markenzeichen entwickelt hat, oft übersehen, da Albert und Karl Otto immer im Vordergrund standen, was einer gewissen Logik nicht entbehrt. Erst Albert und nach ihm Karl Otto bauten den Verlag aus und knüpften die wichtigsten und dauerhaftesten literarischen Kontakte. Zweifellos waren sie auch geschicktere Kaufleute als Adolf. Dennoch sind die Erfolge Alberts, Karl Ottos und ihrer Nachfolger nicht zu verstehen, wenn man nicht Adolf Bonniers Rolle als Wegbereiter, Anreger und – in Alberts Fall – als eine Art Vaterfigur anerkennt.

* * *

Als sich das für Albert Bonnier recht anspruchsvolle und umwälzende Jahrzehnt nach 1860 – die *Dagens Nyheter*, der Umzug der Druckerei und Adolfs Ableben – seinem Ende näherte, hatte er Erholung und Abwechslung bitter nötig. Diese wurde ihm auch gewährt. Am 12. Dezember 1869 fuhren Albert und Betty nach Rom. Sie planten eine halbjährige Reise. Eine der glücklichsten Phasen ihrer zeitweise recht problembehafteten Ehe nahm ihren Anfang.

Betty Bonnier.

6. KAPITEL

SCHREIBENDE FREUNDE
UND ANDERE

Glückliche Tage in Rom. Endlich Emanzipation! Viktor Rydberg
und Zacharias Topelius. Schriftstellerinnen mit Pseudonymen.
Gute Zeiten. Familie und Freunde. Bettys nachtschwarze Phasen.

———

Die Wahl ihres Reiseziels war vor allem deshalb auf Rom
gefallen, weil Betty die Sonne, die Wärme und die Kultur
der Ewigen Stadt erleben wollte. Albert dürfte sich allerdings auch noch aus einem anderen Grund für Rom interessiert haben. Italien, das bislang politisch zersplittert und
in kleinere Staaten aufgeteilt gewesen war, befand sich in
der Schlussphase des Vereinigungsprozesses, *Il Risorgimento*,
der sich aus den nationalliberalen Ideen von 1848 entwickelt
hatte, von denen auch Albert in hohem Grade geprägt war.

Mit der Wärme war es allerdings nicht weit her. Der
römische Winter 1870 war kühl und feucht. Das hinderte
Betty Bonnier jedoch nicht daran, alle Sehenswürdigkeiten
und die fröhliche und entspannte Geselligkeit der bescheidenen skandinavischen Künstlerkolonie, die sie und Albert
mit offenen Armen empfing, in vollen Zügen zu genießen.
Davon zeugen die vielen Briefe an ihre Kinder und an ihre
Schwester Rosalie Rubenson.

Hundert Jahre nach Bettys Geburt, im Jahr 1928, ließ ihr
Sohn Karl Otto diese Briefe unter dem Titel *Minnen från Rom*

(Erinnerungen aus Rom) drucken und widmete das Buch seinen eigenen Kindern. Im Vorwort schrieb er, er wolle »die Erinnerung an sie beleben, und Euch, ihren Nachkommen, eine Vorstellung davon vermitteln, wie begeisterungsfähig, interessiert und von allen geliebt Betty Bonnier war«.

Nach einigen Wochen in Deutschland, u. a. in Dresden, reisten Albert und Betty über München und die Schweiz weiter nach Italien. Ihren ersten längeren Aufenthalt nach einigen Tagen in Rom legten sie in Neapel ein. Hier trafen sie sich mit Freunden aus Stockholm, dem norwegischen Kunsthistoriker Lorentz Dietrichson und seiner Frau, der Malerin Mathilde. Gemeinsam erlebten sie Pompeji und Salerno und kehrten anschließend nach Rom zurück, wo sie sich sechs Wochen lang aufhielten.

In Rom stifteten sie neue und aufregende Bekanntschaften, u. a. mit dem Komponisten Edvard Grieg und seiner Frau Nina, mit dem Professor für Ästhetik Gustaf Ljunggren aus Lund, dem dänischen Maler Vilhelm Rosenstand und dem Bildhauer John Börjeson, der später Professor an der Stockholmer Kunstakademie wurde und das berühmte Reiterstandbild auf dem Stortorget von Malmö schuf, das den Eroberer Schonens Karl X. Gustav zeigt. Sie besuchten Museen, Kirchen und Ausstellungen, ließen sich den Wein und das Essen schmecken und pflegten einen ungezwungeneren Umgang als in Stockholm. Bettys Glück kannte keine Grenzen:

»Ich kann gar nicht beschreiben, wie ich hier alles genieße und was ich empfinde. Denn man genießt hier nicht nur auf eine Weise, sondern auf Hunderte, ja, man ist den ganzen Tag wie berauscht, geistig am Vormittag, körperlich am Abend.«

Insbesondere John Börjeson war von Betty bezaubert. Sie berichtete in einem ihrer Briefe von einem recht typischen Abend dieser fröhlichen Romwochen:

»Gegen halb elf gingen alle Frauen und einige Herren, aber da sich Alb. noch eine Zigarre anzündete, blieb auch ich. Da war ich dann die einzige Frau. Sie sangen ein dänisches Quartett, und als ich meinte, das hätte ich nun davon, weil ich geblieben sei, da sagte Börjeson, sie würden nun ein Liedchen nur für mich singen.«

Wenige Tage später bot Betty John Börjeson das Du an, was nach so kurzer Bekanntschaft recht ungewöhnlich war, aber zu dem herrschenden zwanglosen Umgangston passte.

Anlässlich dieser Bekanntschaft bestellten Albert und Betty Büsten bei ihm, und das Modellsitzen wurde Teil ihres römischen Alltags. Betty schrieb:

»Dieses für mich so neue, in all seiner Dürftigkeit so lustige und eigenartige Leben, das wir hier führen, ist für mich sehr angenehm. Meine Tage verlaufen folgendermaßen: Zwischen 7 und 10 sitze ich Börjeson Modell, sehr lustig. Dort bleibe ich in der Regel, bis er zum Mittagessen geht, dann machen wir eine Ausfahrt oder besichtigen einige Sammlungen. Anschließend ruhen wir ein wenig zu Hause aus und gehen um 6 essen, und geht es hoch her, dann kommt so allmählich einer nach dem anderen, bis wir manchmal zwei ganze Tische brauchen.«

In welchem Maße sich dem politisch interessierten Albert Gelegenheit bot, seine Sympathien für die junge italienische Staatsgründung zu bekunden, geht aus den Briefen nicht hervor. Er stand vor allem mit Gustaf Banck in Verbindung, der ihn über die Verlagsgeschäfte auf dem Laufenden hielt. Ende März unternahm Albert einen Abstecher nach Neapel, um an einem Ball zu Ehren König Viktor Emanuels II. teilzunehmen, der 1861 in Turin zum Regenten des freien Italien ausgerufen worden war.

Am 21. April verließen Albert und Betty Rom. Am Vorabend fand ein Abschiedsessen in der Osteria *Piccolo Colosseo* statt, bei dem Lorentz Dietrichson ein Lied zu Ehren seiner Freunde vortrug, das folgendermaßen endete:

Doch bevor ihr reist, soll in diesen Hallen
für Bonnier und Frau ein Hurra erschallen!
»Das war aber nett«, sagtet da ihr.
»Ein Lebe! den beiden!«, sagen wir.

Am Tag vor der Abreise verfasste Betty einen letzten Brief aus Rom:

»Adieu, Rom, adieu, alle Freunde dort, einige sieht man vielleicht wieder, andere wahrscheinlich nicht, gewisse ganz sicher nicht. Dann ist all das hier ein Traum, aber es war ein schöner Traum. Es wird vermutlich recht schwer werden, sich wieder an die Regeln der Konvention zu gewöhnen, aber es muss wohl sein. Nein, jetzt aber adieu, sonst werde ich noch ganz melancholisch.«

Niemand konnte ahnen, dass diese glücklichen Tage in Rom nur einen kurzen Aufschub gewährten. Drei Jahre nach ihrer Heimkehr nach Schweden versank Betty Bonnier in ihre bis dahin tiefste Depression.

* * *

Neben der Wohnung der Familie an der Ecke Hamngatan und heutiger Kungsträdgårdsgatan hatte Albert Bonnier eine private Wohnung für sich selbst eingerichtet. Im Herbst 1869, als Betty und er die Reise nach Italien vorbereiteten, bot er sie einem Freund für dessen Aufenthalte in Stockholm an:

»Ich habe eine kleine, recht nette Junggesellenwohnung mit
ein paar Zimmern und Diele (ja, es gibt sogar eine kleine
Küche) und separatem Eingang, im 2. Stock mit Aussicht
auf den Berzelii-Park [...] Die Miete ist nicht hoch – denn
ich will gar keine [...] Eine einzige Person befindet sich in
den Räumlichkeiten, aber er stört Dich bestimmt nicht –
denn er ist leider tot. Es ist eine Büste von August Blanche
(modelliert von Kjellberg). Ich hoffe, sein Geist möge dich
inspirieren.«

Der Freund antwortete postwendend:

»Ich überlegte gerade mit ein paar befreundeten Damen, wo
ich mich in Stockholm einquartieren soll, als Dein Brief eintraf und sich dieses Problem auf die angenehmste Art erle-
digte. Schöne Wohnung und Aussicht auf den Berzelii-Park!
Man könnte sich nichts Besseres wünschen! In einsamen
Stunden mit dem Schatten von Freund Blanche Umgang
pflegen, das erinnert mich an eine rechtschaffene Seele und
einen angenehmen Bruder in Apollo!
    Aber die Bedingungen für das Mietverhältnis sind viel-
leicht zu streng, denn so ein Freundschaftsdienst, wie Du
ihn mir anbietest, lässt sich nur sehr schwer entgelten [...]
Wenn Du nach Hause kommst, hoffe ich jedoch, Dir etwas
literarischer Art anbieten zu können.«

Der Freund war Viktor Rydberg, der gerade erst als Göteborger Delegierter in die zweite Kammer des Reichstags
gewählt worden war. Damit hatte diese Stadt, wie Rydberg
an Albert schrieb, »einen Reichstagsabgeordneten, der findet, dass er sich nicht für den Auftrag eignet, aber trotzdem
nach Stockholm kommt, um seine Sache so gut zu machen,
wie es ihm nur möglich ist«.
    Rydberg, geboren 1828, ist heute noch für seine Gedichte

wie »Tomten« (Der Wichtel) und »Bethlehems stjärna« (Der Stern von Bethlehem), vertont von Alice Tegnér, sowie möglicherweise auch »Den nya Grottesången« (Der neue Grotte-Gesang) bekannt, Letzteres eine Kritik an den damaligen Arbeitsverhältnissen in den Fabriken. Im 19. Jahrhundert war Rydberg nicht nur einer der gefragtesten Autoren Schwedens, sondern auch eine zentrale Gestalt des kulturellen Lebens. Er erhielt später einen Ehrendoktortitel der Universität Uppsala, wurde in die Schwedische Akademie gewählt und erst zum Professor für Kultur-, später dann auch Kunstgeschichte an der Stockholms Högskola ernannt.

Rydberg gelang es, diese angesehene Stellung zu erlangen, obwohl er aus armseligen Verhältnissen stammte. Als er sechs Jahre alt war, starb seine Mutter an Cholera. Sein Vater verfiel der Trunksucht. Rydberg wuchs bei verschiedenen Pflegeeltern auf und begann mit dreizehn als Lehrer sein Geld zu verdienen. Anschließend schlug er eine journalistische Laufbahn ein und kam über das *Jönköpingsbladet* zur *Handelstidningen* nach Göteborg. Dort freundete er sich mit S. A. Hedlund an, der ihn förderte und ihm zur Seite stand. In Göteborg lernte Viktor Rydberg über Hedlund und Felix Bonnier um 1860 auch Albert kennen.

Zu diesem Zeitpunkt hatte Rydberg bereits drei Romane verfasst, den Seeräuberroman *Fribytaren på Östersjön* (»Der Korsar«), die mittelalterliche Liebesgeschichte *Singoalla* und *Den siste Athenaren* (»Der letzte Athener«) über das Athen des 4. Jahrhunderts, in dem antike Kultur und Christentum kollidieren. Erst 1862 erlangte Rydberg einen gewissen Ruhm, allerdings nicht mit einem belletristischen Werk, sondern mit *Bibelns lära om Kristus* (Die Lehre der Bibel von Christus), einer Studie im Bereich der Theologie, die sein Interesse immer mehr in Anspruch nahm. Das Werk, das die Gottheit Christus' infrage stellt, spiegelte Rydbergs kritische Haltung religiösen Dogmen gegenüber wider, die starke Reaktionen, in radikalen Kreisen aber auch Zustimmung, hervorrief. In der Studie waren für diese Zeit recht provokante Formulierungen wie diese zu lesen:

»In der Wissenschaft an die Freiheit zu glauben, heißt, an die menschliche Vernunft zu glauben. Im Politischen und im Sozialen an die Freiheit zu glauben, heißt, an eine sittliche Weltordnung zu glauben, im Religiösen an Freiheit zu glauben, heißt, an Gott zu glauben.«

Albert beschloss, in Rydbergs Karriere als Schriftsteller zu investieren. Mit Hedlund als Vermittler unterschrieb er 1865 einen Vertrag für eine überarbeitete Ausgabe von *Die Lehre der Bibel von Christus*. Bis zu ihrer Fertigstellung vergingen drei Jahre, aber sie war umgehend ausverkauft.

In diesen Jahren verwandelte sich der gegenseitige Respekt Albert Bonniers und Viktor Rydbergs in tiefe Freundschaft. Alberts Wohnungsangebot im Herbst 1869, das Rydbergs Aufenthalt in Stockholm möglichst bequem gestalten sollte, könnte aber auch noch einen anderen Grund gehabt haben.

* * *

Nach einem langwierigen Prozess, in dem sich Rückschläge mit Fortschritt abwechselten, näherte sich die Frage der jüdischen Emanzipation in Schweden einer endgültigen Entscheidung, und der eben gewählte Reichstagsabgeordnete Victor Rydberg war ein großer Befürworter dieser Emanzipation. Es ging um nichts Geringeres als staatsbürgerliche Rechte für die jüdische Minderheit, die zu diesem Zeitpunkt knapp 2000 Personen zählte. Im Jahr 1867 hatte der Reichstag einen dahin gehenden Änderungsvorschlag des Grundgesetzes angenommen, aber für die Rechtskräftigkeit war eine zweite Annahme nach erfolgter Neuwahl vonnöten.

Albert Bonnier war in diesem für die schwedischen Juden

so wichtigen Augenblick nicht zugegen, da er und Betty zu jenem Zeitpunkt in Italien weilten. Als ihn die Nachrichten aus Schweden erreichten, muss er überglücklich gewesen sein.

Am Mittwoch, den 16. Februar 1870, war die Zuschauertribüne des Reichstags bis zum letzten Platz gefüllt. Das Interesse der Öffentlichkeit war so groß, dass auch die Plenarsäle geöffnet werden mussten.

Die Debatte in der zweiten Kammer wurde von Rydberg eingeleitet, dessen Vorname im Protokoll mit C geschrieben wurde. Erst später, im Rahmen des sogenannten Sprachpurismusstreits, als Rydberg gegen den Einfluss des Deutschen wetterte, änderte er die Schreibweise in Viktor.

Es war Rydbergs Jungfernrede im Reichstag.

Rhetorisch war er großartig:

»Die Frage, über die jetzt entschieden werden soll, ist im Grunde folgende: Welcher Grundsatz soll in Schwedens Grundgesetz in Zukunft zur Anwendung kommen: der Zwang zu einem bestimmten Glauben oder die Glaubensfreiheit? Zwischen beidem hin- und herzuschwanken stellt eine Schwäche und bald eine Unmöglichkeit dar. Mutig und aufrichtig müssen wir uns für das eine oder das andere entscheiden. Schwanken ist Schwäche, denn wer mit dem Glaubenszwang nicht brechen will, handelt feige und unehrlich, wenn er diesen Zwang als gut und vorteilhaft betrachtet und trotzdem nicht auf seiner Anwendung in voller Strenge besteht und nicht den *harten* Druck fordert, das Gefängnis, die Ausweisung und, warum nicht gar, die Wiedereinführung des Beils und des Scheiterhaufens.«

Vielleicht hatte Rydberg eingewanderte Juden wie die Brüder Bonnier im Kopf, als er fortfuhr:

»Das Schwanken zwischen den beiden Grundsätzen sollte auch zu einer konkreten und politischen Unmöglichkeit werden, da der stets zunehmende Verkehr zwischen den Völkern nicht nur den Austausch von Ideen erleichtert, sondern auch die gegenseitige Zuwanderung und so die alten Grenzen der Konfessionen auslöscht. Diese früher geografischen Grenzen werden mehr und mehr zu dem, was sie sein sollten: zu geistigen Grenzen.«

Nachdem er daran erinnert hatte, dass Christen jahrhundertelang Juden »im Namen der Religion schändlichen Verfolgungen mit Plünderungen und Mord« ausgesetzt hatten, schloss Rydberg eindrucksvoll:

»Deswegen hoffe ich bei Gott, dass wir die Prüfung bestehen, die wir heute ablegen müssen, und dass dieser Tag in unsere Annalen als ein Tag des Sieges und nicht als ein Tag der Niederlage für die Sache der christlichen Freiheit und der zivilisierten Gesellschaft eingeht.«

Andere Redner, die sich für die Emanzipation aussprachen, waren der Publizist Adolf Hedin und der frühere Finanzminister Johan August Gripenstedt. Letzterer, von einer schweren Krankheit gezeichnet, aber immer noch ein Redner von Rang, betonte »die Achtung vor dem Eigentümlichsten des Menschen, das ihm nie genommen werden kann und das den Menschen überhaupt erst zum Menschen macht – ich meine seine Gedanken, seinen Glauben und seine Überzeugungen, das gesamte innere Leben der Seele«.

Die reformfreundlichen Winde waren mittlerweile so stark, dass das Ergebnis der Beratungen im Reichstag weitgehend feststand. Ein gewisser Widerstand regte sich jedoch immer noch, vor allen Dingen bei Delegierten, die kirchliche Ämter bekleideten. Sie widersetzten sich vor allem der

Möglichkeit, Juden zu Richtern und Justizräten am Obersten Gerichtshof zu ernennen, und dem Umstand, dass keine Ausnahmen für Lehrerstellen vorgesehen waren. Die Argumente fußten auf der Vorstellung des Staats als kultureller Einrichtung. Anhänger eines fremden Glaubens dürften nicht die Ausübung der öffentlichen Macht beeinflussen, die normative Aufgaben habe.

Mit überwältigender Mehrheit, 93 Stimmen gegen 18 in der ersten, 116 gegen 58 in der zweiten Kammer, siegten die Befürworter der Emanzipation. Juden war es in Zukunft erlaubt, sämtliche nicht kirchlichen Ämter zu bekleiden, allerdings mit zwei Ausnahmen: Minister und Religionslehrer. Auch für den Reichstag durften sie kandidieren. Am 8. April unterzeichnete der König den entsprechenden Reichstagsbeschluss.

Im weiteren Verlauf dieses Jahres, am 16. September, fand die Einweihung der neuen, prächtigen Synagoge in der Wahrendorffsgatan statt, die in der Nähe von Alberts Wohnhaus lag. Die jüdische Gemeinde war zu groß geworden für die eher bescheidenen Räumlichkeiten am Tyska Brunnsplan in der Gamla Stan, über die sie seit 1795 verfügt hatte. Die Stockholmer Große Synagoge wurde von dem Architekten Fredrik Wilhelm Scholander im orientalischen Stil entworfen. Etliche prominente jüdische Geschäftsleute der Stadt, unter ihnen Albert Bonnier, waren Mitglieder des Bauausschusses.

Trotzdem lebte der Antisemitismus weiter, was nicht zuletzt auch Albert Bonnier zu spüren bekam. Der Emanzipationsbeschluss scheint jedoch einen Meilenstein darzustellen. Die überwältigende Reichstagsmehrheit, dazu die positive Resonanz der Presse und der Öffentlichkeit stärkten die Stellung der Juden in der Gesellschaft. In seinem Standardwerk über die Geschichte der Juden in Schweden betonte Hugo Valentin, dass die Woge der Pogrome und anderer antisemitischer Übergriffe, die nur wenige Jahre später Ost-

und Zentraleuropa heimsuchte, keine direkten Folgen für die kleine jüdische Minderheit in Schweden hatte.

* * *

Viktor Rydberg fühlte sich in Alberts Gästewohnung wohl und machte nicht viel Aufhebens. Laut Karl Otto, der zu dieser Zeit dreizehn Jahre alt war, erlebten Kinder und Dienstboten Rydberg als einen fremden Herrn, der früh ausging und spät nach Hause kam und von dem sie sehr wenig sahen. Seine Ansprüche an die Aufwartung waren sehr gering, aber hin und wieder wurde sein Lieblingsessen serviert: knusprig gebratener Speck. Betty hatte die Kinder aufgefordert, das »Genie« höflich und nett zu behandeln, ein Spitzname, der ihm von da an im Bonnier'schen Haushalt anhaftete. Karl Ottos große Schwester Jenny, die in Abwesenheit der Eltern die Kasse führte, notierte in ihrem Haushaltsbuch: »Seife für das Genie – 50 Öre.«

Als Albert und Betty nach Hause zurückgekehrt waren, bedankte sich Rydberg schriftlich und wiederholte sein früheres Angebot, Albert seine Großzügigkeit mit einem »guten Buch« zu vergelten.

Das Ergebnis entsprach jedoch nicht ganz dem, was Albert erwartet hatte.

Albert hatte die Hoffnung genährt, dass Rydberg zum historischen Roman zurückkehren würde, dem Genre, in dem er mit *Der letzte Athener* zur Hochstform aufgelaufen war. Rydberg hielt jedoch an theologischen Themen fest. Nach einer Reise nach Rom schrieb er für die *Handelstidningen* eine Reihe Skizzen, *Romerska sägner om apostlarna Paulus och Petrus* (»Römische Legenden von den Aposteln Paulus und Petrus«), die Albert zu Weihnachten 1874 als Buch veröffentlichte.

Das nächste große Projekt, bei dem wie so oft S. A. Hedlund als Vermittler auftrat, war Rydbergs Übersetzung von Goethes *Faust* 1876. Albert ersteigerte die Rechte – das

Honorar betrug 5000 Kronen, eine für diese Zeit schwindelerregende Summe – und ließ das reich illustrierte Buch in einer ersten Auflage von 3000 Exemplaren erscheinen, die trotz des hohen Preises von 18 Kronen für ein geheftetes und 27 Kronen für ein gebundenes Exemplar innerhalb von nur einem Jahr ausverkauft war. Die Rezensionen waren überschwänglich.

Rydbergs Biograf Karl Warburg erklärte den Erfolg damit, dass »sich der Übersetzer in das Gedicht hineingelebt, sich seine Gedanken angeeignet und ihnen in der neuen Sprache ein neues Leben geschenkt« habe.

Fast hundert Jahre lang, bis zur Übersetzung von Britt G. Hallqvist 1956, spielte der schwedische *Faust* Viktor Rydbergs in Schweden die dominierende Rolle.

Während er seine Übertragung fertigstellte, trat Rydberg 1875 erstmals als Dichter eigener Werke in Erscheinung. Seine Gedichte publizierte er in der monatlich erscheinen-

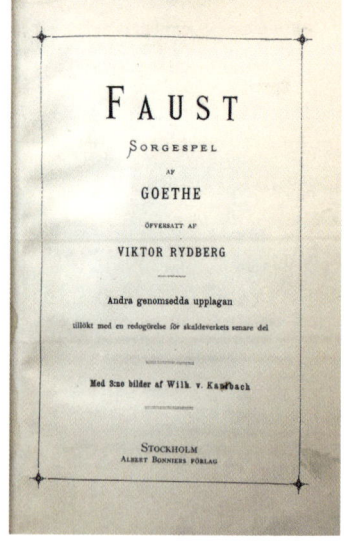

den literarischen Zeitschrift *Nu* (Jetzt) und selbstverständlich auch im Kalender *Svea*.

Erst im Jahr 1882 verlegte Albert Bonnier ein größeres belletristisches Werk aus der Feder Viktor Rydbergs, die *Dikter* (Gedichte), deren zweite Auflage von 1891 unter anderem »Den nya Grottesången« (Der neue Grotte-Gesang) enthielt, eine unheilschwanger-metaphorische Beschreibung der Ausbeutung des Menschen, die deutliche Einflüsse des *Faust* erkennen lässt:

»Kanzler-Mammonpriester kommt,
verbeugt sich zierlich,
sagt: mehr Arbeitskraft
fordert Grotte als gehabt,
weitaus größer
als zuvor,
als er bisher gehabt.
Die Kraft deiner Sklaven richtet nichts aus,
obwohl sie hunderttausend zählen,
und die heilige Mühle läuft nicht,
wenn nicht noch mehr sie ziehen.«

Im selben Jahr, 1891, schloss sich für Viktor Rydberg der Kreis. Mit *Vapensmeden* (»Der Waffenschmied«) kehrte er zum historischen Roman zurück, und selbstverständlich erschien das Buch im Albert Bonniers Förlag.

* * *

Das Verhältnis zwischen Albert Bonnier und Viktor Rydberg war aber nicht immer ganz reibungsfrei. Hedlunds Einmischungen, um höhere Honorare zu erzielen, verärgerten Albert gelegentlich. Dass Alberts Konkurrent Joseph Seligmann Rydbergs *Romerska dagar* (Tage in Rom) zeitgleich zur Übersetzung des *Faust* veröffentlichte, dürfte Albert auch nicht gefallen haben. Außerdem vertrat er in einer wichtigen politischen Frage einen anderen Standpunkt als Rydberg und Hedlund.

Die große außenpolitische Frage der Jahre nach 1870 war der Deutsch-Französische Krieg, der nach der Niederlage Frankreichs zur Ausrufung des deutschen Kaiserreichs 1871 führte. Albert teilte die allgemeine öffentliche Meinung, befand sich also aufseiten Frankreichs. Rydberg und Hedlund sympathisierten mit Deutschland. In diesem Zusammenhang ergab sich eine der wenigen Gelegenheiten, bei der Albert Bonnier, wenn auch in vorsichtigen Formulierungen, einen ihm nahestehenden Autor dazu aufforderte, seine politischen Sympathien zu mäßigen. Als im Jahr 1870 zur Diskussion stand, Artikel, die Rydberg in der *Handelstidningen* veröffentlicht hatte, als Buch herauszugeben, bat Albert Rydberg, »nicht zu viele Aufsätze, die ausgeprägt *antifranzösisch* sind und ausschließlich ›Das Deutschtum‹ loben, zu berücksichtigen«.

Albert Bonniers Misstrauen in Bezug auf die deutschen Großmachtambitionen war tief verwurzelt und lässt sich auf die Erfahrungen seiner Familie mit dem Dresdner Antisemitismus und dem deutschen Überfall auf sein Geburtsland Dänemark im Jahr 1864 zurückführen.

Später, während des Prozesses gegen August Strindberg nach der Veröffentlichung von dessen Erzählband *Heiraten*, wurde das Verhältnis von Albert Bonnier und Viktor Rydberg auf eine weitere Probe gestellt. Hinzu kam, dass sich der anfänglich radikale Rydberg immer weiter dem konservativen Lager annäherte, während Albert an seinen freisinnigen Werten festhielt, jedoch gemäßigter als zu Zeiten seines ungehemmten, jugendlichen Rabulismus. Rydberg gehörte der Jury im Prozess gegen den späteren Vorsitzenden der sozialdemokratischen Partei Hjalmar Branting an. Dieser wurde 1888 dafür verurteilt, »Gott, ein Leben nach dem Tod und die reine evangelische Lehre geleugnet« zu haben. Branting, der Rydbergs Verteidigung der Religionsfreiheit in früheren Jahren bewundert hatte, verbüßte auf Långholmen eine dreieinhalbmonatige Gefängnisstrafe und kommentierte die Rolle, die der große Schriftsteller im Prozess gegen ihn gespielt hatte, wunderbar säuerlich: »Sein Salonliberalismus war nicht von Dauer.«

Solche Meinungsverschiedenheiten konnten der Freundschaft von Autor und Verleger jedoch nichts anhaben.

Die Korrespondenz, besonders aus den 1870er-Jahren, überschlägt sich in Bekundungen der Hochachtung und Freundschaft. »Wie innig ich Dich schätze, dafür finde ich keine Worte«, schrieb Rydberg im April 1878 an Albert. Einige Monate später bezeugte Albert in einem Brief an S. A. Hedlund, wie viel ihm der Kontakt zu Rydberg bedeute, »einem edlen und erhabenen Menschen, den ich in so hohem Grade bewundere und schätze«.

Man könnte sagen, dass die Vertrautheit zwischen Viktor Rydberg und Albert Bonnier, rein symbolisch, 1894, ein Jahr vor Rydbergs Tod, ihren Höhepunkt erreichte, als Albert eine von Carl Larsson illustrierte Neuauflage von *Singoalla* herausgab. Rydberg bestand auf einer faksimilierten Widmung, was Albert dankbar und etwas verlegen akzeptierte. Sie hat folgenden Wortlaut:

»An Albert Bonnier.

Da meine Singoalla jetzt zum vierten Mal in einem Kleid, mit dem Deine Fürsorge und Carl Larssons Genie sie geschmückt haben, erscheint, ist es mein Wunsch, öffentlich und mit Nein die Frage zu beantworten, ob es zwischen Verleger und Autor ein besseres Verhältnis geben kann als das seit vielen Jahren bestehende von Dir und mir.

Danke!

Viktor Rydberg«

Rydbergs Bedeutung für den Albert Bonniers Förlag endete nicht mit seinem Tod im Jahr 1895. Wenig später erschienen, herausgegeben von Karl Warburg, seine Gesammelten Werke. »Sie waren ein großer Verkaufserfolg und trugen im Wesentlichen zu den erheblichen Umsatzsteigerungen des Verlags in den letzten Jahren des Jahrhunderts bei«, stellt der Wirtschaftshistoriker Staffan Sundin fest.

* * *

Neben Viktor Rydberg war Albert Bonnier mit einem weiteren Bestsellerautor in enger Freundschaft verbunden, mit Zacharias Topelius. Allerdings primär aus der Ferne, da Topelius in Finnland wirkte. Den ersten Kontakt knüpften die beiden bei der schwedischen Uraufführung von Topelius' Drama *Efter 50 år* (Nach 50 Jahren).

Albert erkannte das Potenzial des zwei Jahre älteren Kreisarztsohnes, Akademikers und Publizisten aus Nykarleby in Finnland. Als Topelius eine Serie historischer Erzählungen über Schwedens Großmachtzeit in der Tageszeitung *Helsingfors Tidningar*, deren Redakteur er war, einleitete, griff Albert zu. Es handelte sich um die *Fältskärns berättelser* (Die Erzählungen eines Feldschers), deren erster Teil oder erster Zyklus 1854 im *Europeiska följetongen*, einem von Alberts wichtigsten Projekten dieser Zeit, die schwedische Öffentlichkeit erreichte. In den Erzählungen geht es um die fiktive adelige Familie Bertelsköld und um die schwedisch-finnische Schicksalsgemeinschaft im 17. und 18. Jahrhundert. Die Erzählungen erfreuten sich ungeheurer Beliebtheit und erschienen auch in Buchform, der letzte und fünfte Teil im Jahr 1867. Obwohl Albert ihn drängte, schrieb Topelius keinen sechsten Teil. Hingegen erschien 1883–1884 eine Luxusausgabe mit Illustrationen von Carl Larsson, einem weiteren kreativen Freund Alberts, die in nicht weniger als 30 000 Exemplaren über den Ladentisch ging.

Weshalb sich Albert so ungemein für Topelius begeisterte, ist unklar, denn ihre frühe Korrespondenz ist nicht erhalten. Vielleicht erwärmte sich Albert für Topelius' Nationalromantik, die zumindest anfänglich gewisse progressive Züge besaß. Topelius propagierte soziale Reformen und mehr Rechte für Frauen, was auch in den *Erzählungen eines Feldschers* durchschimmert. Der Konflikt zwischen Volk und Adel, zwischen Untertanen und Obrigkeit, ist ein ständig wiederkehrendes Thema in zeittypisch-überbordendem Wortreichtum und wird bereits in der ersten Erzählung spürbar. Der Kavallerist Gustaf Bertila, ein Bauernsohn aus der entlegenen Provinz Österbotten, erinnert sich an seine schlichte Herkunft. Im Dreißigjährigen Krieg kämpft er 1631 in der Schlacht bei Breitenfeld mit solcher Tapferkeit, dass sogar Gustav II. Adolf beeindruckt ist.

»All diese Erinnerungen gingen in einem einzigen Augenblick dem jungen Krieger durch den Kopf, denn jetzt, jetzt war sie gekommen, die Stunde, in der er, ein Jüngling aus dem Fußvolk, sich denselben Rang wie dieser stolze Adel, der bislang mit Verachtung auf ihn und seinesgleichen herabgeblickt hatte, erkämpfen würde.«

* * *

Nach dem Erfolg der *Erzählungen eines Feldschers* verlegte Albert alle belletristischen Werke Topelius': Lyrik, Drama und Prosa. Besonders Topelius' Märchen-, Lieder- und Gedichtsammlungen *Läsning för barn* (Lektüre für Kinder) waren ein großer und dauerhafter Erfolg. Der erste von acht Teilen erschien 1865, der letzte 1896, zwei Jahre vor Topelius' Tod. Eine Auswahl für den Schulgebrauch kam 1890–1891 in den Handel. Wie nicht anders zu erwarten, lieferte Topelius auch immer wieder Beiträge für den Kalender *Svea*.

Aus naheliegenden Gründen konnten sich Albert Bon-

Die *Erzählungen des Feldschers*, illustriert von Carl Larsson, und *Lektüre für Kinder* von Zacharias Topelius.

nier und Zacharias Topelius nicht oft sehen – die erste Begegnung fand 1856 statt –, und ihre Korrespondenz handelte anfänglich von Honoraren, Auflagenhöhen und anderen praktischen Dingen. Der Ton ihres Briefwechsels war freundlich und respektvoll, allerdings kam es hin und wieder auch zu Meinungsverschiedenheiten.

Als Topelius auf dem schwedischen Buchmarkt Fuß fasste, stiegen seine Honorarforderungen, aber er klagte nicht. »Abgesehen davon, dass Sie, Herr Bonnier, meine früheren Arbeiten fast zu billig bekommen haben, gibt es für mich keinen Grund, unsere Geschäfte zu bereuen«, schrieb Topelius Anfang 1867. Zwei Jahre später betonte er, dass ihre Zusammenarbeit für sie beide von Vorteil gewesen sei:

»Ich bin nicht so unpraktisch, um nicht zu sagen, unbillig, einem Verleger seinen Gewinn nicht zu gönnen, wenn er in

Vorlage gegangen ist. Ganz im Gegenteil freut es mich, im Interesse der Literatur und in unserem gemeinsamen Interesse. Denn es versteht sich, dass sich vieles nur mäßig verkauft, und je bessere Geschäfte der Verleger tätigt, desto besser kann er seine Autoren unterstützen [...] Ich wünsche, dass Sie, Herr Bonnier, gute Geschäfte sowohl mit mir als auch mit meinen Kollegen tätigen. Der Kniff besteht nur darin, den gemeinsamen Vorteil so auszutarieren, dass die Interessen beider gewahrt werden.«

Zacharias Topelius war einer der größten Aktivposten des Albert Bonniers Förlag. Nicht zuletzt aus diesem Grund war Albert bestrebt, den Autor bei Laune zu halten, um einen kontinuierlichen Textstrom von der anderen Seite der Ostsee zu gewährleisten. Wenn nötig fiel Albert, bildlich gesprochen, schon einmal auf die Knie. Als Topelius 1873 eingeschnappt war, weil Albert einige Erzählungen als »altmodisch« bezeichnet hatte, gebärdete sich der sonst so hartherzige Verleger und Geschäftsmann zutiefst zerknirscht:

»Zweifellos bin ich über das Ziel hinausgeschossen und habe vorschnell geurteilt. Wahrscheinlich wäre es überhaupt das Klügste, keinerlei Urteil über die Arbeiten eines namhaften Meisters abzugeben. Diese Lektion und Zurechtweisung habe ich verdient und danke aufrichtig für die noble und anständige Art, auf die sie erfolgte.«

Topelius antwortete, dass ihre »Beziehung nicht von aufrichtigen Mitteilungen gestört werden, sondern dadurch eher gewinnen schätze«. Damit war die Sache aus der Welt.

Anhand der Korrespondenz lässt sich mitverfolgen, wie das Verhältnis der beiden allmählich in echte Freundschaft überging, besonders nachdem Topelius mit seiner Frau Emelie und seinen Kindern 1875 Stockholm besucht hatte. Von da an duzten sich Zacharias und Albert.

Familie Topelius machte auf dem Weg nach Cannes in der schwedischen Hauptstadt Station, und Albert bot seinem Autor sofort einen Vorschuss an, damit er auch Italien besuchen könne, ein Land, für das er seit seinem Besuch mit seiner Frau Betty eine besondere Vorliebe hegte.

Der Briefwechsel wurde intensiver, und die Anrede lautete nun nicht mehr »Herr«, sondern »Mein bester Bruder«. Im Februar 1880 schrieb Albert an Topelius:

»Es ist sehr schön, fast jede Woche einen Brief von Dir zu erhalten [...] So kommt man sich doch näher [...] und Deine Briefe erfreuen mich immer mit dem einen oder anderen Zusätzlichen – ich meine, über das rein Geschäftliche hinaus.«

Der familiäre Kontakt wurde zudem dadurch begünstigt, dass Topelius' Töchter Toini und Eva ungefähr im selben Alter wie Jenny, Karl Otto und Eva waren. Die beiden Mädchen besuchten die Bonniers, wenn sie sich in Stockholm aufhielten, und konnten stets damit rechnen, sehr umsorgt zu werden. Als Toini und Eva 1882 Kopenhagen besucht hatten und über Stockholm nach Hause reisen wollten, schickte ihr Vater sicherheitshalber noch eine Erinnerung an Albert: »Mit einer Reisekasse habe ich sie dieses Mal selbst ausgestattet, aber sollten sie unvorhergesehenen Schwierigkeiten begegnen, weiß ich doch, dass sie sich an Deine immer geöffnete Bank wenden können.«

Ein halbes Jahrhundert später, im Jahr 1927, schilderte Topelius' Tochter Eva im Wochenblatt *Idun* ihren ersten Besuch mit ihrer Schwester bei den Bonniers:

»Onkel Albert Bonnier war den ganzen Winter über unser wirklich lieber Beschützer [...] Beim Abschied im Frühjahr schenkte er uns je eine goldene Uhr zum Andenken an Stockholm, und es war natürlich märchenhaft schön, mit diesen Uhren nach Hause zu kommen.

Die Bonnier-Kinder beeindruckten uns unerfahrene Mädchen ungemein, weil sie uns auf allen Gebieten voraus waren und über alles ein unumstößliches Urteil fällten. Wir fühlten uns zwar unterlegen, waren davon jedoch nicht geplättet, sondern fühlten uns in ihrer Gesellschaft wohl. Aber den Jungen, Karl Otto, betrachtete ich damals als einen der denkbar größten Lümmel. Seither hat ein ganzes Leben ungetrübter Freundschaft dieses harte Urteil widerlegt.«

Betty und Albert mit den Kindern.

Eva Topelius heiratete den schwedischen Maler Johan Axel Gustaf Acke, bekannt als J. A. G. Acke. Die beiden verband später eine tiefe Freundschaft mit Karl Otto Bonnier und dessen Frau Lisen.

In den Jahren nach 1880 war Topelius besonders produktiv, obwohl er neben der Schriftstellerei noch andere anspruchsvolle Pflichten hatte, denn im Jahr 1863 war er zum ordentlichen Professor der Geschichte in Helsinki ernannt worden. Im Albert Bonniers Förlag erschienen ein Band Erzählungen *Vinterqvällar* (Winterabende), ein Titel, der Albert nicht zusagte, den er aber zu guter Letzt dennoch akzeptierte. Der fünfte Band der *Lektüre für Kinder* trug den Titel *Dramatiska dikter* (Dramatische Gedichte). Gleichzeitig überarbeitete Topelius die *Erzählungen eines Feldschers*.

Topelius hatte gute Gründe für diese fieberhafte Aktivität. Er musste den Kauf von Björkudden, einem Anwesen bei Helsinki, finanzieren.

* * *

Noch stärker, als es bei Viktor Rydberg der Fall war, sollten die Konflikte um August Strindberg in den Jahren nach 1880 das Verhältnis zwischen Topelius und Albert Bonnier trüben und führten beinahe zum Bruch. Freundschaft und gegenseitiger Respekt überlebten jedoch, sowohl in geschäftlicher als auch persönlicher Hinsicht, und zwar einem Umstand zum Trotz, der ihr Verhältnis eigentlich hätte erschweren müssen.

Topelius' Liberalismus schwächte sich mit den Jahren ab. Er bewegte sich in eine Richtung, die sich am ehesten als romantisch und religiös geprägter Nationalkonservatismus mit etlichen reaktionären Komponenten beschreiben ließe. In der zweiten Lebenshälfte – unter der Fuchtel des russischen Zaren – trat er im Großfürstentum Finnland als fürsorglicher, aber auch strenger Volkserzieher auf und kämpfte gegen Modernismus und materialistische Dekadenz. Vor allen Dingen war Zacharias Topelius jedoch Antisemit. Die gnadenlosen Angriffe, denen sich Albert Bonnier bei der Debatte über Strindberg und die »Schmutzliteratur« ausgesetzt sah, waren von antisemitischen Vorurteilen geprägt.

In den sogenannten gebildeten Kreisen war im 19. Jahrhundert Antisemitismus nichts Ungewöhnliches, aber im Falle Topelius kann wohl kaum von einer unreflektierten Anpassung an den Zeitgeist gesprochen werden. Es handelte sich eher um eine konsequente Haltung, die teils religiösen Gründen, den Juden gab man die Schuld am Tod Jesu, teils einem politischen, wirtschaftlichen und sozialen Weltbild, das bis heute verbreitet ist, geschuldet war: Die Juden werden als geldgieriges und machthungriges Volk ohne Wurzeln angesehen, das im Verborgenen eine destruktive Macht auf die Gesellschaft, ja, die gesamte Menschheit ausübt. In dieser Anschauung sah sich Topelius wie viele Kulturpersönlichkeiten seiner Zeit u.a. von der Schrift des Komponisten Richard Wagner, *Das Judenthum in der Musik*, bestätigt.

Diese Ideen ziehen sich wie ein roter Faden durch Topelius' Gesamtwerk. Bereits in der Erzählung »Lindanserskan« (Die Seiltänzerin) für die *Helsingfors Tidningar* aus dem Jahr 1845 heißt es: »Juden und Zigeuner haben die Menschheit gelehrt, wie tief der sinken kann, der kein Vaterland besitzt.« Ein halbes Jahrhundert später, in seinem letzten großen Roman *Planeternas skyddslingar* (Die Schützlinge der Planeten), späterer Titel *Stjärnornas kungabarn* (Die Königskinder der Sterne), geht es um die Geldgier der Juden, eines der gebräuchlichsten Schmähbilder. Der Roman spielt im 17. Jahrhundert, und über einen der Protagonisten, einen vermögenden Juden, heißt es:

»Ruben Zevi war Kosmopolit genau wie das Gold, das er beherrschte. Wer fragt, wo es herkommt oder wem es früher gedient hat? Es ist genug, dass man es besitzt: non olet, es stinkt nicht.«

Topelius' Antisemitismus scheint jedoch keinerlei Auswirkungen auf das Verhältnis zu seinem jüdischen Verleger Albert Bonnier gehabt zu haben, was möglicherweise daran lag, dass Topelius selbst um drei Ecken jüdischer Abstammung und außerdem überzeugt davon war, dass sich die Juden irgendwann zum Christentum bekehren lassen würden. Er bezeichnete seine Weltanschauung als providenziell, was in etwa beinhaltete, dass der Verlauf der Geschichte von Anfang an einem göttlichen Plan folgte. Der Briefwechsel der beiden bestätigt, dass Topelius seinen Antipathien gegen die Juden und das Judentum nie gestattete, Alberts persönliche und geschäftliche Qualitäten infrage zu stellen.

Ihre tiefe Vertrautheit kommt vielleicht am deutlichsten in einem Brief von Topelius an Albert vom 21. März 1876 zum Ausdruck:

»Es ist wahr, dass unsere 24-jährige Geschäftsverbindung wie von Anfang an vereinbart bona fide war. Es freut mich, dass Du sie so siehst, und auch von meiner Seite bin ich Dir diese Anerkennung schuldig. Dass die ersten Honorare gering waren, lag daran, dass ich in einer Zeit, in der meine Arbeiten noch wenig bekannt und verbreitet waren, nicht mehr gefordert habe. Dass dann die Verbreitung zunahm und damit die Honorare stiegen, dazu trug wesentlich bei, dass ein energischer Verleger mit weitverzweigten Verbindungen meine Interessen und damit auch seine eigenen im Auge behielt. Der Vorteil war gegenseitig, und das ist angemessen.

Trotzdem glaube ich, dass es glücklich und vorteilhaft ist, wenn beide Kontrahenten, Autor und Verleger, ihre gegenseitige Verbindung von einer freundschaftlicheren Perspektive als dem bloßen Vertrag aus betrachten. Ich glaube, sie können sich gegenseitig dienen, wie Komponist und Orchesterleiter oder Dramatiker und Theaterregisseur.«

* * *

Im Januar 1898, Topelius verfasste gerade seine Erinnerungen, wurde in Helsinki überschwänglich sein 80. Geburtstag gefeiert. Einige Tage später kehrte er bei starkem Frost nach Björkudden zurück. Er erkrankte und starb am 12. März. Seine *Blad ur min tänkebok* (Blätter aus meinem Notizbuch) erschienen deswegen posthum. Auf dem größten Friedhof der finnischen Hauptstadt, dem *Sandudds begravningsplats*, wurde er zu Grabe getragen. Der finnische Frauenverband stiftete die Grabskulptur.

Mit einer Ausnahme, seinem literarischen und persönlichen Gegenpol August Strindberg, spielte kein Autor in den ersten hundert Jahren des Albert Bonniers Förlag eine so große Rolle wie Zacharias Topelius, und nur wenige Schriftsteller, falls überhaupt einer, standen in so enger Verbindung zur Eigentümerfamilie.

Tor Bonnier, einer der Söhne Karl Ottos, beschrieb in seinen Erinnerungen *Längesen* (Langher) eine rührende Episode aus einer der allerletzten Begegnungen Topelius' mit seinem Verleger. Sie sagt einiges über Topelius' legendäre Steifheit und Menschenscheu aus, aber möglicherweise noch mehr über das ungezwungene Verhaltnis zwischen ihm und der Verlegerfamilie Bonnier.

Man schrieb das Jahr 1897, und Topelius befand sich in Stockholm. Nachdem er von Bord des Dampfers aus Helsinki gegangen war, wurde er von den Volksschulkindern der Stadt gefeiert:

»Mein Großvater lud Familie Topelius zum Essen ins Hotel Rydberg ein. Mein Bruder Åke und ich durften auch mit, schließlich war Topelius ein Autor der Kinder. Beim Dessert erklärte meine Mutter stolz: ›Mein Sohn Tor kann *Der Wurm in den Himbeeren* auswendig. Trag uns die Geschichte doch vor!‹ Ich war vorbereitet und stand auf, um die Geschichte aufzusagen, aber Topelius fuhr mir mit der Hand über den Kopf und meinte: ›Ich kann das auch auswendig. Setz dich wieder.‹«

* * *

Außer mit Viktor Rydberg und Zacharias Topelius, den beiden literarischen Galionsfiguren des Verlags, pflegte Albert Bonnier einen engen Kontakt zu einer Reihe weiterer Autorinnen und Autoren, allerdings nicht ganz so privat und herzlich. Alberts Signum als Verleger war von Anfang an gewesen: Für aufstrebende Autoren war es nicht ganz einfach, durch sein Nadelöhr zu schlüpfen. Wem es jedoch gelang, dem wurde professionelle und persönliche Anerkennung zuteil, die für die damalige schwedische Verlagsbranche einzigartig war.

Eine von Alberts Lieblingsautorinnen, Josefina Wettergrund, war unter dem Pseudonym Lea bekannt geworden, und ihre Erzählungen und Gedichte erfreuten sich großer Beliebtheit. Sie lieferte etliche Beiträge für den Kalender *Svea*, und Albert verlegte ihre *Valda berättelser* (Ausgewählte Erzählungen). Der intensive Briefwechsel der beiden verrät, wie sehr sie sich gegenseitig schätzten, und zeigt Alberts Fähigkeit, freundschaftliche Bande zu seinen Autorinnen und Autoren zu knüpfen.

»Ich erinnere mich nie an Sie, Herr Bonnier, ohne gleichzeitig auch an Ihr liberales oder wohlwollendes Handeln zu denken. Das ist überaus angenehm und vielleicht auch gar nicht so üblich zwischen Autorin und Verleger«, schrieb Lea 1879 an Albert.

Eine weniger glückliche Hand hatte Albert in seinem Verhältnis zu dem Pseudonym Mattis. Im Jahr 1866 erhielt er das erste Manuskript von Mattis und schickte es in der Überzeugung, dass es sich um einen Mann handle, zurück. Hinter dem Namen Mattis verbarg sich jedoch Mathilda Tengbom, die Albert in ihrer Antwort eine ziemliche Abreibung verpasste:

»Sie können kein Freund der Frauen sein (was ein ernsthafter Charakterfehler Ihrerseits ist), und folglich besteht wenig Hoffnung, dass dieser Brief bei Ihnen ein zufriedenes oder wohlwollendes Gefühl hervorruft. – Eine Dame hat ihn nämlich geschrieben [...] Ich frage mich, ob Sie wirklich glauben, dass wir Frauen in unseren schönen Köpfen weniger Gehirn haben als die hässlichen Männer; oder ob Sie möglicherweise finden, dass wir langweilig sind. Ach, mein Herr, was wäre die Welt ohne uns?«

Offenbar war Albert von dieser Antwort beeindruckt, denn in den folgenden Jahren verlegte er mehrere Bücher von Mattis. Nach einiger Zeit verschwand sie dann von der literarischen Bühne, die laut Karl Otto Bonnier allerdings »dadurch kaum einen größeren Verlust erlitt«.

Es kam auch vor, dass Albert als eine Art Beschützer der Autoren, die er persönlich besonders schätzte, intervenierte. Einer von diesen war der heute vergessene Nils Lilja, ein vielseitiger Intellektueller, der in Lund verschiedene Fächer studiert hatte. Er machte sich vor allem als Botaniker mit einem Buch über die Flora Schonens einen Namen. Außerdem verfasste er populärwissenschaftliche Werke mit einer sozial recht radikalen Botschaft. Das bedeutendste davon verlegte Albert im Jahr 1858: *Menniskan. Hennes uppkomst, hennes lif och hennes bestämmelse* (Der Mensch. Seine Entstehung, sein Leben und seine Bestimmung).

Als Albert 1870 zu Ohren kam, dass ein außerordentlich kritischer Text über Lilja in den *Efterlämnade skrifter* (Nachgelassene Schriften) des Dichters Daniel Klockhoff erscheinen sollte, wandte er sich brieflich an den Herausgeber Pelle Ödman und bat ihn, die Publikation des Textes noch einmal zu überdenken. Albert räumte zwar ein, Lilja sei kein großer Schriftsteller, betonte aber, er habe »der Sache der Vorurteilsfreiheit genützt und sich um die Verbreitung der Aufklärung sehr verdient gemacht«. Albert schrieb weiter: »Ich will einem alten Mann, mit dem mich ein langes Arbeitsleben ein gutes Verhältnis verband, den Kummer ersparen, den dieser erneute Angriff auf ihn bedeuten würde. Noch dazu in meinem Verlag!«

Die Sache endete jedoch damit, dass Albert den Lilja-kritischen Text akzeptierte. »Wahre Liberalität besteht darin, keine Meinung zu unterdrücken.« Es könnte aber auch eine Rolle gespielt haben, dass Viktor Rydberg der zweite Herausgeber neben Pelle Ödman war.

Pelle, eigentlich Nils Petrus, Ödman, Lehrer und Schriftsteller, gehörte zum Kreis der Namnlösa Sällskapet (Namenlose Gesellschaft) in Uppsala, einer literarischen Gesellschaft, die Alberts Freund Lorentz Dietrichson 1860 gegründet hatte. Sie stellte eine Verbindung zwischen Albert und den sogenannten »Signaturpoeten« dar, wie die Mitglieder der Gesellschaft auch hießen. Die prominentesten dieser Signaturpoeten waren Carl Snoilsky, der spätere Direktor der Schwedischen Akademie, Daniel Klockhoff und Ernst Björck. Klockhoff und Björck verlegte Albert posthum.

* * *

Im patriarchalen 19. Jahrhundert versteckten sich Autorinnen nicht selten hinter männlichen Pseudonymen. Das bekannteste schwedische Beispiel dafür ist Victoria Benedictsson, die ihre Bücher unter dem Namen Ernst Ahlgren publizierte. Diese Bücher erschienen allerdings erst einige Jahre nach ihrem Tod im Albert Bonniers Förlag, nachdem Albert die Rechte an ihrem Gesamtwerk übernommen hatte.

Aurora Lovisa Ljungstedt, eine heute weniger bekannte Autorin, bediente sich ebenfalls eines Pseudonyms und nannte sich Claude Gérard. Ihre *Samlade berättelser* (Gesammelte Erzählungen) hatten in den Jahren nach 1870 größeren Erfolg.

Albert Bonniers größtes verlegerisches Unterfangen in diesem Jahrzehnt waren die Neuausgaben der Werke von August Blanche und Carl Jonas Love Almqvist. Ersterer erwies sich in den darauffolgenden Jahren als sehr erfolgreich, was den hohen Preis von 12 000 Reichstalern, den die Erben für die Rechte gefordert und erhalten hatten, durchaus aufwog. Eine illustrierte Sonderausgabe kam 1890 in einer Auflage von 30 000 Exemplaren auf den Markt.

Der Absatz der Almqvist-Ausgabe, die in den Jahren 1874 bis 1878 erschien, stellte jedoch eine Enttäuschung dar. Der 1866 verstorbene Almqvist war, falls ihn das schwedische Publikum überhaupt noch kannte, höchst umstritten. Das lag nicht nur an als unmoralisch geltenden Romanen wie *Det går an* (»Die Woche mit Sara«), sondern auch daran, dass er Schweden 1851 verlassen hatte, nachdem man ihn des Mordanschlags auf einen Kredithai bezichtigt hatte.

»Alberts Almqvist-Ausgabe hatte nur einen Fehler: Sie kam zu früh. Die Zeit war noch nicht reif, um Almqvist zu verstehen und zu schätzen«, hielt Karl Otto Bonnier fest, was eine ganz korrekte Einschätzung darstellte. Erst nach Ellen Keys Studie *Sveriges modernaste författare* (Schwedens modernste Autoren) im Jahr 1897 erwachte das Interesse an Almqvist. Heute zählt man ihn zu den wichtigsten schwedischen Autoren.

Im Bereich der Fachliteratur konzentrierte sich Albert auf Reiseberichte. Furore machten Henry Stanleys *Wie ich Livingstone fand* und *Durch den dunklen Weltteil*. Eine weitere

Übersetzung aus dem Englischen war Charles Darwins *Über die Entstehung der Arten.*

* * *

Als sich die 1870er-Jahre ihrem Ende näherten, war Albert Bonnier einer der führenden Verleger Schwedens. Im September 1877 wurde er zum Vorsitzenden der Svenska bokförläggareföreningen (Der schwedische Buchverlegerverband) gewählt.

In den ersten sieben Jahren dieses Jahrzehnts herrschte in Schweden Hochkonjunktur. Weiter im Süden Europas platzte die Spekulationsblase, die der Deutsch-Französischen Krieg erzeugt hatte, aber es verging einige Zeit, bis diese Krise Schweden erreichte. Die Bevölkerung Schwedens wuchs von 2,8 Millionen Einwohnern im Jahr 1840 auf 3,9 Millionen im Jahr 1880. Gleichzeitig verbesserte das Volksschulgesetz von 1842 die allgemeine Lesefertigkeit und begünstigte so die Verbreitung von Druckwerken. Industrialisierung und Urbanisierung gewannen allmählich an Tempo, was die Reformoffensive der Regierung De Geer-Gripenstedt stimulierte. Auf dem Buchmarkt stand der Norstedts Förlag noch immer an erster Stelle, hatte seinen Schwerpunkt aber im Bereich Lehrbücher und Fachliteratur. Der Albert Bonniers Förlag, primär ein belletristischer Verlag, wuchs und beschäftigte mittlerweile über fünfzig Mitarbeiter.

Eine Buchhandlung mit dem Namen Bonnier existierte nun nicht mehr. Adolfs Sohn Isidor hatte das Geschäft im Norrbrobasaren zwar übernommen, fühlte sich in der Rolle des Buchhändlers aber nicht wohl. Er verkaufte es, und 1875 verschwand der Name Bonnier von der Ladentür.

Zu dieser Zeit hatte Albert behutsam damit begonnen, seinen Sohn Karl Otto auf eine Zukunft in der Verlagsbranche vorzubereiten. Bereits 1873 nahm er den siebzehnjährigen Karl Otto mit zu einem Treffen skandinavischer Buchhändler nach Kristiania, wie Oslo damals hieß. Frederik Hegel vom dänischen Gyldendalske Boghandel, der Verleger Henrik Ibsens und Bjørnstjerne Bjørnsons, beeindruckte Karl Otto dort besonders. Es war ein schicksalhafter Augenblick: »Jetzt wusste ich, was ich werden wollte. Ich wollte Schwedens Hegel werden.«

Mit gemischtem Erfolg verlegte Albert einige Werke Bjørnsons in Schweden, obwohl ihn eine politische Frage skeptisch stimmte: Bjørnson schwärmte für Deutschland. Es war aber vor allem dessen Kollege Ibsen, der einen enormen Einfluss auf seine Zeitgenossen ausübte. Als das Drama *Nora oder Ein Puppenheim* 1879 mit seiner Botschaft von der Befreiung der Frau Aufregung verursachte, unterbreitete Albert Ibsen ein Angebot für die schwedische Ausgabe dieses Stückes sowie der vier folgenden. Die Verhandlungen verliefen jedoch im Sand, möglicherweise weil man sich nicht über das Honorar einigen konnte. Albert Bonniers Kontakte zu den beiden Giganten der norwegischen Literatur waren also recht eingeschränkt.

* * *

In Alberts Leben drehte sich aber nicht alles ausschließlich um Literatur und Geschäfte. Er arbeitete zwar bis spät, war aber ein für seine Zeit und seine Kreise sehr präsenter und vorurteilsloser Ehemann und immer treu sorgender Vater.

Der Familienzusammenhalt war stark, obwohl Bettys Depressionen und Karl Ottos Kampf gegen die Tuberkulose, eine der damals meistgefürchteten Seuchen, eine Herausforderung darstellten. Karl Otto erkrankte 1877 und verbrachte die nächsten drei Jahre, oft unter Bettys zärtlicher Fürsorge, in Kurorten in Italien und der Schweiz. An Weihnachten versammelte sich die ganze Familie bei Karl Otto, 1877 in San Remo und ein Jahr darauf in Davos.

Davos. Januari 1887

Lisen und Karl Otto Bonnier 1887 in Davos.
Karl Otto kannte Davos von seinen Aufenthalten
in den Lungensanatorien.

Das Verhältnis zwischen Kindern und Eltern scheint recht ungezwungen gewesen zu sein, obwohl Albert Karl Otto klargemacht haben wird, was er von ihm als einzigem Sohn und prädestiniertem Erben des Verlags und der Druckerei erwartete. Karl Otto verließ mit sechzehn die Schule, da Albert, dem Examina gleichgültig waren, fand, dass es an der Zeit sei, im Verlag mit anzupacken.

Die älteste Tochter Jenny, die sich im Übrigen für Sport interessierte, was damals recht ungewöhnlich war, übernahm wie selbstverständlich die Verantwortung, die die Position der ältesten Schwester mit sich brachte, besonders dann, wenn Albert und Betty auf Reisen waren. Später holte Albert oft ihr Urteil über Bücher ein und beschäftigte sie als Übersetzerin und zusätzliche Korrekturleserin. In seinen Briefen an Albert Bonnier ließ August Strindberg hin und wieder Fräulein Bonnier seinen Dank für ihre Hilfe ausrichten.

Eva Bonnier ließ schon früh eine künstlerische Ader erkennen. Albert ermunterte sie, und es störte ihn auch nicht, als sie sich später dem radikalen Konstnärsförbundet (Künstlerbund) anschloss und sich beharrlich gegen die komischen Käuze auflehnte, die ihrer Meinung nach die Kunstakademie beherrschten.

Über seine Tanten Jenny und Eva schrieb Karl Ottos Sohn Åke Jahre später:

»Zwei unterschiedlichere Schwestern konnte man sich kaum vorstellen, vielleicht war das nicht so auffällig, was ihr Aussehen betraf, aber umso mehr in Hinsicht auf Charakter und Persönlichkeit. Beide waren hochbegabt und hatten viel von der klaren Intelligenz und dem offenen Freisinn ihrer Eltern geerbt. Jenny war jedoch von Natur aus nachdenklich und im Großen und Ganzen leidenschaftslos, ihre drei Jahre jüngere Schwester Eva hingegen war in ihren Gefühlen leidenschaftlich, ja, regelrecht ekstatisch und aufbrausend.«

Beide hatten Pech in der Liebe. Der Schriftsteller August Bondeson, aus dessen Feder u. a. *Skollärare John Chronschoughs memoarer* (Lehrer John Chronschoughs Memoiren) stammte, machte Jenny in jungen Jahren Avancen, aber sie gab ihm einen Korb, als sie den Verdacht schöpfte, dass es ihm mehr um Geld als um Gefühle ging. Jenny interessierte sich für Arthur Thiel, den Bruder des Bankiers und Mäzens Ernest Thiel. Lisen Bonnier, die 1882 Karl Ottos Frau wurde, riet ihr von dieser Verbindung jedoch ab.

Jenny Bonnier blieb unverheiratet, wie auch ihre jüngere Schwester Eva, die dem Bildhauer Per Hasselberg starke, aber unerwiderte Gefühle entgegenbrachte. Hasselberg liebte eine andere, und die geplante Hochzeit mit Eva fand nicht statt. Diese Enttäuschung stürzte Eva in eine schwere Depression, von der sie sich nie mehr erholte. Sie verbrachte einige Zeit im Krankenhaus und gab die Malerei fast vollständig auf.

Als Hasselberg 1894 im Alter von nur 45 Jahren starb, kümmerte sich Eva trotz allem liebevoll um seine kleine Tochter Julia. Wahrscheinlich von derselben depressiven Veranlagung geplagt wie ihre Mutter, starb Eva Bonnier 1909 in Kopenhagen. Ihrer großen Schwester Jenny war ein langes und recht undramatisches Leben beschieden, das mit zunehmendem Alter von Gelenkrheumatismus erschwert wurde. Besuche der Tennis-Championships in Wimbledon stellten jedoch immer wiederkehrende Höhepunkte dar. Jenny verschied 1927.

* * *

Albert und Betty pflegten regen Umgang und veranstalteten Diners und Feste, besonders in den etwas ruhigeren Sommermonaten. Dann mietete die Familie ein Sommerhaus in der Stockholmer Umgebung, u. a. in Tollare, in Gustavsvik, auf Lidingö und in Dalarö.

Zum engsten Freundeskreis zählten Lorentz und Mathilde

Eva Bonnier in ihrem Atelier mit dem Porträt des Geologen und Industriellen Hjalmar Lundbohm. Im Hintergrund die Hasselberg-Skulptur *Grodan* (Frosch).

Dietrichson, die Gefährten der Italienreise 1870, der liberale Publizist und Chefredakteur August Sohlman und seine Frau Hilda und die Nachbarn aus der Sommerfrische, Gustaf und Sigrid Hegardt. Dazu gehörten auch Bettys Cousin Semmy Rubenson und seine Frau Jeanette. Der Jurist Semmy Rubenson konnte auf eine für schwedische Juden dieser Zeit recht ungewöhnliche Karriere zurückblicken: 1885 wurde er zum Stockholmer Polizeipräsidenten ernannt.

Die Bonniers erhielten hin und wieder Besuch von den Schriftstellern Viktor Rydberg und Zacharias Topelius, aber keiner der beiden stand Albert so nahe wie Frans Hedberg mit seiner Frau Amanda. Die beiden hatten viele Kinder, und Albert war stets bereit, seinem Freund Frans neue Aufträge zuzuschanzen und so Einkünfte zu verschaffen. Hedbergs bekanntestes Drama war *Bröllopet på Ulfåsa* (»Die Hochzeit zu Ulfåsa«). Folgendermaßen erinnerte sich Hedberg an den ersten Kontakt zu Albert Bonnier in den 1850er-Jahren:

Ein fröhlicher Albert Bonnier in Gesellschaft von Freunden vor
einem der Sommerhäuser, die die Familie in der Umgebung von
Stockholm mietete.

»Ich fand mich bei ihm als Bühnenautor mit meinem ersten
Stück *Hin ondes gåfva* (Das Geschenk des Teufels) ein. Über
das Geschäftliche einigten wir uns rasch. Das Honorar war
nicht sonderlich hoch, aber er zahlte sofort. Die freundliche Behandlung war umso großartiger. Das Beste überhaupt
war jedoch, dass das Verhältnis von Verleger und Autor in
den vielen Jahren, die seither vergangen sind, nie getrübt
wurde.«

Frans vererbte diese Beziehung gewissermaßen weiter.
Sein Sohn Tor, ebenfalls Schriftsteller und später Mitglied
der Schwedischen Akademie, wurde ein guter Freund von
Alberts Sohn Karl Otto.

Eine weitere zentrale Gestalt unter Alberts Freunden war
August Malmström, ein Maler und Professor an der Kunstakademie, den das Gemälde »Grindslanten« (Der Gatterpfennig)
von 1885 bekannt machte. Malmström, Spitzname »Kulan«

(die Kugel), war zeitweilig Evas Lehrer und außerdem Illustrator von Topelius' *Läsning för barn* (Lektüre für Kinder).

Albert, »Kulan« und ihre gemeinsamen Kumpane trafen sich oft zu ausgedehnten Gelagen im Hotel du Nord, einem ihrer beiden Lieblingslokale. Das andere waren die Berns Salonger.

Tor Bonnier erinnerte sich später, dass Frans Hedberg in seiner Rede anlässlich Alberts 75. Geburtstag auf diese Gelage zu sprechen kam:

»Hedberg schilderte die täglichen munteren Zusammenkünfte bei einem Glas in den Berns Salonger. Zu meinem großen Erstaunen (damals war ich zwölf Jahre alt) sprach Hedberg von meinem Großvater, diesem viel beschäftigten, strengen und ernsthaften Mann, als munterem Gesellen im Kreise fröhlicher Schriftsteller und Künstler. Ich erinnere mich, dass Hedberg den Maler August Malmström, den Bildhauer John Börjeson und andere gefeierte Größen der damaligen Zeit erwähnte.«

Trotz all dieser erfreulichen Dinge – die Erfolge des Verlags, die Kinder, die Freunde – ruhte ein dunkler Schatten auf der Familie Bonnier: Bettys Depressionen.

* * *

An Neujahr 1873 kehrten Albert und Betty nach Italien zurück. In Rom trafen sie mehrere alte Bekannte von ihrer ersten Reise, aber die gute Stimmung wollte sich nicht einfinden. Betty schien keine wirkliche Freude empfinden zu können. Einige Monate nach ihrer Rückkehr nach Schweden zum Jahresende hin wurde die Situation kritisch. Bettys Depressionen gingen in Geisteskrankheit über, und das zuvor so glückliche Heim verwandelte sich, wie Karl Otto Bonnier es ausdrückte, in eine »Wohnung der Trauer«.

Betty wurde von grenzenloser Verzweiflung gepackt und einer, wie Karl Otto schrieb, »vollkommenen Unfähigkeit, ihren kranken Geist zu besiegen«. Einige Zeit verbrachte sie in einem Hospital, wie psychiatrische Anstalten in Schweden damals hießen, in Vadstena, und Jenny übernahm zu Hause einen Großteil der Verantwortung. Albert vergrub sich immer tiefer in die Arbeit, um zu verdrängen, was vor sich ging. Seine Ehe – und die Familie – war dem Zusammenbruch nahe.

Psychiatrische Behandlung im modernen Sinn existierte nicht, und die Therapie war unsinnig und anstrengend. Der Arzt verschrieb Betty Unmengen Bromkalium, ein Betäubungsmittel, das heutzutage nur noch in der Tiermedizin zur Anwendung kommt, sowie heiße Bäder. Er hielt Albert schriftlich auf dem Laufenden: »Sie müssen sich keine Sorgen machen, wenn die Patientin jetzt eine Zeit lang stiller wird und träge und gleichgültig wirkt.«

Albert tat, was in seiner Macht stand, um Betty das Leben in Vadstena zu erleichtern. Sie nahm ihre Mahlzeiten in ihrem Zimmer zu sich, kam mit den anderen Patienten nicht in Berührung, erhielt eine Gesellschaftsdame. Dennoch sehnte sich Betty nur fort. In einem langen, ergreifenden Brief, den Per I. Gedin in *Litteraturens örtagårdsmästare* (Der Gärtner der Literatur) zitiert, fleht sie Albert mit verzweifelten, wirren Worten an, sie zu befreien:

»Ich weiß, dass die Doktoren sagen, dass Du meinen Worten keine Beachtung schenken sollst, aber ich bitte Dich um Gottes Barmherzigkeit willen, hol mich hier raus, falls Ihr mich nicht loswerden wollt, denn bei allem, was Dir lieb ist, hier ist es äußerst beunruhigend, und wenn ich nicht so werden soll wie die anderen Verrückten, die ich jede Minute Tag und Nacht schreien höre, die um mich herum tanzen, springen und schweben und vor denen ich eine solche Angst habe.«

Im Herbst 1876 besserte sich Bettys Zustand. Während eines Aufenthalts in Dalarö, wie immer in Gesellschaft der loyalen Marie »Mussa« Banck, kehrte ihre Lebensfreude zurück. Das Dunkel hatte sich verzogen.

Ein strahlend glücklicher Albert schrieb an Karl Otto, der sich gerade in Wien befand:

»Glaube mir, wir sind froh und glücklich über den Zustand, der jetzt zu Hause herrscht, im Vergleich zu den 3 schweren Jahren, die jetzt Gott sei Dank hinter uns liegen. Mama ist wieder so, wie sie in ihren fröhlichsten Augenblicken war. Sie genießt alles, die Luft, den Sonnenschein, den Regen und das schlechte Wetter, ihr Zuhause, ihre Zimmer, ihre Mädchen, ihr Essen, ja, alles.«

Albert unterrichtete die Freunde der Familie über Bettys Erholung, auch Viktor Rydberg, der antwortete:

»Bruder Albert! Dein Brief, den ich gerade erhalten habe, hat mir große Freude bereitet. Das Familienglück ist also wieder in das Heim eingekehrt, in dem es früher seinen festen Platz hatte! Möge es jetzt während Eures ganzen Lebens dort bleiben [...] Ich hoffe, noch so manches Mal in Eurem Kreis weilen und die schönen seelenvollen Augen Deiner Frau so klar und vertrauensvoll wie in früheren Tagen betrachten zu dürfen. Gott segne Euch!«

Kaum hatte Betty ihre Seelenruhe und Kräfte wiedererlangt, da ereilte die Familie der nächste Schicksalsschlag: Karl Otto erkrankte an Tuberkulose. Erst im Jahr 1880 besiegte er diese Krankheit.

Gleichzeitig näherte sich eine ganz andere Heimsuchung dem Leben des Verlegers Albert Bonnier. Sie hieß August Strindberg.

August Strindberg.

7. KAPITEL

ES BRENNT!

Neue Zeit, neue Literatur. August Strindberg stellt sich vor.
Felix stirbt. *Das rote Zimmer, Das neue Reich* und der Antisemitismus. »In Abrahams Schoß«. Gedichte. Der *Heiraten*-Prozess.
Zwei solide Freundschaften. Kurz vor dem Bruch. In Erwartung
des nächsten Kampfes.

———

Eine ausgedehnte wirtschaftliche Krise prägte die Zeit um
1880. Sie folgte auf den finanziellen Optimismus, den das
Industrie- und Handelswachstum ausgelöst hatte. Nach
raschen, durch Spekulation vorangetriebenen Aufschwün-
gen im Anschluss an den Deutsch-Französischen Krieg brachen in Europa und in den USA die Preise und Börsenkurse
ein, die »Lange Depression«. Sie hatte bereits 1873 mit einem
Börsenkrach in Wien ihren Anfang genommen. In Österreich und Deutschland gab man den Juden die Schuld.

Die Folgen breiteten sich aus und erreichten Ende 1878
Schweden, wo die schlechten Zeiten zehn Jahre lang anhiel-
ten. Die Buchbranche wurde von der Krise allerdings weniger stark in Mitleidenschaft gezogen als viele andere Wirt-
schaftszweige, was dem stetig wachsenden Interesse an
gedruckten Geschichten zu verdanken war.

Die Auswanderung nach Amerika kam ernsthaft in Gang
und erreichte 1887 ihren Höhepunkt. In diesem Jahr verließen ungefähr 50 000 Schweden ihre Heimat.

Gleichzeitig brodelte und gärte es unter der Oberfläche. Soziale, technische und politische Veränderungen setzten neue Kräfte frei. Zu nennen sind die Urbanisierung, Elektrizität, die Pariser Kommune und eine erstarkende Arbeiterbewegung. All das war selbst in Schweden spürbar, allerdings mit einer gewissen Verzögerung. In den Jahren nach 1880 verzeichnete Stockholm einen fast fünfzigprozentigen Bevölkerungszuwachs. Neue Industriezweige wie die Allmänna svenska elektriska aktiebolag, ASEA, entstanden, und der Schneider August Palm machte die Schweden mit europäischen, sozialdemokratischen Ideen vertraut, als er 1881 in Malmö agitierte.

Diese Veränderungen erfassten auch das kulturelle Leben. Die Malerei griff Impulse von Künstlern wie Paul Cézanne auf, und spätromantische Komponisten wie Franz Liszt und Camille Saint-Saëns erweiterten die musikalischen Formen.

Frankreich stellte für die Literatur so etwas wie ein Epizentrum dar. Hier hatten Gustave Flaubert und Émile Zola als Nachfolger Honoré de Balzacs einer neuen, noch realistischeren Schule den Weg bereitet, dem Naturalismus.

In Schweden und Skandinavien ist in Bezug auf diese Epoche vom »Modernen Durchbruch« die Rede, ein Begriff, der von dem einflussreichen dänischen Literaturkritiker Georg Brandes geprägt wurde. Er war jüdischer Abstammung und der Bruder des Publizisten und Politikers Edvard Brandes. Brandes' Vorlesungen *Hovedstrømninger i det nittende Aarhundredes Litteratur* (Hauptströmungen in der Literatur des 19. Jahrhunderts) erschienen in den Jahren 1871 bis 1890 und machten ihn zu einer zentralen, aber auch umstrittenen Figur in der Debatte um das gesellschaftsverändernde Potenzial der Literatur. Im Fokus stand die Erörterung sozialer Probleme. Die Galionsfiguren dieser Bewegung waren die Norweger Henrik Ibsen und Bjørnstjerne Bjørnson.

Eine jüngere Generation schwedischer Autorinnen und

Victoria Benedictsson (links) und Anne Charlotte Leffler (rechts).

Autoren brach, teilweise inspiriert von Georg Brandes, mit dem abgeklärten Idealismus. Zu den Autoren, die als »Åttiotalisterna« (Die aus den Achtzigerjahren) und »Det unga Sverige« (Das junge Schweden) etikettiert wurden, gehörten Gustaf af Geijerstam, Axel Lundegård, Ola Hansson und Oscar Levertin.

Der Anteil an Autorinnen war beachtlich. Zu diesen zählten Anne Charlotte Leffler, die auch den Nachnamen Edgren benutzte, die Autorin des dem Feminismus verpflichteten Romans *En sommarsaga* (»Eine Sommergeschichte«), und vor allen Dingen Victoria Benedictsson, die unglücklich in Georg Brandes verliebt war und seinetwegen Selbstmord beging. Man könnte beinahe von einem weiblichen Erwachen der schwedischen Öffentlichkeit, symbolisiert durch die Zeitschrift *Framåt* (Vorwärts), die von der Lehrerin Alma Åkermark redigiert wurde, sprechen. *Framåt* entwickelte sich zu einem Forum für Diskussionen über verschiedenste Themen wie die Stellung der Arbeiter und die Sexualmoral. Für Åkermark nahm das Projekt ein tragisches Ende. Sie wurde ins amerikanische Exil getrieben, nachdem man sie bezichtigt hatte, zum Verfall der Sittlichkeit beigetragen zu haben. Mit der Meinungsfreiheit in Schweden war es zu diesem Zeitpunkt nicht weit her.

Der berühmteste Neugestalter der schwedischen Literatur spielte allerdings durch seinen kreativen Eigensinn und seine enorme Produktivität in einer ganz eigenen Liga.

* * *

August Strindbergs Romanerstling *Röda rummet* (Das rote Zimmer) schlug 1879 wie eine Bombe ein. Der Roman war eine satirische Abrechnung mit der lethargischen, bürokratischen und engstirnigen schwedischen Gesellschaft. Strindberg wurde einer der größten Namen des Albert Bonniers Förlag, die erste Auflage von *Das rote Zimmer* erschien jedoch nicht bei Bonnier, sondern bei Bonniers Konkurrenten Joseph Seligmann. Seligmann verlegte Carl Snoilsky, einen gefeierten Grafen, Diplomaten und Poeten, der noch dazu Mitglied der Schwedischen Akademie war.

Das rote Zimmer enthält eine bekannte, vielleicht sollte man eher sagen: berüchtigte, antisemitische Karikatur eines Verlegers namens Moses Smith, der trotz seines jovialen Habitus unsympathisch und herablassend wirkt. Auch Joseph Seligmann war Jude, und Strindberg bezeichnete ihn hin und wieder als »Judendieb«. Bei dem Smith des Romans kann es sich trotzdem nur um Albert Bonnier handeln, was diesem sicher nicht entging. An seinen Sohn Karl Otto, der seine Enttäuschung darüber geäußert hatte, dass Strindberg einen anderen Verlag gewählt hatte, schrieb er: »Lies bitte das Kapitel ›Beim Verleger‹, und Du verstehst, warum er nicht zu mir gekommen ist.«

Das rote Zimmer enthält Details, die auf Albert hinweisen, unter anderem wird eine Zeitschrift mit dem Titel »Unser Land« erwähnt, bei der man sich unweigerlich an Albert Bonniers literarischen Almanach *Svea* erinnert fühlt.

Arvid Falk, Strindbergs Alter Ego, sucht Smith in der Hoffnung auf, dass dieser sein Manuskript annehmen möge:

»Weil er wusste, wie groß Smiths Macht war, überkam den jungen Schriftsteller beim Hinaufsteigen der dunklen Treppe am Storkyrkobrinken eine gewisse Beklommenheit. Er wartete lange und gab sich dabei den quälendsten Überlegungen hin, bis die Tür geöffnet wird und ein junger Mann mit Verzweiflung im Blick und Papieren unterm Arm herausstürzt. Zitternd betrat Falk das innerste Gemach, in dem der Gefürchtete Hof hielt. Ruhig und mild wie ein Gott saß er auf einem niedrigen Sofa, nickte freundlich mit seinem graubärtigen von einer blauen Mütze gekrönten Kopf und rauchte friedlich seine Pfeife. Nichts deutete darauf hin, dass er gerade die Hoffnungen eines Menschen zerstört oder einen Unglücklichen von sich gestoßen hatte.«

Das für Albert nicht sonderlich schmeichelhafte Bild Smiths in *Das rote Zimmer* beleuchtet das ebenso komplizierte wie symbiotische Verhältnis Strindbergs zu den Bonniers:

Persönlich hatte Albert Bonnier für August Strindberg nicht viel übrig. Vieles an Strindbergs neuer Literatur war ihm fremd, aber er erkannte trotzdem, dass Strindberg außergewöhnlich begabt und ein vielversprechender Autor war. Mit seiner provozierenden Art – und seinem Antisemitismus – musste er sich eben abfinden.

* * *

Durch seine Frau und seinen Sohn kam Albert mit den neuen literarischen Trends aus Europa in Kontakt. Gegen

Ende der 1870er-Jahre lasen Betty und Karl Otto, während sie sich Karl Ottos Gesundheit wegen in San Remo aufhielten, Flauberts *Madame Bovary* und Zolas *L'Assommoir* und forderten Albert auf, diese beiden Bücher übersetzen zu lassen und zu veröffentlichen. Er befolgte ihren Rat, allerdings nur in Bezug auf Zola, und publizierte *L'Assommoir* (deutsch: »Der Totschläger«) unter dem schwedischen Titel »Die Falle«. Was Flaubert betraf, wartete er noch einige Jahre ab.

Karl Otto interessierte sich besonders für moderne Literatur. Albert, der das letzte Wort hatte, zog hingegen traditionellere Erzähler vor, in der schwedischsprachigen Literatur beispielsweise Viktor Rydberg und Zacharias Topelius. Viele Autorinnen und Autoren des »Jungen Schweden« wandten sich daher an andere Verlage, die rascher auf Neuerungen reagierten. In seinen Familien- und Verlagserinnerungen zählte Karl Otto sie auf: Leffler, af Geijerstam, Levertin und einige mehr. Mit Georg Nordensvan und August Bondeson kehrten in dieser Zeit außerdem zwei Autoren dem Bonnier'schen Verlag den Rücken.

Karl Otto machte aus seiner Enttäuschung keinen Hehl:

»Ich hatte an die Aufgabe geglaubt, ja, regelrecht auf sie gehofft, ein Hüter und Verleger der jungen schwedischen Literatur zu werden – und jetzt begann diese auch überall zu sprießen, nur nicht bei Albert Bonnier. Aber ich war noch zu jung und zu unsicher, um ernsthaft und noch dazu gegen den Willen meines Vaters Kontakte zu Gleichaltrigen anzustreben.«

Trotz seines konservativen Literaturgeschmacks verstand es Albert Bonnier in diesen Jahren, eine gute Verlegerbeziehung zu dem 1849 geborenen und aus einer wohlhabenden Familie – der Vater war Dampfschiffskommissionär – stammenden August Strindberg aufzubauen. Die schlichte Her-

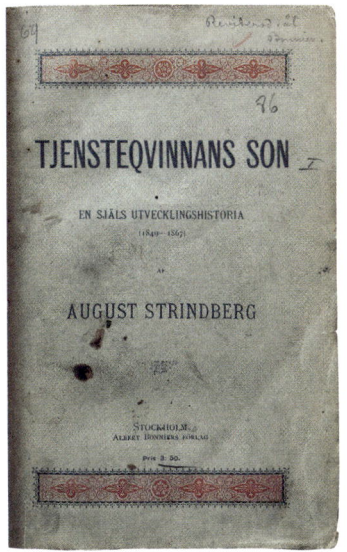

Die Original-Cover: *Der Sohn der Magd* und das von Carl Larsson illustrierte Cover von *Die Inselbauern*.

kunft, die Strindberg später vor allem in seinem autobiografischen Roman *Tjänstekvinnans son* (»Der Sohn der Magd«) für sich in Anspruch nahm, hatte wenig mit der Wirklichkeit zu tun.

Sein Studium in Uppsala schloss er nicht ab und führte anschließend als Skribent und Journalist ein unsicheres Leben. Gelegentlich schrieb er u. a. für *Dagens Nyheter*. Im Jahr 1874 wurde er zum außerordentlichen Amanuensis der Königlichen Bibliothek ernannt, wodurch sich seine Lebensumstände ein wenig festigten.

Von Adolfs Sohn Isidor hatte Albert von Strindberg erfahren. Isidor war seinem ehemaligen Mitschüler 1871 dabei behilflich gewesen, *Hermione*, eines der frühesten Dramen Strindbergs, zu verlegen. Außerdem dürfte Albert aber auch von seinem guten Freund, dem jüdischen Arzt Axel Lamm, von Strindberg gehört haben. Dieser nahm den jungen, etwas verlorenen Studenten Ende der 1860er-Jahre unter seine Fittiche. Strindberg wohnte bei den Lamms und half dafür den Söhnen der Familie bei den Hausaufgaben.

Bei den Lamms, in einem einsamen Zimmer in der Trädgårdsgatan, entdeckte der überaus belesene zwanzigjährige Strindberg sein eigenes literarisches Talent. Paradoxerweise ließ er sich von Zacharias Topelius' *Die Erzählungen eines Feldschers* inspirieren, einem Buch, das beinahe die Antithese seiner späteren eigenen Werke darstellt.

Eine weitere Verbindung zwischen Albert und Strindberg kam über Frans Hedberg, Alberts bestem Freund, zustande, der nicht nur Schriftsteller, sondern auch Schauspieler und Chef der Schauspielschule des Königlichen Theaters war, in dem Strindberg gelegentlich als Statist auftrat. Das Verhältnis zwischen Strindberg und Hedberg war jedoch schwierig, da Strindberg diesem die Mitschuld daran gab, dass das Königliche Theater sein Drama *Mäster Olof* (»Meister Olof«) nicht aufführen wollte.

Jedenfalls versuchte Albert hin und wieder, Strindberg zu unterstützen, indem er bei ihm eine Übersetzung oder einen Artikel für seinen Almanach *Svea* in Auftrag gab. So übersetzte Strindberg im Sommer 1872 u. a. »Baa, Baa, Black Sheep« aus dem Englischen und schrieb gleichzeitig das erwähnte Reformationsdrama *Mäster Olof* während eines seiner ersten Sommeraufenthalte auf Kymmendö, der idyllischen Insel in den Schären, die ihn später zu seinem bekannten Werk *Hemsöborna* (»Die Inselbauern«) inspirierte.

»Baa, Baa, Black Sheep« erlangte seinen schwedischen Durchbruch aber erst zwanzig Jahre später durch die Version der Kinderbuchautorin Alice Tegnér, die das schwarze Schaf in ihrer Übersetzung in ein weißes Lamm verwandelte.

An einem Oktobertag 1877 erschien August Strindberg

mit einem Manuskript in Albert Bonniers Büro. Es handelte sich um einige Erzählungen aus seiner Studentenzeit in Uppsala mit dem Titel *Från Fjärdingen och Svartbäcken* (Aus Fjärdingen und Svartbäcken). Albert zeigte sie seinen Töchtern Jenny und Eva und schrieb anschließend an Betty und Karl Otto in San Remo, dass er gerade ein paar Skizzen von Strindberg erhalten habe: »Keine vollendeten Meisterwerke, aber es sind trotzdem gute Stücke dabei. Die Mädchen finden sie recht gut, ich nehme sie also vielleicht.«

Das Buch erregte keine größere Aufmerksamkeit, leitete aber eine phasenweise stürmische Verbindung ein, die sowohl den Albert Bonniers Förlag als auch August Strindbergs schriftstellerisches Wirken definierte. Oder wie es Strindberg in einem Brief an seine erste Frau Siri von Essen ausdrückte:

»Mein Feuer ist das größte in Schweden.«

* * *

Nach dieser ersten Veröffentlichung herrschte zwischen Albert Bonnier und August Strindberg mit Ausnahme eines kleineren kulturhistorischen Aufsatzes und der Erzählung *Solrök* (Sonnenrauch) für den Almanach *Svea* im Jahr 1881 erst einmal Flaute. Das für Albert Bonnier am meisten einschneidende Ereignis der frühen 1880er-Jahre war der Tod seines Bruders Felix. Felix hatte schon des Längeren an Sehstörungen gelitten, was vermutlich an einem Tumor lag. Er starb am 1. Mai 1881.

Felix' Tod erschütterte Albert jedoch nicht so sehr wie der seines älteren Bruders Adolf. Mit den Jahren war der Kontakt zwischen Albert und Felix immer sporadischer geworden. Ein Hinweis darauf war der Umstand, dass Felix ungefähr ein halbes Jahr zuvor mit Bedauern feststellte, dass er den sechzigsten Geburtstag seines Bruders vergessen habe. Aber Felix' Tod muss eine gewisse existenzielle Bedeutung für den sonst eher unsentimentalen Albert gehabt haben: Von den drei Brüdern – oder vier, wenn man den armen Sally mitzählte –, die Dänemark verlassen und ihr Glück in Schweden gesucht hatten, war er als einziger übrig.

Felix' Sohn Knut führte die Geschäfte seines Vaters in

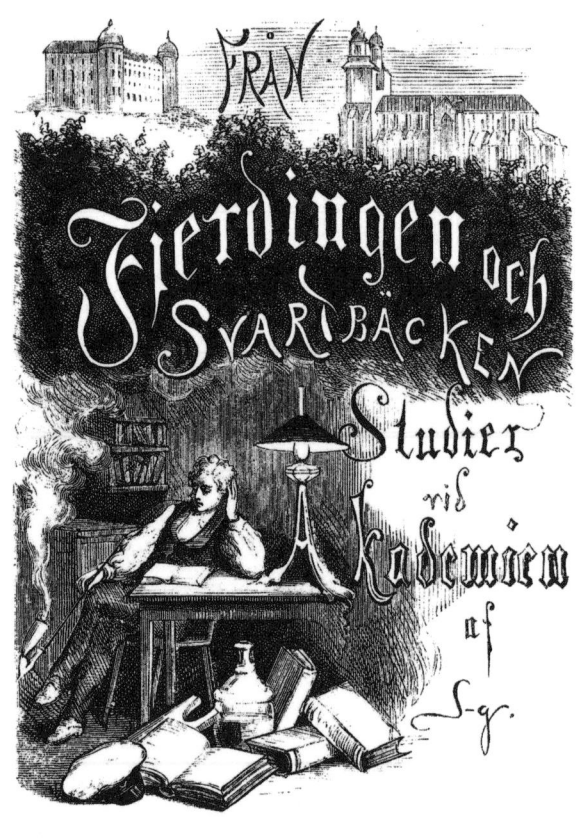

STOCKHOLM.
ALBERT BONNIERS FÖRLAG.

Das Schloss und der Dom in Uppsala auf dem Umschlag von *Aus Fjärdingen und Svartbäcken*.

Göteborg noch einige Zeit weiter, verkaufte den Verlag aber im Jahr 1893 an seinen Onkel Albert. Außer Knut hatten Felix und seine Frau Charlotte noch fünf Töchter, Elise, Hilda, Anna, Helene und Alida. Hilda und Anna starben jedoch bereits im Kindesalter.

Ein gutes halbes Jahr nach Felix' Tod, an Neujahr 1882, ließ Strindberg den Kontakt zu Albert wieder aufleben, um ihm ein Projekt vorzuschlagen, das er in Zusammenarbeit mit Knut Wicksell, später einer der führenden Volkswirtschaftler Schwedens, plante:

»Knut Wicksell und ich fühlen uns dazu berufen, eine absolut radikale Zeitschrift in neuester Couleur herauszugeben, die sich von den anderen dadurch unterscheidet, dass sie auch gelesen werden soll.«

Für diese Zeitschrift brauchte Strindberg einen Verleger und wandte sich deswegen an Albert Bonnier, da dieser »einmal einer Bewegung wie unserer« angehört hatte, ein unverfrorener Hinweis auf Alberts früheres Engagement in rabulistischen Kreisen.

Albert war nicht abgeneigt. »Das klingt gar nicht übel«, schrieb er an Karl Otto, der sich gerade auf Hochzeitsreise u. a. nach Neapel und Capri befand. Ein paar Tage später trafen sich Albert und Strindberg. Die Besprechung zog sich in die Länge, vermutlich weil der enthusiastische Strindberg lange Reden hielt. Der etwas ermattete Albert berichtete anschließend an Karl Otto: »Das Erste, was mir diese neue Zeitschrift eingebracht hat, war, dass ich erst um halb fünf statt um halb vier zu Hause war und dafür einen wohlverdienten Rüffel erhielt.«

Das Gespräch ergab, dass für die Zeitschrift jüngere Mitarbeiterinnen und Mitarbeiter vorgesehen waren, von denen später einige von sich reden machten, u. a. die Brüder Pehr und Karl Staaff, der eine Publizist, der andere zu Anfang des 20. Jahrhunderts liberaler Ministerpräsident, die progressive Pädagogin Anna Whitlock sowie Hjalmar Branting, späterer sozialdemokratischer Parteivorsitzender und Ministerpräsident, der wie Wicksell und die Brüder Staaff einer von Strindbergs Freunden aus den radikalen Cliquen in Uppsala und Stockholm war.

Zwischen Strindberg, Pehr Staaff und dem etwas jüngeren Branting bestand eine besondere Verbindung. Sie nannten sich Nihilisten, eine Bezeichnung, die man damals mit dem Kampf gegen die Zardespotie in Russland verband. Alle denkbaren Mittel wurden im Kampf gegen ein autoritäres System akzeptiert, eine Sichtweise, die auch in Fjodor Dostojewskis *Brüder Karamasow* zu erkennen ist: »Wenn Gott nicht existiert, ist alles erlaubt.« Folglich hießen die Nihilisten das Attentat auf Alexander II. im Jahr 1881 willkommen. Staaff und Branting tauften ihr gemeinsames Segelboot *Peroffska* nach der russischen Revolutionärin Sofja Perowskaja, die wegen ihrer Beteiligung an dem Attentat hingerichtet worden war. Strindberg, der im Frühsommer 1883 seine beiden Freunde ungeduldig auf Kymmendö erwartete, schrieb an Staaff: »Ist Peroffska noch nicht im Wasser?«

Branting stammte aus einer vermögenden Familie und hatte offenbar versprochen, das Zeitschriftenprojekt finanziell zu unterstützen, was Albert seinem Sohn Karl Otto berichtete:

»S-g sagt, dass Branting Geld zu dem Unternehmen beisteuern will – aber, fügte er etwas naiv hinzu – ›der Kerl tut mir ein wenig leid‹ – und deswegen wendet er sich an mich, weil ich nicht zu bemitleiden sei. – Ich habe noch nichts versprochen – denn sie wollen 1 à 2 Hefte schon vor dem Sommer herausgeben – und das ist fast unmöglich, ohne anderes zu vernachlässigen.«

Aus der von August Strindberg angeregten radikalen Zeitschrift wurde allerdings nichts bei Bonniers. Hingegen veröffentlichte Strindberg im Laufe dieses Jahres ein Buch, jedoch nicht im Albert Bonniers Förlag.

Im Herbst 1882 erschien *Det nya riket* (Das neue Reich), eine beißend-satirische Schilderung Schwedens nach der Repräsentationsreform. Verleger der Erstausgabe war Claes Looström, der im Übrigen einer der Käufer von Bonniers Buchhandlung im Norrbrobasaren gewesen war. Später war dieses Buch einer der ständig im Albert Bonniers Förlag lieferbaren Strindberg-Titel.

Der vermutlich meistzitierte Absatz aus *Das neue Reich*, einer meisterhaften Illustration von politischem Zynismus und Eigennutz, ist Strindbergs Schilderung der entscheidenden Debatte im Ritterhaus, der Kammer des Adels im Ständereichstag, die dem Beschluss über die Repräsentationsreform im Jahr 1865 vorausgegangen war. Ein Redner nach dem anderen »bekannte sich brüllend wie ein Elch während der Brunst zu seiner leidenschaftlichen Liebe zum Vaterland«:

»Wer all das hörte, konnte sich wahrhaftig die unbeantwortete Frage stellen: Glauben sie, was sie sagen? Oder sind sie besessen? Vermutlich waren sie wie besessen, denn das sind Menschen, wenn die heiligsten Interessen auf dem Spiel stehen: nämlich ihre eigenen.«

Allerdings war es ein anderer Aspekt des Werkes *Das neue Reich*, der zu gewissen Reibereien führte und dazu, dass Albert die Kontakte zu Strindberg weitgehend seinem toleranteren Sohn und Erben überließ. Nach seiner Genesung übernahm Karl Otto Bonnier eine aktivere Rolle im Verlag und wurde 1886 an seinem dreißigsten Geburtstag Teilhaber.

Das Unbehagen, das Albert über das Porträt des Verlegers

in *Das rote Zimmer* empfunden hatte, wurde vermutlich nicht geringer, als er das Kapitel »Moses« in *Das neue Reich* las.

In höhnischen und ironischen Wendungen, in unangreifbarem gespielt-respektvollem Ton griff Strindberg die Assimilierungsbestrebungen an, die Albert und seine Brüder seit ihrer Ankunft in Schweden geprägt hatten:

»Kein Volksschlag der alten Welt bedenkt die schwedische Nation mit einem solchen aufrichtigen und andauernden Wohlwollen, man könnte wohl auch von Liebe sprechen, wie die Juden, oder Moses, wie sie sich mit ihrem normalen Humor gerne selbst nennen. ›Ich mag diese Schweden so firchterlich‹, sagte einmal ein Haarschneider, nachdem er Prügel von dem Verlobten des Mädchens bezogen hatte, dessen Zöpfe er abgeschnitten hatte. – ›Dieser Mann gibt mir Priegel, weil ich das Haar dieses Mädchen behalten habe; aber ich mag die Schweden trotzdem.‹ Einen schöneren Beweis von Moses' unerschütterlicher Hingabe werden wir kaum finden [...] Die Liebe zur neuen Heimat findet ihren schönsten Ausdruck in der Liebe zum Königshaus und in der Verehrung der alten Familien, Gesetze und Institutionen des Landes.«

Albert Bonnier wird nicht namentlich genannt, kommt aber indirekt vor. Strindberg schrieb: »Kein Schwede hat sich so der schwedischen Literatur verschrieben wie Moses.« Dann zählt er diverse Publikationen auf, einschließlich *Svea*, den literarischen Almanach Alberts.

Der Schluss erinnert unangenehm an Blut und Boden, obwohl Strindberg von dem Grauen, das das 20. Jahrhundert mit sich bringen würde, natürlich nichts wissen konnte.

»Moses sollte nett zu den bescheidenen Ureinwohnern sein, denn sie waren nett zu ihm, als er arm und mauschelnd eintraf und sie es ihm erlaubten, die Sense auf den Äckern zu schwingen, die sie urbar gemacht und eingesät hatten.«

* * *

Das Kapitel »Moses« in *Das neue Reich* war keinem plötzlichen Einfall geschuldet. Ab 1881 gab Hofbuchhändler Fritze Strindbergs Kulturgeschichte *Svenska folket* (Das schwedische Volk) in Heften heraus. Sie enthielt den Aufsatz »Die Juden«, dessen Charakterisierung der Juden an die in *Das neue Reich* erinnerte: »Ein sittenloses Volk, das eine tausendjährige Kulturlandschaft geschenkt haben will.«

August Strindberg war kurzum ein ausgesprochener Antisemit.

Darauf reagierten die jüdischen Kritiker und Literaten natürlich, u. a. Edvard Brandes, der zeitweise den Kontakt zu Strindberg abbrach, sowie Karl Warburg, der sich gegen Strindbergs »Vaterlandsliebe« aussprach:

»Ihm ist der Zuzug von Ausländern nach Schweden, die Kultur, die sie mitgebracht haben, und der Beitrag, den sie zur gesellschaftlichen Entwicklung, zur Bildung und zur Literatur geleistet haben, verhasst. Auch wenn ihre Familien hier ein Jahrhundert lang gewohnt haben, bleiben sie für ihn immer noch Ausländer.«

Strindberg war in seinen Urteilen außerordentlich unbeständig. Er begeisterte sich erst für den Nihilismus, dann den Sozialismus und anschließend für den Okkultismus. Seine grundlegende Einstellung war radikal und in gewisser Hinsicht subversiv, allerdings stets in Kombination mit vorurteilsvollen und reaktionären Ideen. Das war seinen Ansichten über Frauen und die Emanzipation anzumerken wie auch dem oft übersehenen Umstand, dass er die biblische Schöpfungsgeschichte der Darwin'schen Evolutionstheorie vorzog. Solche Paradoxe und Unklarheiten wies zumindest oberflächlich auch Strindbergs Antisemitismus auf.

Im Dezember 1884, zwei Jahre nach Erscheinen von *Das neue Reich*, versuchte Strindberg seine Ansichten über die Juden in der Zeitschrift *Tiden* zu modifizieren. In einem Artikel mit dem Titel »Mein Judenhass« bekannte er »eine Schuld« an dem auf die Juden gerichteten Unwillen und beschrieb sie, scheinbar reumütig, als »ein intelligentes, vielleicht Europas intelligentestes Volk«.

Strindberg leugnete, den Rassenhass geschürt zu haben, und versuchte stattdessen, seinen Antisemitismus als Klassenkampf hinzustellen. Einige Juden bildeten seiner Auffassung nach eine Art selbst ernannte Oberschicht. Im nächsten Augenblick verfiel er dann jedoch wieder in traditionell antisemitische Vorstellungen, beispielsweise die, dass die Juden selbst die Schuld an ihrem eigenen Unglück trügen. Im Januar 1885 schrieb er an Pehr Staaff:

»Entourage des aristokratischen Satan! Aber hasse sie als Reaktionäre, nicht als Juden! Aber haut man ihnen eine runter, dann verfolgt man *natürlich* die Juden. Mit dieser Taktik sind sie weit gekommen.«

Strindberg vermied es, Albert Bonnier direkt mit antisemitischen Angriffen zu konfrontieren, aber in seinem übrigen Briefwechsel tauchen solche Attacken immer wieder auf. Als Albert beschlossen hatte, Strindberg von Claes Looström loszukaufen, schrieb Strindberg von Kymmendö am 23. August 1883 an Looström:

»Es scheint Dir nicht zu wichtig zu sein, mich zu behalten, da Du nicht jammerst. Das ist ganz richtig! Mal sehen, wie lange Moses und ich miteinander auskommen! Eine überzeugendere Illustration der Allmacht der Juden kenne ich nicht, und trotzdem werfe ich mich in Abrahams Schoß, um mein Leben und meine Zukunft zu retten!«

Der Ton in den Briefen an »Herrn Albert Bonnier« war ein ganz anderer. Die Ursache dafür war pekuniärer Natur. Einige Monate später, als er sich in Paris aufhielt, schrieb Strindberg an Albert:

»Ich kenne den Status unserer Geschäfte nicht, nehme aber an, dass ich noch ein Guthaben besitze, sofern die Amortisation bis zur zweiten Hälfte des Sonnenjahres verschoben wird. Bis dahin dürfte sich meine Stellung ein wenig verbessert haben, denn die Planung und die eigentliche Reise haben ein schreckliches Loch in meiner Kasse hinterlassen. Ich bitte Sie daher, Herr Bonnier, mir netterweise *umgehend* 500 Frcs. zu schicken.«

Und einige Monate später:

»Darf ich Sie, Herr Bonnier, bitten, bei Jahreswechsel ein paar meiner Schuldner zum Schweigen zu bringen, dafür wäre ich dankbar. Denn französisches Geld hierher zu schicken, um es dann nach Schweden zurückzuschicken, das wäre ein Umweg, der sich durch den freundlichen Beistand eines Ihrer liebenswürdigen Gehilfen vermeiden ließe.«

In diesen frühen Jahren seiner Beziehung zu dem jüdischen Verleger Albert Bonnier wird sehr deutlich, dass sich Strindberg in seinen privaten Kontakten zu seinem Antisemitismus bekannte, nur um dann am nächsten Tag Bonnier unter höflichen Verbeugungen um finanziellen Beistand zu bitten.

Man könnte im Nachhinein zwar versuchen, Strindbergs Antisemitismus mit dem damaligen Zeitgeist, in dem Vorurteile gegen Juden und das Jüdische grassierten, zu erklären oder geradezu zu entschuldigen, aber Strindberg ging weiter. Die Autorin und Kulturjournalistin Nina Solomin hat das in ihrer Studie »Strindbergs judefientlighet fram till 1882« (Strindbergs Judenfeindlichkeit bis 1882) folgendermaßen zusammengefasst:

»War diese Haltung zu Strindbergs Zeit verbreitet und etabliert? Nein, es hat den Anschein, als wäre Strindbergs Judenhass selbst für seine Zeit außergewöhnlich gewesen.«

* * *

Hauptsächlich ist August Strindberg als überaus produktiver Dramatiker und Romanautor bekannt, aber es war seine, in seinem Werk nur wenig Raum einnehmende Lyrik, die ihm die Tür zu Bonniers öffnete.

Im Frühsommer 1883, als Albert und Betty auf Reisen waren, hielt Karl Otto die Stellung im Büro des Verlags. Eines Tages blätterte er in der Kulturzeitschrift *Ur dagens krönika* (Aus der Chronik des Tages), die der Autor und Publizist Arvid Ahnfeldt einige Jahre zuvor gegründet hatte, einem wichtigen Organ des »Jungen Schweden«. Karl Otto fielen ein paar Gedichte Strindbergs ins Auge. Sofort schrieb er an Albert, weil er es weder Looström noch Fritze gönnte, diese Gedichte herauszugeben. Wenn man Strindberg ein »richtig schönes Honorar« anböte, ließe er sich vielleicht überreden, den Verlag Bonniers zu wählen. Albert antwortete zustimmend, aber mit einer gewissen Zurückhaltung, weise aus früheren Erlebnissen: »Man müsste in Erfahrung bringen, ob man in dem Buch nicht selbst zu sehr zur Zielscheibe wird.«

Nachdem Albert ein Exemplar der Zeitschrift erhalten hatte, gab er seine Zustimmung, dass sich Karl Otto in dieser Angelegenheit mit Strindberg in Verbindung setzen solle, obwohl sich die Gedichte nicht so gut verkaufen würden wie *Das neue Reich*, »denn Schelte in Prosa ist einfacher zu verstehen«.

Da hatte Karl Otto die Sache bereits in eigene Hände genommen, an Strindberg auf Kymmendö geschrieben und ihn gebeten, Bonniers als Verlag in Betracht zu ziehen. Diese Initiative lässt erkennen, dass sich Karl Otto immer sicherer in seiner Rolle als Vertreter des Verlags fühlte, aber wer die endgültige Entscheidung fällte, geht aus den abschließenden Zeilen hervor:

»Mit größter Hochachtung Albert Bonnier durch Karl Otto Bonnier.

PS: Mein Vater befindet sich auf Reisen im Ausland, und daher erfolgt diese Anfrage durch mich.«

Strindberg antwortete, er freue sich über ein Angebot, das er postwendend erhielt: 4000 Kronen für eine Auflage von 5000 Exemplaren oder 4500 für 6000. Als Strindberg nicht reagierte, fuhr Karl Otto nach Kymmendö, wo er freundlich empfangen wurde. Strindberg erklärte, dass er die Gedichte erst noch Looström anbieten müsse, aber wenn sie sich nicht einigen könnten, würde Bonniers den Zuschlag erhalten. Zwei Wochen später, am 8. August, präzisierte Strindberg seine Forderung in einem Brief an Karl Otto:

»Mehrere Verleger gleichzeitig zu haben, macht keine Freude. Was sich ein Autor von einem Verleger wünscht, ist Kapital und keine Zensur. Looström ist ein sehr netter und umgänglicher Mann, hat aber kein Kapital. Wenn Sie mich von Looström loskaufen, bei dem ich mit etwa 7000 Kronen in der Kreide stehe, können Sie mein Verleger auf Lebenszeit werden.«

Der Betrag sollte innerhalb von sechs Jahren abbezahlt werden. Strindberg teilte auch mit, dass er einen Band Prosa plane, »Qvinnobilder« (Frauenbilder), und bot Bonniers an, seine gesammelten Schriften herauszugeben. Dann fügte er anlässlich seiner wechselnden Verlagskontakte hinzu: »Ich bin gar nicht so ein Quertreiber [...] Abwechslung hatte ich jetzt genug.«

Nach einem weiteren Besuch Karl Ottos auf Kymmendö und nach Alberts Rückkehr wurde ein Vertragsentwurf aufgesetzt. Schließlich war Strindberg einverstanden, nachdem Albert in Bezug auf Format und Honorar nachgegeben hatte:

»Im Übrigen bin ich weder stur noch uneinsichtig, und da mein Sohn Karl Otto – der gemäß natürlicher Ordnung recht bald alleiniger Inhaber der Firma sein wird – es wünscht und Sie beide diesen Vertrag gemeinsam geplant haben, so soll eine kleinere Divergenz wie die vorliegende nicht zu einem Bruch führen.«

Karl Otto war also die treibende Kraft und sorgte dafür, dass der Verlag seine Beziehung zu August Strindberg intensivierte. Albert hingegen war skeptisch. »Mein Vater mochte den Menschen Strindberg nicht – eher im Gegenteil«, erinnerte sich Karl Otto, merkte über Albert aber dann noch an: »Er konnte mir nichts abschlagen.« Für Karl Otto stellte Strindberg, den er grenzenlos bewunderte, die ersehnte Öffnung den jüngeren Autoren gegenüber dar, die der Verlag bislang kaum hatte anziehen können.

Das Ergebnis waren *Dikter i vers och prosa* (Gedichte in Versen und Prosa), auf die *Sömngångarnätter på vakna dagar* (»Schlafwandlernächte an wachenden Tagen«) folgten.

Karl Otto Bonniers Begeisterung für Strindbergs Gedichte, die er »um jeden Preis« verlegen wollte, ist leicht zu verste-

Das von Carl Larsson gestaltete Cover von »Schlafwandlernächte
an wachenden Tagen«.

hen. Die direkte, klare Diktion blies wie ein frischer Wind durch die weitgehend recht verstaubte schwedische Lyrik jener Zeit. Hier finden sich Zeilen, die klassisch geworden sind, beispielsweise der mächtige Zorn in »Lokes Schmähungen«:

»Götter der Zeit, die ich geschmäht,
euch will ich schmähen noch einmal!
Götter der Zeit, denen ich gelästert,
will ich lästern in einem Lied.

Ihr habt die Macht, ich habe das Wort,
ich habe das Wort in meiner Macht;
dreizehn seid ihr bei Tisch;
das bedeutet, hat man gesagt,
Tod, Unglück, schlechte Zeit:
Götter, nehmt euch in Acht,
denn so wie die Zeiten sind:
Götter, seid auf der Hut!«

Der Inhalt von »Lokes Schmähungen« sprach auch Albert Bonnier »ganz verteufelt« an, obwohl er sich eines von Galgenhumor geprägten Kommentars an Karl Otto nicht enthalten konnte. Ob der Titel nicht »Die Juden der Zeit« hätte lauten müssen?

Zu den viel zitierten Gedichten gehört auch »Das Esplanadensystem«:

»Ha! Sitte der Zeit: Häuser abreißen!
Aber aufbauen? – Das ist schrecklich!«
»Hier reißt man ab für Luft und Licht;
Reicht das etwa nicht?«

Seine Zeitgenossen wussten Strindbergs Gedichte jedoch nicht zu schätzen, als diese im November 1883 erschienen. Sie wurden in mehreren großen Zeitungen verrissen, und der Absatz lief schleppend. *Aftonbladet* warnte vor »ungesunder Lektüre«, die drohe, »den Geist der Jungen zu beflecken«. Dazu trug vermutlich bei, dass sich Strindberg mit dem wichtigsten literarischen Machthaber der Epoche, dem ebenso reaktionären wie intriganten Carl David af Wirsén, anlegte, dem sich ständig wichtig nehmenden Hofdichter Oskars II., Mitglied der Schwedischen Akademie und ab 1884 auch ihr Ständiger Sekretär.

Nicht nur Strindberg, auch Albert und der Verlag wurden angegriffen, unter anderem mit der Andeutung, Albert habe Strindberg bestochen, damit er dieses Mal nicht über die Juden herziehe.

Strindberg, der die Reaktionen auf sein Buch geahnt hatte, war nach Frankreich gereist und schrieb an Herrn Bonnier: »Bitte lassen Sie mich, was Tadel und Schelte angeht, in vollständiger Unkenntnis.«

Der Folgeband *Schlafwandlernächte* wurde Anfang 1884 bedeutend besser aufgenommen, aber Alberts Skepsis hinsichtlich des Arrangements mit Strindberg hatte sich kaum verringert. Möglicherweise fürchtete Strindberg einen Bruch, da er Albert ein wenig provozierend daran erinnerte, warum er sich gerade für ihn als Verleger entschieden hatte: »Ich habe Sie gewählt, weil Sie am unerschrockensten waren.«

Ein Bruch wird Albert, der sich von Anfang an bewusst gewesen war, dass es sich um ein Hochrisikoprojekt handelte, kaum vorgeschwebt haben. Falls ihn der Sturm der Kritik, den *Gedichte* entfacht hatte, dazu veranlasst haben sollte, an Strindbergs Talent zu zweifeln, so wurde er von einem Autor gründlich zurechtgewiesen, den er sehr achtete, und zwar von Bjørnstjerne Bjørnson. Sie begegneten sich im Mai 1884 in Paris. Dort machten Albert, Betty und

Jenny auf dem Heimweg von Spanien Station, um Eva zu besuchen, die in der französischen Hauptstadt Kunst studierte. In einem langen Brief an Karl Otto berichtete Albert, was Bjørnson über Strindberg gesagt hatte:

»Ich halte ihn für sehr bedeutend, er ist nicht nur die Nummer 1 in Schweden – er ist überhaupt eure einzige Nummer – denn die anderen taugen doch nichts (offenbar vergaß er Rydberg).«

Karl Otto Bonnier wurde zum zentralen Verleger in Strindbergs schriftstellerischem Leben, aber mit *Gedichte* und dem dazugehörigen Vertrag begann auch ein Verhältnis, das Albert Bonnier so schweren Belastungen aussetzte, dass bei ihm gegen Ende der 1880er-Jahre sogar von einer gewissen Persönlichkeitsveränderung die Rede sein kann. Sein fröhlicher, offener Geist, der so oft trotz aller Geschäftstüchtigkeit aufgeblitzt war, wich immer mehr einer leicht ermüdeten Gereiztheit.

Als Strindberg am 19. August 1883 Claes Looström in einem Brief von seiner Absicht unterrichtete, zu Bonniers zu wechseln, nannte er als Grund ausgerechnet jenen Charakterzug, den Albert nur sehr schwer verwand:

»B. ist unerschrockener als Du und ist unvoreingenommener! So hatte er gar nichts gegen ein Anti-Semit-Poem einzuwenden.«

Es war dann allerdings kein erneuerter antisemitischer Ausbruch Strindbergs, der Albert Bonniers legendäre Loyalität auf eine harte Probe stellte, sondern der Band Erzählungen, dem Strindberg den Arbeitsnamen »Qvinnobilder« (Frauenbilder) gegeben hatte, der bei Erscheinen jedoch den Titel *Giftas* (»Heiraten«) und den Untertitel *Tolf Äktenskapshistorier*, *med interview och förord* (Zwölf Ehegeschichten mit Interview und Vorwort) erhielt, eine Abrechnung mit dem institutionalisierten Familienleben, in der sich radikale Gesellschaftskritik mit patriarchaler Denkungsart paarte. Strindberg warf der modernen »Kulturfrau« vor, mit ihrer Forderung nach Emanzipation die ideale Aufgabenteilung zwischen Mann und Frau der bäuerlichen Gesellschaft zu untergraben. Ganz besonders hatte es Strindberg auf Henrik Ibsens *Nora oder Ein Puppenheim* abgesehen. Etliche Leute, die entweder mit Strindberg befreundet waren oder mit ihm sympathisierten, von Georg Brandes bis hin zu Hjalmar Branting, kritisierten ihn, weil er in der Frauenfrage so reaktionär war.

Im selben Jahr brachte der Zeitungsmann Fredrik Teodor Borg, Delegierter der zweiten Kammer für Helsingborg, im Reichstag den ersten Antrag auf das Frauenwahlrecht ein.

* * *

Im Frühjahr 1884 hielt sich Strindberg in der Schweiz auf. Nach einer Pause in seiner belletristischen Produktion, während der er sich stattdessen einer Kultur- und Gesellschaftskritik widmete, die in zwei Heften unter dem Titel *Likt och olikt* (Gleich und Ungleich) erschien, sehnte er sich danach, »sich in das Gedicht zu hüllen«. Er beabsichtigte, wie er Albert und Karl Otto mitteilte, »das außergewöhnlichste Buch zu schreiben, das je geschrieben wurde«.

Dieses Buch war *Heiraten*, das Strindberg in rasendem Tempo verfasste.

Nach einem guten Monat waren die zwölf Erzählungen fertig und nach einer weiteren Woche auch das Vorwort. Das Buch sollte, erklärte Strindberg seinem Bruder Axel in einem Brief, »alles in Aufruhr versetzen«.

Seine Hoffnungen erfüllten sich. *Heiraten* war eine sehr bewusste und genau durchdachte Provokation der bornierten Gesellschaft zur Zeit Oskars II. und ihrer Doppelmoral.

Strindberg schickte Kopien des Manuskripts an Albert und Karl Otto. Albert, der sich gerade in Marienbad aufhielt, war alles andere als uneingeschränkt positiv:

»In diesen Stücken finden sich ja kräftige und prächtige Sachen – aber ich bedaure, dass er sich bei der Komposition in so kleine Geschichten verzettelt hat, statt einen größeren, zusammenhängenden Roman zu schreiben.«

Albert befürchtete einen »Aufschrei über Strindbergs Unanständigkeit« und forderte Karl Otto auf, die Sprache zurechtzustutzen: »Die Grobheiten müssen unbedingt getilgt werden.« Strindberg nahm einige kleinere Änderungen vor und entfernte Ausdrücke wie »Hure« und »Schlampe«, das meiste blieb jedoch stehen.

Dass das Buch Gegenstand einer Anzeige werden könnte, scheint sowohl Autor als auch Verlag bewusst gewesen zu sein. Albert und in gewissem Maße auch Karl Otto beunruhigten vor allem sogenannte unsittliche Passagen sexueller Natur, aber Strindberg scheint bereits in einem frühen Stadium einen anderen Absatz in *Heiraten* identifiziert zu haben, der zu einer Anklage führen konnte, und zwar gestützt auf einen antiquierten Straftatbestand, von dem im dritten Kapitel der Druckfreiheitsverordnung die Rede war: »Gotteslästerung oder Verspottung des Wortes Gottes oder der Sakramente«.

Am 13. September, knapp zwei Wochen vor Erscheinen, schrieb Strindberg an Albert:

»Glauben Sie, dass es wegen des Picardon eine Anklage geben wird?«

Albert, der dies bezweifelte, antwortete nicht einmal. Anklage wurde aber dennoch erhoben.

Heiraten wurde in einer ersten Auflage von 4000 Exemplaren gedruckt und ab dem 27. September verkauft. Das Interesse war gewaltig, und Strindberg selbst war unglaublich stolz auf ein Buch, das er als »das Schönste, Geistreichste und Schweinischste, das ich geschrieben habe«, bezeichnete.

Kaum eine Woche später, am 3. Oktober, verfügte der Justizminister Nils Vult von Steyern die Beschlagnahmung des Titels. Einige Tage später wurde Anklage wegen »Gotteslästerung« erhoben, eine Straftat, die einen Autor zwei Jahre hinter Gitter bringen konnte.

Der Passus, der zu der Anklage geführt hatte, steht in der ersten Erzählung von *Heiraten*, in »Lohn der Tugend«, einer lustig und hervorragend formulierten Verspottung des Abendmahls bei der Konfirmation:

»Dann wurde er im Frühjahr konfirmiert. Der aufwühlende Auftritt, bei dem die Oberklasse der Unterklasse auf den Leib und das Wort Christi den Eid abnimmt, dass Letztere sich später nie damit befassen sollte, was Erstere tat, machte ihm lange zu schaffen. Den unverschämten Betrug, der mit Högstedts Picardon à 65 Öre die Kanne und Lettströms Maisoblaten à 1 Krone das Pfund begangen wurde, die der Pfarrer als das Fleisch und Blut des vor über 1800 Jahren hingerichteten Volksaufwieglers Jesus von Nazareth ausgab, reflektierte er nicht, denn man reflektierte damals nicht, sondern man geriet in ›Stimmungen‹.«

Unter der ironischen Oberfläche vibrierte ein für Albert Bonnier besonders heikler Aspekt. Darauf wies in seiner Strindberg-Biografie auch schon Olof Lagercrantz hin, der Alberts Verhalten in dieser Sache ansonsten mit kühler Distanz beurteilte: Was man für einen Angriff auf Jesus halten konnte, ließ sich dem jüdischen Verleger des Buches in die Schuhe schieben, und zwar aufgrund der uralten Vorstellung, dass die Juden die Mörder Jesu waren.

Als der Stadtvogt mit seinen Gehilfen am Nachmittag des

3. Oktober im Verlag vorstellig wurde, fanden sie dort nur noch 320 Exemplare des Buches vor. Bei den Stockholmer Buchhändlern lagen weitere 141. Die anderen Exemplare waren verkauft oder über das ganze Land verteilt worden. Die Anklage, die in der Presse für riesigen Wirbel sorgte, erhöhte den Wert des Buches ungemein. Privatleute nutzten die Gelegenheit, ihre Exemplare zu vermieten, und in den Buchhandlungen und Leihbüchereien drängten sich die Neugierigen.

Bereits am selben Tag, an dem die Polizei ihre Razzia im Verlag durchgeführt hatte, schrieb Albert an Strindberg in der Schweiz:

»Mit der Klage ist in den nächsten Tagen zu rechnen, natürlich gegen mich. – Das Schlimmste ist, dass ich selbst vollkommen außerstande bin, die Sache vor Gericht zu vertreten, und ebenso unglücklich ist, dass ich nicht – zumindest noch nicht – weiß, wen ich als Rechtsbeistand verpflichten soll.«

Alberts Briefe sind dem Umstand geschuldet, dass auch Buchdrucker wegen Verstößen gegen die Druckfreiheitsverordnung verurteilt werden konnten, wenn nicht der Autor durch eine Verpflichtungserklärung die Verantwortung übernahm. Aus diesen bezeugten und besiegelten Dokumenten hatten Name und Aufenthaltsort des Autors hervorzugehen. Albert musste nun dieses Dokument beschaffen, und der schwedische Generalkonsul in Genf musste es unterschreiben. Am nächsten Tag unterrichtete Albert Strindberg: »Ich gehe davon aus, dass Sie nach Hause kommen und sich der Anklage stellen.«

Albert war seine Nervosität noch nicht anzumerken. Er schien davon überzeugt zu sein, dass die Anklage unhaltbar, wenn nicht gar lächerlich war, und dass die Jury gezwungen sein würde, Strindberg freizusprechen. An Strindberg schrieb er: »Eine sofortige Anreise scheint jedoch nicht vonnöten zu sein. Zweifelsohne müsste eine Verpflichtungserklärung ausreichen, um mich von dem Prozess zu entbinden.«

Die Töne in der Presse wurden jedoch schriller, während alle darauf warteten, dass der Prozess am Stockholmer Amtsgericht am 21. Oktober beginnen würde.

Die liberale *Dagens Nyheter* verteidigte Strindberg als den »genialsten der jetzt lebenden Schriftsteller Schwedens« und meinte, der Justizminister hätte Schweden blamiert, während die konservative *Nya Dagliga Allehanda* beklagte, dass es der Polizei nicht gelungen sei, eine größere Anzahl Exemplare von *Heiraten* zu beschlagnahmen. Im Organ der Rechten, der *Smålandsposten*, wurde Strindberg als »Mistverbreiter« bezeichnet. Die amtliche *Posttidningen* beschuldigte Autor und Verlag, verhöhnt zu haben, »was jedem Menschen mit wahrhaft religiösem Sinn am teuersten und heiligsten ist«. Wieder zirkulierten Gerüchte, Albert Bonnier habe Strindberg bestochen, damit er sich seiner Verantwortung stelle. Albert bestritt diesen Vorwurf öffentlich und »unter eidlicher Verpflichtung«, was möglicherweise eine recht riskante Taktik war, da er Strindberg 1000 Franc angeboten hatte, um diesem die Heimreise aus der Schweiz zu erleichtern.

Die Kritik, die Albert am meisten berührte, kam von alten Freunden, die ihm jetzt den Rücken kehrten. Einige kündigten ihm die Bekanntschaft und gaben sogar Geschenke zurück, andere wünschten ihm, dass er lange auf Långholmen hinter Gittern sitzen möge.

Albert und Karl Otto erhielten außerdem anonyme Drohungen: »Prügel an einer dunklen Straßenecke ist vielleicht die einzige Sprache, die ihr versteht.«

Ein sehr bekannter Stockholmer Arzt suchte sie auf und erklärte sich im Namen einer Anzahl weiterer Personen bereit, im Falle eines Freispruchs die gesamte Auflage von *Heiraten* aufzukaufen – um sie zu verbrennen. Auf diese Art würde sich die Verbreitung dieses schrecklichen Buches verhindern lassen, und der Verlag würde trotzdem seinen Gewinn machen. Man wies ihm die Tür.

Nichts anderes war zu erwarten gewesen, aber Albert konnte sich damit trösten, dass seine Familie zu ihm stand. Aus Paris schrieb Eva an ihre große Schwester Jenny: »Ich wäre jetzt gerne in Stockholm, nur um mutig und frech zu sein.«

Albert beschlich allmählich die Sorge, dass dem Gericht eine Verpflichtungserklärung nicht genügen würde und dass sich Strindberg weigern könnte, nach Hause zurückzukehren. Die Nachrichten aus der Schweiz entzogen sich einer einfachen Deutung. In einer ersten Antwort an Albert nach der Beschlagnahmung schrieb Strindberg: »Komme selbstverständlich nach Hause, wenn Sie ins Gefängnis müssen. Sonst nicht.« Seine Ausrede war ein Krankheitsfall in der Familie.

Am Tag darauf, am 8. Oktober, hieß es: »Morgen schicke ich die Verpflichtungserklärung. Heute ist es schon zu spät für den Konsul. Wenn Sie vom Prozess befreit werden, kann ich auch andernorts angeklagt werden (was ich dem mir vorliegenden Gesetzbuch entnehme).«

Strindberg hatte anfänglich »keinerlei Absicht«, nach Hause zu reisen, stellte der Literaturwissenschaftler und Strindberg-Kenner Ulf Boëthius in seinem ausführlichen Kommentar zu *Heiraten* fest, der in der Nationalausgabe von Strindbergs Werken enthalten ist: »Es hatte den Anschein, als würde sich der Verleger Albert Bonnier vor Gericht verantworten müssen, falls sich Strindberg nicht einfand.«

Albert bat Hjalmar Branting und Pehr Staaff, Strindberg dazu aufzufordern, nach Hause zurückzukehren, was diese und Bjørnstjerne Bjørnson auch taten. Über Bjørnsons Aufforderung war Strindberg so erbost, dass er ihm die Bekanntschaft aufkündigte.

Der Ton in Alberts Briefen an Strindberg wurde immer flehender, besonders nachdem Albert ins Amtsgericht zitiert worden war, wo man ihn über Folgendes unterrichtet hatte: »Falls Strindberg nicht nach Hause kommt und sich nicht zum Prozess einfindet, wird Herr Bonnier festgenommen!« Eine Verpflichtungserklärung genügte nicht mehr. Strindberg musste sich persönlich einfinden. Am 9. Oktober schrieb Albert an Strindberg:

»Feilschen ist jetzt nicht mehr möglich, jetzt ist ein mutiger Entschluss nötig – und der macht Ihnen auch die größte Ehre. Zeit, um sich lange zu besinnen, ist nicht mehr vorhanden [...] Lassen Sie auf sich wirken, was die Ehre Ihnen gebietet. Fassen Sie sich ein Herz und reisen Sie.«

An diesem Abend berieten sich Albert und Karl Otto mit Bettys Cousin, dem Juristen und Polizeibeamten Semmy Rubenson, der die Einschätzung, die Albert bei seinem Besuch des Amtsgerichts so aus der Fassung gebracht hatte, teilte. Rubenson schlug vor, Karl Otto solle sich nach Genf begeben und Strindberg holen. Bereits am nächsten Tag trat Karl Otto die Reise an.

Dass Albert Bonnier große Angst vor dem Gefängnis hatte, ist der Erinnerung eines Bekannten, des Anatomen Gustaf Retzius, zu entnehmen, der bis heute wegen seiner rassenbiologischen Irrlehren verrufen ist. Einige Zeit lang war Retzius Chefredakteur des *Aftonbladet*, das ihm zusammen mit seiner Frau gehörte. In seinen *Biografiska anteckningar och minnen* (Biografische Aufzeichnungen und Erinnerungen) berichtete Retzius Folgendes:

»August Strindberg hielt sich so lang wie möglich fern, und den armen alten Albert Bonnier, den Verleger des Buches, hätte man beinahe wegen seiner ›Verantwortung‹ zur Rechenschaft gezogen. Eines Tages erschien er vollkommen verängstigt bei mir in der Redaktion. Er zitterte wie Espenlaub. Mit bebender Stimme fragte er, was in aller Welt er nur tun solle, worauf ich antwortete, dass er erst einmal den Autor, Herrn Strindberg, ins Land schaffen müsse, damit dieser für seine Sache selbst geradestehe. Im Übrigen könne er aber bis auf Weiteres gelassen bleiben, da Strindberg – wie unvorsichtig er auch immer zuwege gegangen sei – unter sachkundigen und rechtdenkenden Menschen im Großen und Ganzen die Sympathien und das Rechtsgefühl auf seiner Seite habe.«

Über Kopenhagen, Köln und Bern reiste Karl Otto Bonnier nach Genf und traf dort am 14. Oktober ein. Eine Episode mit einigen seltsamen Verwicklungen nahm ihren Anfang. Strindberg hat sie später selbst in der Skizze *Qvarstadsresan* (Die Arrestreise) geschildert.

Karl Otto suchte sofort Strindberg auf, der in einer Pension in Plainpalais, einer Vorstadt von Genf, wohnte. Sie aßen gut zu Abend und tranken Wein, obwohl Strindberg behauptete, vorübergehend Abstinenzler geworden zu sein. Bei diesem entspannten Essen versuchte Karl Otto, Strindberg von der Notwendigkeit seiner Heimreise zu überzeugen. Strindberg zeigte ihm die kalte Schulter, und Karl Otto gab die Hoffnung auf. Als er am nächsten Morgen jedoch in seinem Hotel erwachte, erschien Strindberg, jetzt ganz anderer Laune, und rief:

»Jetzt reise ich!«

Strindberg hatte noch einmal über die Sache nachgedacht, und auch die Andeutungen seiner Freunde, er sei feige, weil er nicht zum Prozess nach Stockholm reise, hatten ihre Wirkung nicht verfehlt. Er war von Kampflust erfüllt. Weil er wusste, was man in Schweden von ihm erwartete, telegrafierte er dem *Aftonbladet*: »Ich komme nach Hause.«

Seine Stimmung auf der Reise war jedoch außerordentlich wechselhaft. In Hamburg brach er auf dem Bahnsteig plötzlich in Tränen aus und sagte laut zu Karl Otto: »Entschuldige, aber das sind meine Nerven. Ich habe sie nicht unter Kontrolle.« Auf dem Weg von Hamburg nach Kiel war Strindberg dann nervös und unruhig.

Der Zug fuhr in Kiel bis zum Dampfschiffkai und kam neben dem Dampfer, mit dem Strindberg und Karl Otto nach Kopenhagen weiterreisen wollten, zum Stehen. Strindberg sah den Namen des Schiffes. Es hieß *Auguste Victoria*. Plötzlich war er wie ein neuer Mensch und rief: »Omen accipio! Auguste Victoria. Sieg!«

Über Malmö reisten Strindberg und Karl Otto nach Stockholm und trafen dort am Morgen des 20. Oktober ein. Eine große Menschenmenge hatte sich am Hauptbahnhof eingefunden, auch Hjalmar Branting, Knut Wicksell und Albert Bonnier.

Strindberg hielt eine bejubelte »Bahnsteigrede«, die in den Zeitungen, die auf seiner Seite waren, abgedruckt wurde. In ihr brachte Strindberg seine Freude darüber zum Ausdruck, dass es sich nach der drückenden Atmosphäre in Schweden »endlich frei atmen« ließe. Er versprach, »seine Pflicht« zu tun. Das deutet darauf hin, dass Strindberg den Prozess als etwas über ihn und ein einzelnes Buch Herausreichendes betrachtete: Es ging um die Druck- und Meinungsfreiheit.

Auf den Empfang am Hauptbahnhof folgten ein Essen im Grand Hôtel und eine außerplanmäßige Aufführung von Strindbergs *Lycko-Pers resa* (»Glückspeters Reise«) in Ludvig Josephsons Nya Teatern.

Am Tag darauf, am Vormittag des 21. Oktober, begann der Prozess.

Da Strindberg angereist war und die Verantwortung auf

sich genommen hatte, ließ man die Anklage gegen Albert Bonnier fallen. Strindbergs Aufgabe bestand jetzt darin, sich selbst und *Heiraten* zu verteidigen. Er tat das, indem er konsequent erklärte, dass es ihm nicht um »Spott«, sondern um »Aufklärung« gegangen sei. Der belastende Abschnitt über Jesus als »Volksaufwiegler« beziehe sich auf das Matthäusevangelium.

Eine Jury wurde einberufen, und Strindberg machte von seinem Recht Gebrauch, selbst einige Mitglieder vorzuschlagen. U. a. schlug er den liberalen Publizisten und Politiker Adolf Hedin vor, obwohl er vorher erklärt hatte, er halte es für sinnlos, jemanden vorzuschlagen. Am Tag nach der Beschlagnahmung der Bücher im Verlag hatte Strindberg an Albert geschrieben:

»Gibt es eine Jury, dann werde ich keine Jury-Männer vorschlagen. Was würde das auch nützen? Ich werde trotzdem verurteilt! Dieses Mal stehe ich wahrscheinlich auch ganz allein da: gegen Richter, Zeitungen + Hermaphroditen und Päderasten + Ibsenanhänger = die Radikalen (die Freunde!). Als ich in der K. Bibliothek Dienst tat, wurde mir offen gesagt, dass der halbe Oberste Gerichtshof aus Päderasten bestehe. Sind das die, die mich verurteilen sollen?«

Die Jury trat am 17. November zusammen und sprach Strindberg nach gut vier Stunden frei. Jubel brach unter den Tausenden, die sich auf dem Riddarhustorget vor dem Gericht versammelt hatten, aus. Mithilfe der Polizei gelang es Strindberg, durch das Chaos zum Grand Hôtel zu gelangen, wo er eine kurze Dankesrede hielt über »den Sieg, den der freie Gedanke und das freie Wort errungen haben«.

Bereits am nächsten Tag trat er seine Reise in den Süden, Richtung Schweiz an, und erneut jubelte ihm eine Men-

Zurechtweisung. Nach August Strindbergs Freispruch mussten die beschlagnahmten Bücher zurückgegeben werden. Aus der Zeitung *Fäderneslandet*. [13]

schenmenge zu. *Budkaflen* (Aufgebotstab), ein Wochenblatt, das zu Strindberg hielt, berichtete über seine Abreise:

»Die Hurrarufe dröhnten etwa 10 Minuten lang unter dem Glasdach der Bahnhofshalle.

Dann ertönte die Trillerpfeife des Schaffners. Ein letzter donnernder Hurraruf:

›Es lebe August Strindberg! Es lebe die Glaubens-, Gedanken-, Druck- und Meinungsfreiheit! Grüßt die Schweiz! Kehrt bald zurück!‹«

Das Svea Hovrätt, das oberste Gericht, bestätigte den Freispruch am 8. Dezember 1884.

* * *

235

Albert Bonnier war erleichtert, aber auch ziemlich erschöpft. Er wusste nicht, welche Folgen die Debatte über *Heiraten* und die »Schmutzliteratur« für ihn persönlich und beruflich haben würde, aber es gab Anzeichen, dass die Kampagne gegen ihn alles andere als beendet war und die Wächter der Moral einfach noch stillhielten. Die *Nya Dagligt Allehanda* bedauerte den Freispruch und forderte die Buchhändler zum Boykott von *Heiraten*, »diesem unsittlichen Produkt«, auf.

Albert musste außerdem seine beiden wichtigsten Autoren Viktor Rydberg und Zacharias Topelius beschwichtigen. Rydberg war der einfachere Fall.

Während der ersten unruhigen Tage nach Beschlagnahmung der Bücher, als Albert noch befürchtete, selbst die Verantwortung übernehmen zu müssen, hatte er sich Gedanken über die Wahl der Geschworenen gemacht. Ein Name schien sich anzubieten, Viktor Rydberg, der Verteidiger der Religionsfreiheit. Albert begab sich zur Stockholms Högskola, um dort mit Professor Rydberg zu sprechen, ohne ihn aber anzutreffen. Das bezeugt ein eilig geschriebener von einem Boten zugestellter Zettel im Bonnier-Archiv. Der Tonfall war für Albert untypisch nervös, fast untertänig:

»Bruder Rydberg! Ich habe mir erlaubt, Dich aufzusuchen, sehe aber an Deiner Tür, dass Du nur montags Sprechstunde hast.

Du würdest mir einen großen Gefallen tun, wenn Du einmal eine Ausnahme machen und mir eine kurze Unterredung in einer für mich sehr wichtigen Angelegenheit, die keinen Aufschub bis nächsten Montag duldet, gewähren könntest.«

Dass Albert die Möglichkeit diskutieren wollte, Rydberg in der Jury zu platzieren, erscheint offensichtlich.

Wenn man zu guter Letzt doch Albert und nicht Strindberg zur Rechenschaft gezogen hätte, hätte sich Rydberg für seinen Freund sicherlich zur Verfügung gestellt, aber er wollte nicht mit Strindberg in Verbindung gebracht werden, am allerwenigsten, da dieser sich, eher ironisch, zu seiner Verteidigung auf Rydbergs Buch *Die Lehre der Bibel von Christus* berufen hatte. Rydberg zog es vor, sich sowohl vom Autor als auch vom Verleger zu distanzieren.

Am 27. Oktober lud Albert Rydberg zum Abendessen zusammen mit u. a. Strindberg nach Hause ein. Aus Alberts Einladung ging hervor, dass Strindberg die Mitglieder der Jury bereits benannt hatte und Rydberg nicht befürchten musste, durch eine diesbezügliche Bitte in Verlegenheit gebracht zu werden. Trotzdem lehnte Rydberg ab, gewissermaßen sicherheitshalber:

»Je länger ich über Deine freundliche Einladung nachdenke, desto nachdrücklicher gelange ich zu der Überzeugung, dass meine heutige Anwesenheit an Deiner Tafel nur zum Unbehagen der übrigen Gäste beitragen kann.«

Er fügte noch recht scharf hinzu: »Zur Beachtung: Das ist mein letztes Wort in dieser Sache.«

Karl Otto Bonnier, der dann zur dezimierten Gesellschaft gehörte, schrieb später: »Soweit ich mich erinnere, war die Stimmung recht gedrückt.«

An Rydbergs Handlungsweise lässt sich ein gewisser Unwille erkennen, seinen Platz auf dem Parnass zu riskieren, aber die Angelegenheit wurde nie zu mehr als einer »Kabbelei«, um mit Per I. Gedin zu sprechen. Das Verhältnis zwischen Albert und Viktor Rydberg war eng und fest genug, um diese Probe zu bestehen, was zehn Jahre später durch Rydbergs schöne Widmung in *Singoalla* bestätigt wurde.

Dass Zacharias Topelius nichts für August Strindberg übrighatte, überraschte Albert Bonnier nicht weiter. Als Strindbergs *Gedichte* erschienen, schrieb Topelius an Albert: »Ich habe alles Mögliche von A. Strindberg mit Vergnügen gelesen, aber seine neueste Poesie ist fuderweise Stallmist.«

Anlässlich *Heiraten* verschärfte sich Topelius' Ton. Am Tag des Prozesses in Stockholm schickte er Albert einen Brief mit der Aufforderung: »Wäre ich Schwedens größter Verleger, dann würde ich meinen mächtigen Einfluss für *gute* Literatur einsetzen.«

Albert reagierte erst nach Strindbergs Freispruch mit einer höflichen und bescheidenen Grundsatzerklärung:

»Ich kann Dir versichern, dass ich alles Erdenkliche tue, um gute Literatur zustande zu bringen – aber uns Älteren steht es nicht an, uns ständig gegen die Jüngeren und die neueren Geschmacksrichtungen zu wehren, die vielleicht ebenfalls ihre Berechtigung haben. Ich finde, dass ein Verleger nicht zu exklusiv sein darf und nicht das Recht hat, eine allzu strenge Zensur auszuüben.«

Topelius ließ nicht locker. Im Dezember beklagte er in einem Brief, »dass diese unglückliche Verbindung mit Strindberg der Firma sowohl in Schweden als auch in Finnland geschadet hat«, und tat Strindberg als einen »Hafenrowdy der Literatur« ab, mit dem kein ernsthafter Autor Umgang pflegen wolle. Topelius deutete an, Bonniers wegen Strindberg den Rücken kehren zu wollen. Albert war entsetzt. Dazu kam es dann zwar nicht, aber Topelius fuhr Brief um Brief fort, Strindberg und das, was er für die Nachgiebigkeit des Verlags hielt, zu kritisieren. Als 1886 der erste Teil von *Der Sohn der Magd* erschien, schrieb Topelius an Albert:

»Ich habe zu viel über *Der Sohn der Magd* gehört – auch von unparteiischen Lesern –, um mir die Hände damit besudeln und dieses Buch berühren zu wollen. Wenn wahr ist, dass die meisten Abnehmer unter der Schuljugend zu finden sind, die durch dieses Buch alles zu verachten lernt, was die Menschen für heilig halten, dann bedauere ich den Verleger und die Autoren, die in so zweifelhafter Gesellschaft im Regal stehen.«

Albert vermied es, sich zu verteidigen, und der bislang so lebhafte Briefwechsel über die Ostsee hinweg wurde immer sporadischer. Albert nahm es sich jedoch zu Herzen. Die Kritik seines »Freundes und Bundesverwandten« Topelius war ein Faktor, der dazu beitrug, eine Neuauflage und die Fortsetzung von *Heiraten* nicht zu drucken, sofern Strindberg nicht auf »Lohn der Tugend« verzichten und einige Formulierungen abschwächen würde. Strindberg weigerte sich: »Meine Art zu schreiben und meine Ansichten zu ändern, nur weil man mich ausgeschimpft hat, das tue ich nicht.« In einer scharfen Formulierung bezichtigte er Albert, ihn durch die »Macht des Kapitals zum Schweigen« bringen zu wollen. Beleidigt wies Albert in seiner Antwort darauf hin, dass er sich »während der letzten schwierigen Vorfälle« eine »gerechtere Beurteilung von Ihrer Seite« verdient hätte. Er teilte Strindberg im selben Schreiben mit, es stehe ihm durchaus frei, das Buch in einem anderen Verlag erscheinen zu lassen.

Dann nannte Albert jedoch den wichtigsten Grund für seine Vorsicht.

Bei geschäftlichen Kontakten geschah es nur äußerst selten, dass Albert Bonnier auf seine jüdische Abstammung zu sprechen kam, aber jetzt wies er auf seine »Konfession« hin und darauf, dass die »kolossal reaktionäre Stimmung« seine Stellung »empfindlicher als die jedes anderen« gestalte.

Zu den gröbsten antisemitischen Angriffen nach dem Prozess war es noch gar nicht gekommen, aber die Untertöne der Debatte über den Prozess waren bereits deutlich genug. Unerlässlich diffamierten Teile der Presse Albert als geldgierigen Geschäftemacher. An Strindberg schrieb er: »Sie machen sich keine Vorstellung über die unmäßige Menge gemeiner Schimpfworte, mit der man Karl Otto und mich überschüttet.«

Sicher spielte auch eine Rolle, dass Vertreter der jüdischen Gemeinde in Stockholm bei Albert mit der dringenden Bitte vorstellig geworden waren, von einer Neuauflage abzusehen. Einer von ihnen war Semmy Rubenson, der laut einer Fußnote in Karl Ottos Erinnerungen sagte: »Zwei Arten von Leuten dürfen sich nie etwas zuschulden kommen lassen, Polizisten und Juden.«

Rubenson ahnte nicht, wie recht er damit, rein persönlich, behalten würde. Im Jahr darauf, 1885, stand er als Polizeipräsident wegen einer polizeilichen Entscheidung während eines Auftritts der Opernsängerin Christina Nilsson in der Kritik. In einer Menge vor dem Grand Hôtel war Panik ausgebrochen, und etwa zwanzig Menschen wurden erdrückt. Rubenson wurde vor Gericht gestellt, aber freigesprochen. Die Kampagne gegen ihn wies antisemitische Züge auf.

Heiraten II, noch wütender als der erste Band, erschien 1886. Der Verleger blieb anonym. Erst lange danach erfuhr Karl Otto, dass es sich um seinen Cousin Isidor Bonnier, den ehemaligen Mitschüler Strindbergs, handelte.

* * *

Auch in den Jahren nach dem Prozess war das Verhältnis zwischen Strindberg und Albert Bonnier stürmisch. Strindberg hielt sich weiterhin im Ausland auf und stand privat unter großem finanziellem Druck. In seinen Briefen wechseln ernster Vorwurf und reuevoller Rückzug einander ab. »Wenn die Kinder nach Essen und Medikamenten rufen, dann wird das ›Männchen‹ ein Tiger«, entschuldigte er sich bei Albert, nachdem er einige Tage zuvor damit gedroht hatte, sich zu erschießen.

Alberts Geduld näherte sich ihrem Ende, und Anfang 1886 stand er kurz davor, mit Strindberg zu brechen.

Auslöser war ein Artikel im Wochenblatt *Stockholm*, in dem Strindberg unter der Überschrift »Das Kapital und die Literatur« Verleger als »unnötige Vermittler« abgetan hatte, die einen »übermäßigen Gewinn« für sich behielten.

Im Februar griff Albert in einem Brief an Strindberg ihr »gegenseitiges Verhältnis« auf, ein Arrangement, das Albert die ersten Rechte an Strindbergs Werken sicherte:

»Diese Bedingung, die das Fundament unseres Vertrags ausmacht und damals für mich in geschäftlicher Hinsicht von Bedeutung war, dürfte Ihnen vielleicht bedrückend erscheinen, da Sie darin eine Art Zensur Ihrer Arbeiten sehen.«

Albert erbot sich, den Vertrag zu kündigen und gleichzeitig Strindbergs Schulden zu tilgen. Diese betrugen über 8000 Kronen, was heute etwa einer halben Million Kronen entspricht. Seine Absicht scheint gewesen zu sein, reinen Tisch zu machen. Er hatte genug.

Er schickte den Brief nie ab. Albert zeigte ihn Karl Otto, der seinen Vater bat abzuwarten. Nach einwöchigen Diskussionen schickten sie einen anders formulierten Brief, in dem von einer Aufhebung des Vertrags keine Rede mehr war, jedoch vom Schuldenerlass.

Strindbergs Reaktion auf dieses großzügige Angebot verrät viel über seine Wechselhaftigkeit in jener Zeit. An seinen Bruder Axel schrieb er:

»Großer Shylock!

Kannst Du Dir vorstellen, dass er mir die 8000 Kronen erlassen hat, die ich ihm schulde?

Da steckt was dahinter!

Eine Teufelei.«

Am selben Tag bat er die Zeitung *Stockholm*, einen Leserbrief zu veröffentlichen mit einem Dank an »denjenigen meiner Verleger, der so großzügig meine Schuld, in die ich bei ihm geraten bin, gestrichen hat«. Der Leserbrief muss für die Leser der Zeitung unbegreiflich gewesen sein, weil er nicht unterzeichnet war.

Das Verhältnis zwischen Strindberg und dem Verlag stabilisierte sich bald, allerdings nur vorläufig. Strindberg bot Albert an, über sein Leben zu schreiben. Nachdem er mehrere Wochen lang nachgedacht hatte, beschloss Albert, Strindberg noch einmal eine Chance zu geben. Als Strindberg das Manuskript geliefert hatte, war er begeistert: »Es enthält ausgezeichnete Partien und sehr wenige eigentliche Längen. Ich bin bereit, das Buch zu nehmen.« Dann fügte er, fast wie eine kleine Stichelei, hinzu: »Erfreulich ist, dass Sie sich enthalten haben, das Buch mit ›Grobheiten‹ zu pfeffern.«

Das Buch war *Der Sohn der Magd.*

Strindbergs konservative Widersacher teilten Alberts Begeisterung allerdings nicht. Carl David af Wirsén von der Schwedischen Akademie fand, dass »Schamlosigkeit und Rohheit« das Buch prägten. Er griff Albert an, den »Verleger, der Werke bezahlt und drucken lässt, die sich durch so viel Frechheit auszeichnen«. Tolerantere Kritiker wie Karl Warburg von der *Handelstidningen* lobten dieses neueste Werk Strindbergs jedoch.

Es schien, als wäre das schwedische Kulturleben durch *Heiraten* in zwei gegnerische Lager gespalten worden, für oder gegen Strindberg und damit für oder gegen Albert Bonnier.

Anschließend, vor Weihnachten 1887, erschien ein großartiger Roman mit Schauplatz in den Schären. Der Arbeitstitel lautete *På landet* (Auf dem Land), dann wurde der Roman jedoch in *Hemsöborna* (»Die Inselbauern«) umgetauft. Für ein größeres Publikum ist das Buch heute synonym mit Strindberg, möglicherweise neben *Das rote Zimmer*.

Aber auch der Roman *Die Inselbauern* führte zu Auseinandersetzungen zwischen Verlag und Autor. Strindberg bot das Manuskript anderen Verlegern an, die jedoch wohlweislich die Finger davonließen. Und er setzte seine Angriffe auf Bonniers fort. Das Verhältnis näherte sich dem Gefrierpunkt.

Pfingsten 1887 schrieb Strindberg an Karl Otto, und zwar, »weil es mir meine natürliche Bescheidenheit verbietet, einen groben Brief an Deinen Vater zu schicken«. Er bezichtigte den Verlag, ein gegen ihn gerichtetes »Boykott- und Reptilsystem« aufrechtzuerhalten. Gleichzeitig bat er um Geld. Der erzürnte Karl Otto formulierte am 2. Juni eine scharfe Antwort:

»Dass wir überhaupt nach einem Brief wie Deinem letzten irgendeine von Deinen Arbeiten drucken wollen, kannst Du Dir doch wohl kaum im Ernst vorstellen. Das Band, das ich aufgrund meiner damaligen naiven Bewunderung Deiner Werke vor vier Jahren mit Dir geknüpft habe und das Du jetzt ›zu schmerzhaft‹ findest, hat *uns* noch größere Qualen bereitet, und es wird uns deshalb nichts fehlen, wenn wir es jetzt zerreißen!«

Er steckte 500 Kronen in den Umschlag »aus meiner privaten Kasse, da ich noch nicht gewagt habe, Deinen Brief meinem Vater zu zeigen, der sicher noch wütender wäre«.

Strindberg sah sich allmählich von der schwedischen Verlagswelt isoliert und reagierte mit Wutausbrüchen auf »Alb. B. und seinen roten Reptiljüngling«. Sein Bruder Axel, der oft als sein Vermittler auftrat, griff ein und vertrat mit Nachdruck die Meinung, dass er sich trotz allem wieder an Bonniers wenden solle. Widerwillig ließ sich Strindberg darauf ein. Einen Vorbehalt hatte er allerdings. »Alb. B. ist mir so widerlich wie ein schleimiges Reptil-Tier, dass ich keine Korrespondenz mit ihm wünsche, auch wenn der Kauf zustande kommt.« Auch dieser Streit verlief im Sand, da Strindberg dem Verlag – widerwillig – erlaubt hatte, Streichungen im Text vorzunehmen. Der Roman *Die Inselbauern* wurde ein großer Erfolg, die Fortsetzung *Skärkarlslif* (»Schärenerzählungen«) ebenfalls.

Die Phantomschmerzen von *Heiraten* hielten jedoch an und führten dazu, dass der Verlag 1888 Strindbergs *Fröken Julie* (»Fräulein Julie«) ablehnte, ein in Lüsternheit und Klassenbewusstsein schwelgendes Drama. Stattdessen verlegte Joseph *Fröken Julie*, obwohl er der Person Strindberg gegenüber Bedenken hegte: »Eine Schlange, eine Klapperschlange.«

Albert und Karl Otto hatten genug von dem Drama um Strindberg. Karl Otto bezeichnete die Ablehnung von *Fröken Julie* später »als den größten verlegerischen Fehler [...], dessen mein Vater und ich uns je schuldig gemacht haben«.

Die Beziehung zu Strindberg brachte Albert, Karl Otto und dem Verlag immer wieder Probleme ein und trug vermutlich dazu bei, dass Karl Otto 1886 einen Nervenzusammenbruch erlitt, während Strindberg den vollkommen erschöpften Albert mit immer neuen Ideen für Bücher überschüttete. Aber sie hatte auch erfreulichere Folgen.

»Das junge Schweden« betrachtete Strindberg nicht zuletzt wegen seiner Ansichten über Frauen mit Misstrauen. Dass der Verlag seinem umstrittenen Autor aber öffentlich den Rücken deckte, machte ihn auch für Strindbergs jüngere Kollegen interessant. Ein Jahr nach dem *Heiraten*-Prozess veröffentlichten drei von ihnen ihre Werke bei Bonniers: Tor Hedberg, Georg Nordensvan und Oscar Levertin. So nahm die von Karl Otto angestrebte Modernisierung der belletristischen Liste des Verlags ihren Anfang. Er musste allerdings einiges an Zeit und Kraft darauf verwenden, seinen Vater zu überzeugen, der Kontroversen herzlich leid war. Über Hedberg, Nordensvan und Levertin sagte Albert, wie sich Karl Otto später erinnerte: »Aus denen wird wahrscheinlich doch nichts.«

Nach der Scheidung von Siri von Essen begab sich Strindberg 1892 nach Deutschland, um seine seelischen Wunden zu heilen und einen Neuanfang zu wagen. Der Kontakt zum Albert Bonniers Förlag verebbte und schlief während der sogenannten Inferno-Jahre, in denen sich Strindberg in einer Krise befand, ganz ein. Erst nach Alberts Ableben nahm Karl Otto Bonnier den Kontakt wieder auf.

Es war ein kompliziertes und explosives Verhältnis, aber bis zu seinem Tod 1912 kehrte Strindberg immer wieder zu Bonniers zurück. Und Bonniers zu Strindberg. Sie blieben im Guten und im Schlechten miteinander verbunden. Trotz aller beschwerlichen Auseinandersetzungen mit Albert Bonnier war es Strindberg immer wieder wichtig, diesem seinen Respekt zu zollen. An seinen Cousin Gotthard Strindberg schrieb er 1891:

»Lehre meine Kinder, den Namen Albert Bonnier immer mit Achtung und Dankbarkeit zu nennen und stets, was immer auch andere sagen mögen, gut von den Mitgliedern seiner Familie zu sprechen. Denn Bonnier hat einmal den Vater dieser Kinder vor dem Untergang bewahrt.«

* * *

Albert Bonniers Verhältnis zu Zacharias Topelius renkte sich nach einigen Jahren ebenfalls wieder ein. Zum Jahreswechsel 1887–1888 entschuldigte sich Topelius dafür, sich in einem Interview »rücksichtslos« über »gewissenlose Verleger« geäußert zu haben. Albert war froh und erleichtert, nutzte die Antwort aber erneut zu einer Art Programmerklärung:

»Einem Verleger – besonders dem des Zweiges der Literatur, die als schöne Literatur bezeichnet wird – kann und sollte nicht das bedingungslose Recht zugebilligt werden, immer selbst zu Gericht zu sitzen und Zensur auszuüben, denn wer gibt uns die absolute Gewissheit, dass die, die wir heute tadeln, die uns missfallen oder die wir verurteilen, nicht in Zukunft anders beurteilt werden.«

Im nächsten Brief an Topelius beteuerte Albert allerdings, inzwischen vorsichtiger zu sein und in Zukunft noch mehr Achtsamkeit walten zu lassen, »denn ich will nicht riskieren, eine so alte und geschätzte Freundschaft wie die Deine zu verlieren«.

In seinen Erinnerungen beurteilt Karl Otto die »nachgiebige« Haltung seines Vaters kritisch. Per I. Gedin bringt in seiner Biografie über Karl Otto Bonnier mehr Verständnis für Albert auf und weist darauf hin, dass Topelius »das eigentliche Symbol für Alberts Erfolg als Verleger« gewesen sei. Diesem Umstand seien diese nachsichtigen Formulierungen geschuldet, die einige Jahre später beim Prozess gegen Gustaf Fröding ohnehin widerlegt wurden.

Dennoch hatten die Erfahrungen aus dem *Heiraten*-Prozess und dessen Nachwirkungen Albert Bonnier in Herz und Seele zugesetzt. Er sei, schrieb er an Strindberg, »müde und überdrüssig«. Er wurde vorsichtiger. Der rabulistische Übermut, der ihn seit seinen Jugendjahren begleitet hatte, wich immer mehr dem Ehrgeiz, die Position zu wahren, die er sich mit großer Mühe erkämpft hatte. Der Einwandererjunge aus Kopenhagen war in den Worten Zacharias Topelius' zu einer »Großmacht in der skandinavischen Literatur« geworden.

Jetzt war diese Position gefährdet.

Als der Roman *Die Inselbauern* Erfolge feierte, hatte Albert Bonnier gerade den härtesten Kampf seines Lebens ausgestanden. Auf seine alten Tage – sein siebzigster Geburtstag rückte näher – hatte man ihn als den Inbegriff des Falschen, Unsittlichen und Unmoralischen bezeichnet.

Die von Carl Larsson illustrierte Speisekarte zum
50. Jubiläum des Albert Bonniers Förlag 1887.

8. KAPITEL

DER FEIND DER SITTLICHKEIT

Eine hasserfüllte Broschüre. Es stürmt. Moralische Entrüstung. Ein beachtlicher Gegner. Der Buchverlegerverband wird gesprengt. Verdandi. Betty stirbt. Ein eleganter Besucher.

———

Gegen Ende der 1880er-Jahre, als die gesellschaftliche Entwicklung durch technische Innovationen, die Industrialisierung und den Durchbruch freiheitlicher Ideen vorangetrieben wurde, expandierten auch die Buchbranche und die Presse. Das Angebot wurde vielfältiger und das Interesse an Druck-Erzeugnissen größer, da die Lesefähigkeit zunahm und immer größere Teile der Bevölkerung umfasste. Die Auflagen der Bücher stiegen und auch die der sogenannten populären Presse mit dem *Svensk Familj-Journalen* (Das schwedische Familienjournal) und dem *Illustrerad Familj-Journal* (Illustriertes Familienjournal) des Dänen Carl Allers als Wegbereiter.

Untersuchungen bei der Musterung ergaben, dass die Mehrheit der schwedischen Männer, etwa sechs von zehn, um 1885 »gute Fertigkeiten« im Lesen besaß. Die übrigen vier von zehn galten als »halbwegs geübt«. Das Volksschulgesetz von 1842 und die Entstehung von bildungsinteressierten Bewegungen wie den Freikirchen und den Abstinenzler-Vereinen zeitigten Resultate. Lesen zu können war nicht mehr nur den gehobenen Gesellschaftsschichten vorbehalten.

Diese Dynamik führte unausweichlich zu Zusammenstößen von Alt und Neu, von etablierter Moral und ihren Herausforderern, von Elite und Volk. In Anbetracht der streng lutherischen Prägung Schwedens wurde dies in mehr oder weniger religiösen Zusammenhängen besonders deutlich. Eine zunehmende religiöse Gleichgültigkeit oder gar Ablehnung beschwor eine Gegenreaktion bei den Verteidigern des christlichen Glaubens herauf oder, um genauer zu sein, bei den Wächtern der Doppelmoral zur Zeit Oskars II.

Bereits 1878 entstand ein schwedischer Ableger der internationalen Föderation zur Förderung der Sittlichkeit und Bekämpfung der Prostitution. Im selben Jahr erschien auch die Zeitschrift dieses Ablegers, *Sedlighetsvännen* (Der Freund der Sittlichkeit), deren Beiträger es im Besonderen auf die Buchverlage abgesehen hatten. Ende 1879 veröffentlichte die Föderation einen Aufruf, in dem Buchhändler und Verleger dazu ermahnt wurden, sich gemeinsam dafür »einzusetzen, die Publikation und Verbreitung jener Literatur zu verhindern, die ganz offenbar zum Verderb der Sitten und damit zum Unglück der Gesellschaft führen muss«.

Der *Heiraten*-Prozess 1884 und die Wut auf August Strindberg und Albert Bonnier waren Ausdruck dieser Stimmung. Knapp drei Jahre später war es wieder so weit. Und Albert befand sich erneut im Zentrum des Sturms.

* * *

Im Herbst 1886 kam es zu einigen »unsittlichen« Vorfällen unter Stockholmer Gymnasiasten. Sie hätten, hieß es, mit »liederlichen Frauenzimmern« Umgang gepflegt. Das Entsetzen war groß, und im Februar 1887 fand die Entrüstung in einer Broschüre ihren Ausdruck, die der Pfarrer John Personne, Gymnasiallehrer für Religion und Schwedisch am

Norra Latinläroverk in Stockholm und späterer Bischof von Linköping, verfasst hatte. Personne hatte eher im Verborgenen mit Leserbriefen an der Hetze gegen *Heiraten* teilgenommen, aber jetzt trat er mit voller Kraft an die Öffentlichkeit.

Die Schrift hieß *Strindbergs-litteraturen och osedligheten bland skolungdomen* (Die Werke Strindbergs und die Unsittlichkeit der Schuljugend). Der Untertitel lautete: »Für Eltern und Erzieher sowie die Regierenden.« Personne griff nicht nur Strindberg als Verderber der Jugend an, sondern im Großen und Ganzen die gesamte jüngere Schriftstellergeneration, die sich seiner Meinung nach »der sittenlosen Schriftstellerei widmet, die unter uns grassiert«.

Die schärfste und kränkendste Formulierung hob sich Personne jedoch für Strindbergs Verleger Albert Bonnier auf:

»Der Verleger; ja, er ist auch ein wichtiger Grund dafür, dass unsere Literatur mit diesen Schmutzgeschichten und elenden Ansichten bereichert wurde, die die heranwachsende Jugend zerstören, und seine Schuld ist noch dazu größer als die des Autors [...] Hr. Albert Bonnier, dem Vorsitzenden des Schwedischen Buchverlegerverbands, gebührt die Ehre, dass diese Literatur das Licht des Tages erblickt hat.«

Personne versuchte gar nicht erst, den Antisemitismus seiner Botschaft zu verbergen. Er wies auf das Kapitel »Moses« in *Das neue Reich* hin und wiederholte die oft vorgebrachte Beschuldigung, dass Albert Strindberg mehr oder minder bestochen habe, damit dieser nicht mehr schlecht über Juden schreibe:

»Man spricht von einer Art Abmachung zwischen den Herren Bonnier und Strindberg, in der Ersterer eingewilligt habe, der Verleger von Letzterem zu werden mit ziemlich unbegrenzter Freiheit für diesen, zu schreiben, was er wolle, sofern er ›Moses‹ nur in Frieden ließe. Sollte dem so sein, wäre das eine Erklärung des vollkommen Unerklärlichen: Der *Verleger* Bonnier hat sich für den *Juden* Bonnier zum Märtyrer gemacht. Aber wenn das Märtyrertum auf Kosten der heranwachsenden Jugend und der Gesellschaft geht, dann ist sein Wert nur mäßig, denn in jedem Fall muss die Gesellschaft den Preis *zahlen*. –

Wenn ich in Kürze und ganz allgemein meine Gedanken über Leute ausdrücken sollte, die moralisch erbärmliche Literatur verlegen, dann würde die Aussage folgendermaßen lauten: *Für meinen Teil sehe ich keinen moralischen Unterschied zwischen einem solchen Verleger und einem Käufer von Hehlerware oder einer Bordellwirtin.*«

Auf diesen beispiellosen Angriff reagierte Albert mit größter Gelassenheit. »Ich glaube, es ist das Klügste, diesen Angriff mit dem Schweigen und der Verachtung der Gleichgültigkeit zu beantworten«, schrieb er einem Freund. Stattdessen war es ein Vertreter des »jungen Schweden«, Gustaf af Geijerstam, der zu Alberts öffentlicher Verteidigung eilte:

»Man mag geneigt sein, der einen oder anderen Äußerung Strindbergs zu widersprechen, aber der Umstand, dass Herr Bonnier Strindberg und andere jüngere Autoren verlegt hat, sollte diesem trotz allem zur Ehre gereichen, gerade jetzt in der aufgebrachten Stimmung. Denn einem Autor muss man mit Argumenten begegnen, und man darf ihn nicht durch Brutalität zum Schweigen bringen.«

Inwieweit sich Personne wirklich der Konsequenzen bewusst war, kann man nicht wissen, aber sein heimtückischer Hinweis auf Alberts Vorsitz im Buchhändlerverband schlug wie eine Bombe in der Branchenorganisation ein, der Albert fast seit ihrer Gründung angehörte und in der einige seiner engsten Kollegen aus der Verlagswelt Mitglieder waren.

In diesem Verband drohte nun ein offener Konflikt zwischen Albert Bonnier und seinem bis dato fürchterlichsten Gegner, dem Direktor des Norstedts Förlag Gustaf B. A. Holm, der, wie Karl Otto Bonnier es ausdrückte, »Vater eine Wunde zufügte, die so tief war, dass sie nie mehr verheilte«.

Hinzu kam ein weiterer Umstand, der Albert noch angreifbarer machte: Die bei Erscheinen von *Heiraten* so intensive Sittlichkeitsdebatte flammte plötzlich wieder auf.

* * *

Die Pläne für eine radikale Zeitschrift, die August Strindberg Albert Bonnier 1882 vorgelegt hatte, wurden nie in die Tat umgesetzt, aber begierig, neue Wege zur Verbreitung freisinniger und progressiver Ideen zu finden, gründete eine Gruppe junger radikaler Akademiker aus Uppsala im Oktober dieses Jahres den Studentenverein Verdandi, um die Meinungsfreiheit zu fördern. Der Name war mit Sorgfalt gewählt worden. Verdandi ist eine der Schicksalsgöttinnen, der Nornen, der altnordischen Mythologie, in der sie die Gegenwart repräsentiert.

Zu den wichtigsten Mitgliedern des Vereins gehörten Karl Staaff und Knut Wicksell. Hjalmar Branting wirkte an den Vorbereitungen mit, ehe er nach Stockholm umzog und dort Amanuensis der Astronomie wurde. Strindberg war nicht interessiert, weil der Verein die Emanzipation der Frau unterstützte. Zu den Sympathisantinnen gehörte Ann Margret Holmgren, später eine zentrale Person im Kampf für das Frauenwahlrecht.

Anfänglich glich Verdandi einem privaten Diskussionsklub, aber als der Verein wuchs, wandte man sich zum großen Verdruss des Establishments der Universitätsstadt auch an die Öffentlichkeit.

Am 2. April 1887 veranstaltete Verdandi in Uppsala einen Diskussionsabend über »Sittlichkeitsfragen«, an dem u. a. Knut Wicksell, Gustaf af Geijerstam und ein Jungsozialist mit anarchistischen Neigungen namens Hinke Bergegren teilnahmen. Die Themen dieses Abends waren außereheliche Beziehungen, Familienplanung und Prostitution. Mehrere Teilnehmer waren Bekannte Alberts und Karl Otto Bonniers, u. a. ihr jüdischer Glaubensgenosse Oscar Levertin, der kurz vor seinem Durchbruch als Dichter und vor allem als Literaturwissenschaftler stand. Karl Otto war außerdem ein ehemaliger Schulkamerad von Karl Staaff.

Es wurde ein turbulenter Abend. Bergegren, der kein Verdandi-Mitglied war, plädierte für »ein gesundes, natürliches Geschlechtsleben« als Mittel gegen eine Prostitution, bei der »sittliche« verheiratete Männer bedürftige Frauen ausbeuteten. Wicksell trat für eine Begrenzung der Kinderzahl ein, und af Geijerstam schloss sich dieser Idee an. Der Sprachgebrauch und die Botschaften, beides heute vollkommen unproblematisch wirkend, wurden damals als eine unerhörte Provokation und als Verstoß gegen die Normen für Liebe und Sexualität aufgefasst.

Die Reaktion auf die Veranstaltung war von Panik über den Sittenverfall geprägt. Die konservative Presse, angeführt von dem Uppsala-Blatt *Fyris*, raste:

»Man könnte glauben, sich im alten Rom zu Zeiten Claudius' oder Caligulas statt im Schweden des 19. Jahrhunderts zu befinden.«

Die Universität erteilte dem gesamten Verdandi-Vorstand einen mit Vorhaltungen verbundenen Verweis, und zwei Mitgliedern wurde die Möglichkeit entzogen, Stipendien zu erhalten. Ann Margaret Holmgren, die mit einem Professor verheiratet war, sah sich so viel Schimpf und Schande ausgesetzt, dass sie sich für einige Monate nach Norwegen absetzte.

Erst Strindberg und *Heiraten*, dann Personne und Verdandi. Der Boden unter Albert Bonniers Füßen schwankte!

Am 4. April, zwei Tage nach dem Verdandi-Abend, wurde bei der Frühjahrsversammlung des Schwedischen Buchverlegerverbands ein kurzes Schreiben von Gustaf Holm verlesen:

»Da wir die Grundsätze, auf denen der Verband baut, nicht schätzen und uns außerstande sehen, eine Veränderung in der von uns gewünschten Richtung herbeizuführen, sehen wir uns veranlasst, aus dem Verband auszutreten, was wir hiermit bekannt geben.«

Der Verband war gesprengt, aber die Lunte hatte schon seit geraumer Zeit gebrannt.

* * *

Am 19. September 1877 wurde Albert Bonnier zum Vorsitzenden des Buchverlegerverbands gewählt, ein Höhepunkt seiner Verlegerkarriere. Knapp zwei Jahre später zog der neue Chef des Norstedts Förlag in den Vorstand ein. Gustaf Holm, Jurist und stellvertretender Bezirksgerichtsdirektor, war 25 Jahre jünger als Albert, aber in seinen Vorstellungen und seinem Führungsstil wesentlich altmodischer als dieser. Sven Rinman beschrieb ihn in seiner Geschichte des Verbands, einer maßgeblichen Quelle über die schwedische Buchbranche des 19. Jahrhunderts, folgendermaßen:

»Holm war eine brutale Herrschernatur ohne umfassendere Bildung, dafür aber mit sämtlichen Instinkten eines konservativen Juristen der Zeit Oskars II. Er wusste immer genau, was er wollte, und mit eisernem Willen und herausragenden praktischen Fähigkeiten gelang es ihm auch, seine Ziele zu erreichen.«

In organisatorischen und praktischen Belangen existierten anfänglich keine größeren Reibungspunkte zwischen Holm und Albert Bonnier, obwohl sich Holm offenbar daran störte, dass der Vorsitzende des Verbands einen kleineren Verlag besaß als er selbst. Nicht einmal, als Holm nach etwa einem Jahr im Vorstand eigenmächtig versuchte, die Satzung zu ändern, schien Albert aufzumerken.

Holms Vorschlag enthielt allerdings einen Paragrafen voller Sprengkraft.

Holm schlug vor, Mitglieder, die sich mit Schriften »augenscheinlich unsittlichen oder strafbaren Inhalts« befassten, auszuschließen. Im April 1881 wurde dieser Vorschlag einstimmig verworfen, was Alberts Gelassenheit erklären könnte. Seine tolerante und liberale Linie fand noch immer allgemeine Unterstützung. Holm, dessen Verlag kaum Belletristik verlegte, sah sich dagegen als Repräsentanten einer moralisch höherstehenden Auffassung des Verlegerauftrags, die im Widerspruch zu Alberts vermeintlichem Profitstreben stand.

Durch den einen oder anderen Hieb versuchte Holm in den nächsten Jahren die Stellung des Vorsitzenden zu untergraben, beispielsweise beim Skandinavischen Buchhändlertreffen in Kopenhagen im Juli 1884. Holm und Albert vertraten unterschiedliche Ansichten in Bezug auf Übersetzungen von einer skandinavischen Sprache in eine andere. Albert sprach sich dafür aus, Bücher aus anderen skandinavischen Ländern übersetzen zu lassen, ein Paradox, wenn man bedenkt, dass er von einer skandinavischen Einheit träumte. Er betonte, dass sich Hans Christian Andersen erst dann in Schweden durchgesetzt habe, nachdem seine Märchen vom Dänischen ins Schwedische übertragen worden seien. Holm war der Meinung, »dass Übersetzungen dazu beitragen, Literatur in ihrer originalen Form zu behindern«. Dann fügte er noch eine gegen Albert gerichtete Gehässigkeit hinzu: »Man sollte bei seiner verlegerischen Tätigkeit auch ideelle Ziele verfolgen und nicht nur daran denken, Geld zu scheffeln.«

Diese Diskussion führte zwar nicht zu einem konkreten Ergebnis, aber der Graben zwischen den beiden tonangebenden Mitgliedern des Buchverlegerverbands war deutlich zu erkennen.

Einige Monate später erfolgten die Beschlagnahmung von *Heiraten* und die Anklage gegen August Strindberg. Die Stimmung verschob sich in konservativer Richtung. Holm sah seine Chance, hatte es aber zuerst gar nicht auf Albert, sondern auf einen anderen Bonnier abgesehen.

Isidor Bonnier, Alberts Neffe, war seit einigen Jahren geschätzter Redakteur der Zeitschrift des Buchverlegerverbands, *Svensk Bokhandelstidning* (Schwedische Buchhandelszeitung). Kurz nach dem *Heiraten*-Prozess veröffentlichte er eine Artikelserie unter der Überschrift »Unsere Druckfreiheitsverordnung«, in der er u. a. kritisierte, dass man den Buchdrucker belangen könne. Er schien seinen Onkel Albert verteidigen zu wollen, und gerüchteweise hieß es, dass dieser hinter der Initiative stecke, was Isidor jedoch mit Nachdruck bestritt.

Holm protestierte gegen die seiner Meinung nach »minderwertigen« Artikel und verlangte, dass Isidor die alleinige Verantwortung für die geäußerten Ansichten übernehmen und die Serie einstellen solle. Dieses Mal hatte er die anderen Verbandsmitglieder auf seiner Seite. Gedemütigt musste Isidor Bonnier den Posten des Redakteurs räumen.

Ein Bonnier war zwar gestürzt worden, aber der andere, Albert, war noch immer Vorsitzender des Verbands – zu Holms außerordentlichem Verdruss. Zielstrebig, aber im

Verborgenen, sammelte Holm Unterstützer, um auch Albert zu Fall zu bringen.

Bei der ersten Vorstandswahl nach dem *Heiraten*-Aufruhr im September 1885 stieß Albert auf unerwartet starken Widerstand. Alles deutete darauf hin, dass Holm dahintersteckte. Befreundete Verleger hatten Albert davon abgeraten, an der Versammlung teilzunehmen, aber er ignorierte die Warnungen und nahm teil.

Holm und seine Freunde stellten Erik Wilhelm Wallin als Alberts Gegenkandidaten auf, eine seltsame Initiative, da Wallin Buchhändler und kein Verleger war. Wallin wurde zwar zum Vorsitzenden gewählt, lehnte den Auftrag aber stehenden Fußes ab. Offenbar war er über den geplanten Coup nicht informiert worden. Das Drama spitzte sich zu. Eine neue Wahl musste durchgeführt werden. Jetzt stellte die Opposition den Verleger Frans Bejer als Kandidaten auf. Bejer und Albert erhielten beide gleich viele Stimmen, und das Los entschied. Albert trug einen sehr knappen Sieg davon.

Zwei Lager standen sich nun im Buchverlegerverband gegenüber. Ein liberales mit Albert an der Spitze und ein konservatives mit Holm als Anführer, obwohl Letzterer es vermied, sich als Vorsitzender zu positionieren, da er sehr wohl wusste, dass er in Verlegerkreisen nicht sonderlich beliebt war.

Dass der Konflikt im Grunde auf unterschiedlichen Auffassungen über die Rolle der Literatur und die Aufgabe des Verlegers beruhte, ist daran abzulesen, dass Holm 1886 die Verantwortung dafür übernahm, den im Norstedts Förlag erscheinenden *Svenska Kalender*, die konservative Antwort auf Alberts Almanach *Svea*, persönlich zu redigieren.

Im selben Jahr trat jedoch ein vorübergehender Waffenstillstand ein. Ursache war die Frage, wie man sich zur internationalen Berner Übereinkunft zum Schutz von Werken der Literatur und Kunst stellen sollte, die einen gewissen Schutz vor unautorisierten Übersetzungen ausländischer Schriften bot. Sowohl Holm als auch Bonnier, die Vertreter der beiden größten schwedischen Verlage, waren gegen einen Anschluss, weil sie eine Verteuerung ausländischer Titel befürchteten, wodurch auch schwedische Literatur teurer geworden wäre. In einer unheiligen Allianz vertraten sie gemeinsam betriebswirtschaftliche Interessen, die in der Praxis darauf hinausliefen, dass ausländische Autoren mit keinerlei Honorar rechnen konnten, wenn ihre Werke ins Schwedische übersetzt wurden. Holm und Bonnier hatten in dieser Sache eine Mehrheit im Buchverlegerverband hinter sich. Erst 1904 trat Schweden der Berner Konvention bei.

Der grundlegende Konflikt zwischen Holm und Bonnier, die Sittlichkeitsfrage, blieb jedoch ungelöst.

* * *

So verliefen die Fronten zu Beginn des Jahres 1887, als John Personnes übler Angriff auf Strindberg und Bonnier die Situation auf einmal unhaltbar machte. Der Buchverlegerverband zerfiel in zwei Gruppen, und damit zerrissen die Verbindungen zwischen Albert Bonnier und so traditionsreichen Firmen wie Hiertas und Gleerups. Albert und Karl Otto schmerzte besonders, dass sich Hugo Geber nach gewissem Zögern zu Holm und ihren anderen Widersachern im Verband gesellte. Der 1853 geborene Geber war ein ehemaliger Kompagnon Joseph Seligmanns und nicht nur ein jüdischer Glaubensgenosse mit einem deutsch-dänischen Hintergrund, der an den der Bonniers erinnerte, sondern auch ein enger Freund Karl Ottos. Albert und sein Sohn empfanden dies als ungeheuren Verrat.

Am 27. April nahm der Neue Buchverlegerverband seine Satzung an. Gustaf Holm wurde Vorsitzender. Jetzt konnte er die prinzipielle Linie durchsetzen, die mehr als alles andere seine Aversion gegen Albert Bonnier definiert hatte. Paragraf 10 der Satzung des neuen Verbands hatte folgenden Wortlaut:

»Hat das Mitglied selbst oder mithilfe eines anderen Schriften in der Allgemeinheit verbreitet, deren Inhalt *entweder*, nach öffentlicher Anklage von entsprechender Jury, als gesetzwidrig *oder auch* öffentlich als Zucht und Sittlichkeit verletzend erklärt worden ist, soll dieses Mitglied auf Antrag von zwei anderen Mitgliedern, *in erstem Fall* bedingungslos aus dem Verband ausgeschlossen werden. *In zweitem Fall* soll über den Ausschluss abgestimmt werden.«

Knapp eine Woche zuvor, am 21. April, hatte Albert eine Rede vor seinem dezimierten Verband gehalten. Er bedauerte das Vorgefallene, verlieh aber auch seinem Erstaunen darüber Ausdruck, dass es so weit hatte kommen können. Er wies auf die Erklärung der Abtrünnigen hin, dass die gewünschte Veränderung mit der bisherigen Satzung nicht möglich gewesen wäre. Albert stellte eine berechtigte Frage: »Wann und wie ist vonseiten der Ausgetretenen ein ernsthafter Versuch unternommen worden, auf diese angeblichen Mängel hinzuweisen oder diesen abzuhelfen?«

Nach der Diskussion über die Satzung zu Anfang des Jahrzehnts war es zu keinen Vorstößen in dieser Richtung mehr gekommen. Die Gegensätze, die schließlich zur Spaltung führten, ließen formale oder praktische Gründe vermissen. Stattdessen beruhten sie auf unterschiedlichen Auffassungen über literarische Freiheit und verlegerische Verantwortung, ein Konflikt, der von der *Heiraten*-Fehde noch angeheizt wurde und der mit der Personne-Broschüre eine Art Höhepunkt erreichte. Es handelte sich also um ein Aufbegehren gegen den Vorsitzenden Albert Bonnier, an dem einige Leute

Anstoß genommen hatten. Das war auch die Einschätzung Sven Rinmans: »Die Aktion richtete sich weniger gegen die Grundsätze des Verbands als gegen die Person des Vorsitzenden.« Bereits der Versuch im Jahr 1885, Albert abzusetzen, zeugte davon.

Weil er den Konflikt nicht noch weiter verschärfen wollte, ging Albert in seiner Rede vor den Mitgliedern über diesen Aspekt hinweg:

»Inwiefern andere, vielleicht persönlichere Motive dahinterstecken und dazu beigetragen haben, will ich bei dieser Gelegenheit nicht weiter untersuchen.«

Anschließend erklärte Albert, er habe den sofortigen Rücktritt erwogen, sich dann aber von Freunden im Verband dazu überreden lassen, davon Abstand zu nehmen. »Sie haben mir beharrlich davon abgeraten, die Unordnung auf diese Art und Weise noch zu vergrößern.« Stattdessen kündigte er seinen Rücktritt für den September an, da dann »die runde Zahl von zehn Jahren voll ist, die ich die Ehre hatte, die Verhandlungen des Verbands zu führen«. So kam es dann auch.

* * *

Es vergingen ein paar Wochen, bis der Buchverlegerverband ein brandheißes Thema in der Presse wurde, denn der Verdandi-Diskussionsabend überschattete alles andere. Als die Spaltung des Verbands Beachtung fand, beeilten sich die Verteidiger der Sittlichkeit, ihre Sympathien für die Abtrünnigen zu bekunden. In *Aftonbladet* verlieh ein zukünftiger Hofprediger namens Teodor Mazér seiner Freude darüber Ausdruck, dass es jetzt ganz offensichtlich sei, »welche Verleger sich der Gesellschaft gegenüber moralisch verpflichtet fühlen«. Seinen Artikel schloss er mit einem Aufruf, Bilder von Nackten aus den Schaufenstern der Buchhandlungen zu verbannen.

Das konservative *Stockholms Dagblad* setzte am 1. Mai zu einem Generalangriff auf die neue Literatur an, die die Jugend dazu verleitet habe, »unsere christliche Sittenlehre anzugreifen«:

»Herr Strindberg hat geschrieben, Herr Albert Bonnier hat verlegt, und das schwedische Publikum hat mit Neugier einen Band nach dem anderen dieses neuen Evangeliums empfangen, das eigentlich nur aus der Auslöschung der Zehn Gebote besteht.«

Jetzt sei endlich eine Gegenreaktion erfolgt, fanden die Zeitungen, die die »Äußerungen der Selbstverteidigung eines verletzten Sittlichkeitsgefühls« mit Genugtuung zur Kenntnis nahmen und ausdrücklich auf den Austritt der »besten schwedischen Verlegerfirmen aus dem Buchverlegerverband« hinwiesen.

Auch Gustaf Holm beteiligte sich mit einem Leserbrief in der *Handelstidningen* an der Debatte. Er erklärte, Sinn und Zweck des neuen Verbands sei es, »die gesunde Entwicklung des schwedischen Verlagswesens zu gewährleisten, wobei besondere Rücksicht darauf genommen werden soll, wie sich der Druck und die Verbreitung solcher Literatur, die Zucht und Sittlichkeit verletzt, verhindern lassen«.

Holms Leserbrief war eine Reaktion auf einen von Alberts wenigen Apologeten, Karl Warburg, der am 28. April in derselben Zeitung geschrieben hatte:

»Der neue Verband droht Buchhändlern damit, dass sie die Bücher ihrer Mitglieder nicht mehr führen dürfen, falls sie ein Buch im Sortiment haben, von dem der Verband meint, dass es Moral und Sittlichkeit verletze.

Darin liegt die Gefahr. Denn worauf sich die Herren unter sich einigen, ist ihre Privatsache. Aber wollen sie Zensur ausüben, was ein Sortimentsbuchhändler führen darf, ist das ein gefährliches Unterfangen.«

Warburg stellte die rhetorische Frage, welcher Verleger es im 18. Jahrhundert wohl gewagt hätte, unter diesen Voraussetzungen den Dichter Bellman zu drucken.

Albert achtete darauf, nach außen hin und den restlichen Mitgliedern des Verbands gegenüber gefasst und würdevoll aufzutreten, um den Konflikt nicht noch weiter anzuheizen. In seinem Inneren kochte es jedoch vor Wut. Das geht aus einem Brief an Warburg hervor, in dem er diesem für seinen Artikel in der *Handelstidningen* dankt:

»Dass unter anderen hübschen Motiven auch Judenhass und Neid waren, ist nicht zu bezweifeln, und deswegen ärgert es mich am meisten, dass der ›einfältige‹ Geber ihnen hinterherrennt und darum bettelt, mitspielen zu dürfen.

Meine Überzeugung ist es, dass sowohl er als auch andere Grund haben werden, ihr übereiltes Handeln zu bereuen. Wir übrigen sollten jetzt zusammenhalten und uns nicht einschüchtern lassen.«

Im selben Brief erzählte Albert von seiner Erwägung, Personne strafrechtlich zu belangen. Er habe davon Abstand genommen, weil er »dem Mann keine größere Ehre erweisen wollte, als er es verdient hat« und weil er am liebsten »ungestört und in Frieden« leben wolle. Schließlich gab er seiner Hoffnung Ausdruck, dass sich gegen »diese prüde Sittlichkeit und Heuchelei« zunehmend Widerstand regen würde:

»Es geht nicht nur um mich und um zwei andere Buchverleger, sondern darum, ob eine Art Zensur eingeführt werden darf gegen alles, was in unserer Literatur neu und selbstständig ist.«

Nach einiger Zeit legte sich die Aufregung um den Buchverlegerkonflikt. Bei der Versammlung im Herbst trat Albert als Vorsitzender zurück. Sein Verlegerkollege Sigfrid Flodin löste ihn ab.

In der Praxis hatte die Spaltung keine ernsthaften Konsequenzen für die Branche, abgesehen von der Unbequemlichkeit, dass die Buchhändler jetzt mit zwei Parteien statt mit einer verhandeln mussten. Händler und Verleger besaßen schließlich ein großes gemeinsames Interesse: so viele Bücher wie möglich unter die Leute zu bringen. Die beiden Verbände fusionierten 1912.

* * *

Nicht lange nach seinem Rücktritt als Vorsitzender erhielt Albert Bonnier die Möglichkeit, zumindest eine Zeit lang seine Gedanken an das, was er im Lauf des Jahres hatte ausstehen müssen, zu zerstreuen. Am 22. Oktober 1887 veranstalteten seine Freunde zur Feier des fünfzigjährigen Bestehens seines Verlags ein großartiges Fest im Hotel Rydberg in Stockholm. Ein halbes Jahrhundert war vergangen, seit Albert sein erstes Buch, *Bevis att Napoleon aldrig har existerat* (Beweis, dass Napoleon nie existiert hat), verlegt hatte. Festreden hielten u. a. Viktor Rydberg, Frans Hedberg und Rudolf Wall. Lobesworte hagelten auf einen Verleger herab, der, wie es hieß, »immer so freisinnig und unerschrocken wie nur wenige« gewesen sei und »in den Annalen der schwedischen Literatur einen geachteten Platz« einnehme.

Das Menü bestand aus Lachs mit *Sauce hollandaise*, *Glace en Surprise*, Käse und exklusiven Weinen. Die Speisekarte hatte

Carl Larsson illustriert. Zu sehen waren unter anderem Albert, die Zügel des Pegasus, des geflügelten Pferdes der griechischen Mythologie, fest in der Hand, sowie die prachtvolle Büste seines Idols August Blanche, die seine Wohnung zierte.

Hier tut sich ein quellenkritisches Problem in der Geschichte Albert Bonniers auf. In seinen Erinnerungen schrieb sein Sohn Karl Otto, dass das Fest »am Tag nach dem Geburtstag meines Vaters« stattfand.

Karl Otto war offenbar, wie Albert selbst, überzeugt davon, dass Albert am 21. Oktober 1820 geboren und somit am Tag vor dem Verlagsfest 67 Jahre alt geworden war. Selbst in einem so zuverlässigen Nachschlagewerk wie dem *Svenskt biografiskt lexikon*, im fünften Band von 1925, steht dieses Datum. In der Genealogie der Familienmitglieder, *Gerhard Bonniers ättlingar* (Gerhard Bonniers Nachkommen) von 2004, ist jedoch der 22. Oktober verzeichnet, das Datum im Geburtenbuch der jüdischen Versammlung in Kopenhagen.

Alles deutet also darauf hin, dass Albert Bonnier am 22. Oktober zur Welt kam und nicht einen Tag früher, was ihm sein ganzes Leben lang nicht bewusst gewesen zu sein scheint. Der Grund für dieses Missverständnis ist unklar, aber es könnte darauf beruhen, dass sein Vater Gerhard, der möglicherweise nicht alle Geburtsdaten seiner Kinder im Kopf hatte, seinen eigenen Geburtstag mit dem Alberts verwechselte: Gerhard war am 21. Oktober 1778 in Dresden zur Welt gekommen.

* * *

Die Konflikte rund um August Strindberg nach dem *Heiraten*-Prozess und später auch nach den Diskussionen über *Der Sohn der Magd* hatten Albert die Lust geraubt, weitere Kämpfe auszufechten, aber seine grundlegenden Werte gab er deswegen nicht auf. Das ist daran zu erkennen, dass er sich mit Begeisterung in ein neues Projekt stürzte, das zu einem schwedischen Klassiker der Volksbildung wurde.

Im Studentenverein Verdandi hatte Karl Staaff bereits 1886 die Idee geäußert, eine Serie Broschüren zu veröffentlichen, die »in populärer Form einen nützlichen Inhalt mitteilen sollten«. Nach der Aufregung um den Diskussionsabend über die Sittlichkeit im April des Vorjahres verspürten Staaff und seine Freunde das dringende Bedürfnis, diese Idee zu verwirklichen. Was lag also näher, als sich an einen Verleger zu wenden, der genau wie ihr umstrittener Verein als Feind der Sittlichkeit galt?

Anfang 1888 erkundigten sich u. a. Staaff und David Bergström, später Minister unter Staaff, bei Albert und Karl Otto, ob sie an der Veröffentlichung mitwirken wollten. Zu diesem Zeitpunkt waren bei Verdandi fünf Manuskripte eingegangen, die darauf warteten, gedruckt zu werden. Albert war mehr als gerne dazu bereit. Im April unterschrieb man den Vertrag, und bereits im nächsten Monat wurden die ersten von Carl Larsson gestalteten Hefte gedruckt. David Bergström war Redakteur, Albert Bonnier Verleger. Im ersten Jahr erschienen zehn Verdandi-Schriften. Die Titel lauteten u. a. »Über den Ursprung des Menschen«, »Die Abnahme der Sterblichkeit in Schweden und ihre Ursachen«, »Der Koran«, »Die Stellung der Schule im Religionsunterricht« und »Aus der Kindheit des Menschengeschlechts«. Die Autorinnen der beiden letzten Schriften waren zwei frühe Feministinnen, die in der schwedischen Öffentlichkeit bald sehr prominent wurden: die Lehrerinnen Anna Whitlock und Ellen Key. Es folgten Schriften über das Wahlrecht und die Französische Revolution sowie eine Übersetzung von John Stuart Mills liberalem Klassiker »On Liberty«.

Bis zu einem Relaunch im Jahr 1954 erschienen 531 Nummern der Verdandi-Broschüren in einer Auflage von mehreren Millionen Exemplaren. Es handelte sich um ein großartiges Projekt der Wissensvermittlung, das Albert Bonniers Sympathien für die gescholtenen Verdandi-Anhänger überhaupt erst möglich gemacht hatte. Die rabulistische Flamme seiner Jugendjahre war also noch nicht ganz erloschen, aber die zahlreichen Konflikte hatten Spuren hinterlassen, was auch dem Verursacher vieler dieser Prüfungen nicht entgangen war: August Strindberg.

Auf einer Reise mit Betty nach Marienbad nutzte Albert im Juni 1888 die Gelegenheit, Strindberg in Kopenhagen zu treffen. Strindberg beschrieb das Treffen in einem Brief an Verner von Heidenstam, mit dem er damals noch befreundet war: »Gestern traf ich Albert Bonnier, der alt geworden ist und milde.«

Eine weitere Prüfung, allerdings vielmehr privater und persönlicher Art, erwartete Albert.

* * *

Betty Bonnier liebte Reisen in den Süden, nach Frankreich, Italien und Spanien, sie hegte aber auch den Wunsch, sich in die entgegengesetzte Richtung zu begeben, um die norwegischen Fjorde zu erleben. Im Sommer 1888 brachen Betty, Albert und die Töchter Jenny und Eva auf. Sie wollten über Trondheim nach Molde und die Reise von dort mit einem zweirädrigen Karren, wie sie auf den schlechten Wegen in Norwegen in Gebrauch waren, in Richtung Hardanger fortsetzen. Als sie das kleine Fischerdorf Faleide am Nordfjord erreichten, erlitt Betty einen schweren Schlaganfall. Sie starb am 29. Juli.

Zehn Tage lang begleitete Albert den Sarg seiner Frau über Bergen und Kristiania nach Stockholm.

Am Tag von Bettys Begräbnis, dem 11. August, traf das Manuskript von August Strindbergs Drama *Fräulein Julie* im Verlag ein. Laut Karl Otto war die Beisetzung mit ein Grund seiner Ablehnung: »Es wird niemanden erstaunen,

dass weder mein Vater noch ich in der Stimmung waren, ein
Trauerspiel von Strindberg zu lesen.«

Das war natürlich eine viel spätere Deutung des Vorgangs.
Selbst wenn Karl Otto das Manuskript hätte annehmen wollen, hätte Albert es abgelehnt. Den Sittlichkeitskonflikt noch
in frischer Erinnerung verhielt er sich kategorisch: »Nein,
kommt nicht infrage.«

Der plötzliche Tod Bettys war ein Schock. Seit sie 1876
von ihrer Depression genesen war, hatte sie sich im Großen und Ganzen einer guten Gesundheit erfreut. Die ganze
Familie und Karl Otto im Besonderen waren am Boden zerstört. Karl Otto und seine Mutter verband eine sehr enge
und herzliche Beziehung, seit Betty ihn Ende der 1870er-
Jahre während seiner Krankheit im Ausland gepflegt hatte.

Albert verarbeitete die Trauer um seine Lebensgefähr-
tin wie alle seine dunklen Stunden – er stürzte sich in die
Arbeit. Sein Enkel Åke fasste das in seiner Familienchronik
folgendermaßen zusammen:

»Albert konnte den Verlust seiner Frau nur schwer verwinden, aber sein Arbeitsvermögen nahm dadurch nicht
ab. Im Gegenteil führte die Einsamkeit dazu, dass sich sein
Arbeitseifer beinahe verdoppelte. Aber der Optimismus und
die Lebensfreude, die Albert Bonnier sein ganzes Leben ausgezeichnet hatten, hatten einen schweren Dämpfer erhalten.«

* * *

Die Arbeit im Verlag ging mit unverminderter Betriebsam-
keit weiter, wobei Albert das selbstverständliche Oberhaupt
war, aber von nun an mit Karl Otto als immer aktiverem
Partner an seiner Seite.

Eine der wichtigsten Publikationen um 1890 waren die
Gesammelten Werke August Blanches in sechzehn Bänden,

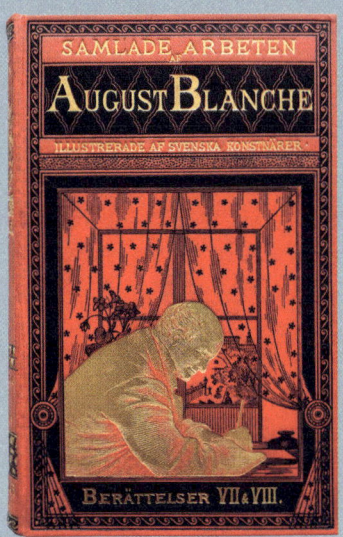

Gesammelte Werke von August Blanche, Umschlag von
Carl Larsson, Illustrationen von Bruno Liljefors.

Gesammelte Werke von August Blanche,
Illustrationen von Jenny Nyström.

illustriert von Jenny Nyström und Bruno Liljefors. Alberts Absicht war es, den Erfolg der illustrierten Ausgabe von Topelius' *Erzählungen eines Feldschers* fortzusetzen, die Carl Larsson ausgestattet hatte und die in einer für die damalige Zeit fantastischen Auflage von 30 000 Exemplaren erschienen war. Auch Blanches Gesammelte Werke wurden ein Erfolg, obwohl Carl Larsson nur noch Zeit für die Gestaltung des Einbands gefunden hatte.

Mindestens ebenso wichtig war ein Kontakt, den Albert und Karl Otto im nächsten Jahrzehnt knüpften und der den Verlag – wie auch die schwedische Literatur überhaupt – in vielerlei Hinsicht definieren sollte.

Im Januar 1888, etwa ein halbes Jahr vor Bettys Ableben, wurden zwei vornehme Damen im Verlag vorstellig, um ein Buch zu kaufen, das, wie sie behaupteten, bei Bonniers erschienen sei. Keiner der Angestellten hatte jedoch von dem Titel gehört, und die Damen baten darum, »Herrn Bonnier persönlich« sprechen zu dürfen. Karl Otto empfing sie in seinem Büro. Er hörte aufmerksam zu, als sie ihm erklärten, dass sie dem Autor, der erzählt habe, einen Gedichtband im Bonnier-Verlag veröffentlicht zu haben, in der Schweiz persönlich begegnet seien. Karl Otto antwortete: »Ich kenne keinen Autor dieses Namens und kann Ihnen versichern, dass von diesem Autor kein Buch weder in unserem noch in einem anderen Verlag erschienen ist.« Es müsse sich, fügte er hinzu, um ein Missverständnis handeln.

Am nächsten Tag erzählte Albert seinem Sohn von dem unangemeldeten Besuch eines stramm-eleganten Herrn zwischen 25 und 30 am Vorabend, der sich erkundigt habe, ob er ein Manuskript einreichen dürfe. Der Besucher erklärte, ein guter Freund August Strindbergs zu sein und dass Zacharias Topelius einige der Gedichte gelesen und gelobt habe. Dann verschwand er ebenso schnell, wie er gekommen war.

Am Tag darauf wurde ein Paket mit einem Manuskript und einem Begleitschreiben im Verlag abgegeben. Der Urheber schrieb, er wolle nicht »zu umständlich für mein eigenes Werk plädieren«, hoffe aber, dass er sich »in der nächsten Woche einfinden dürfe, um das Ergebnis« der Lektüre seiner zugedachten Verleger zu erfahren.

Der Brief war unterzeichnet:

»Hochachtungsvoll

Verner von Heidenstam.«

Otto. 3, Place de la Madeleine Paris

Verner von Heidenstam

9. KAPITEL

DIE NEUNZIGER

Im Verlag. Verner von Heidenstam, Oscar Levertin und Alberts letztes Jahrzehnt. Einige Fehleinschätzungen. Veränderung in der Luft. Gustaf Fröding. Weiterhin Sitten-Panik. Noch ein Prozess. Selma Lagerlöf.

———

Das Leben im Verlag in der Mäster Samuelsgatan 17, wie die Adresse nach einer Straßennamenreform in Stockholm seit 1888 lautete, war sowohl familiär als auch spartanisch. Einen Einblick in die Verhältnisse vermittelte viel später Herman Bergqvist, der 1889 als Assistent angestellt wurde und bis zum Büroleiter avancierte. Nach fünfzigjähriger Verlagszugehörigkeit veröffentlichte Bergqvist seine Erinnerungen *I böckernas värld* (In der Welt der Bücher), die er Albert und Karl Otto Bonnier widmete. Hier beschrieb er Albert als einen Mann »unermüdlicher Arbeit in Gesellschaft seines unverzichtbaren Kameraden, der Zigarre«:

»Unter einer für viele schroffen Oberfläche schlug bei Albert Bonnier ein gutes Herz. Ich vergesse nie, wie ich einmal in strömendem Regen eine Besorgung erledigt hatte und tropfnass durch den Innenhof ging. Albert Bonnier, dessen Büro auf dieser Seite lag, sah mich und eilte mir entgegen, um mir seinen Mantel zu reichen.«

Auch Frans Hedberg, der beruflich und privat ein fleißiger Besucher war, hat die Atmosphäre im Verlag geschildert. Dem höchsten Chef Albert Bonnier war es wichtig, dass seine Tür immer offen stand:

»Nur bei besonders feierlichen Anlässen wurde diese Tür geschlossen. Aber wenn, dann schloss er sie selbst, denn er wollte nicht zulassen, dass ihn jemand anders von seiner Umgebung abschirmte. Wie er da hinter seinem mit Papieren, Briefen, Manuskripten, Zeitungen und Telegrammen übersäten Tisch saß, konnte er recht kurz angebunden sein, wenn er gestört wurde. Aber er taute rasch auf und begann zu scherzen und vergaß dann eine Weile die vielen Aufgaben, die auf ihn warteten.«

Die Verwaltung des Verlags, die 1880 in größere Räumlichkeiten im Gebäude umgezogen war, bestand aus sieben Zimmern und aus nur sieben oder acht Personen. Die Bücher wurden mit Fuhrwerken transportiert, Lastwagen gab es noch keine. Die Räume von Vater und Sohn lagen nebeneinander, Karl Ottos war etwas weniger repräsentativ. Das einzige Telefon mit der Nummer 6609 befand sich in einem Lagerraum, der »Verschlag« genannt wurde. Klingelte es, wurde der Angerufene durch einen Boten verständigt und musste dann zum Apparat eilen. Gewisse Modernisierungen waren jedoch im Anzug, erinnerte sich Bergqvist:

»Als ich 1889 im Verlag anfing, gab es keine Schreibmaschinen, sondern alles wurde mit der Hand geschrieben. Meine Handschrift war lesbar, und ich durfte deswegen u.a. Verträge abschreiben. – Erst um 1895 wurde die erste Schreibmaschine angeschafft, eine Densmore.«

Eine andere Modernisierung war in dieser Zeit aber von noch größerer Bedeutung. Gegen Ende des 1880er-Jahrzehnts hatte sich Bonniers zu guter Letzt bei der jüngeren Autorengeneration als Verlag etabliert. Das war auch dem literarischen Almanach *Svea* anzumerken, den Albert noch immer persönlich redigierte. Er stand jetzt auch Autorinnen und Autoren wie Victoria Benedictsson, unter dem Pseudonym Ernst Ahlgren, Oscar Levertin, Albert Ulrik Bååth und Edvard Fredin offen. An Fredin erinnert man sich heute noch in Schweden, weil er das Tennyson-Gedicht »Ring Out, Wild Bells« übersetzte, das jedes Jahr zu Silvester im Radio vorgelesen wird. Im selben Jahr, in dem der bahnbrechende Künstler Ernst Josephson, der Neffe Ludvig Josephsons, geisteskrank wurde, veröffentlichte Bonniers eine Auswahl seiner Gedichte unter dem Titel *Svarta rosor* (Schwarze Rosen).

Ein Signum des Verlags war weiterhin seine Aufgeschlossenheit gegenüber ausländischen Romanen. Albert Bonnier hatte dem schwedischen Publikum 1885 Leo Tolstoi mit *Anna Karenina* nahegebracht.

Albert interessierte sich wie bereits erwähnt auch für Reiseberichte und gab seit den 1870er-Jahren eine *Bibliotek för resebeskrifningar* (Bibliothek der Reisebeschreibungen) heraus. Im Jahr des Buchverlegerstreits 1887 veröffentlichte ein junger Entdeckungsreisender sein erstes Buch, eine Schilderung Persiens, Mesopotamiens und Kaukasiens. Er hieß Sven Hedin und war später für den Verlag finanziell von großer Bedeutung. Populäre Fach- und Handbücher wie *Genom Sveriges bygder* (Durch Schwedens Lande) und *Hemläkaren* (Der Hausarzt) trugen in den Jahren nach 1880 ebenfalls zum Gewinn bei.

Und dann war da noch dieser elegante Besucher.

Verner von Heidenstam, geboren 1859 und adelig, wuchs überwiegend in Stockholm auf, betrachtete aber Olshammar am Vättern als sein eigentliches Zuhause. In Olshammar, einem Herrenhaus im Besitz der Familie seiner Mutter, verbrachte das kränkliche Einzelkind die Sommer und entwickelte eine lebenslange Liebe zu der Landschaft am Vättern, die sich in seiner Dichtung niederschlug. Auf einer Anhöhe oberhalb des Vättern ließ er in den Jahren nach 1920 ein repräsentatives Haus, Övralid, bauen, in dem er bis zu seinem Tod 1940 wohnte.

Verner von Heidenstam wurde mit seinen Frühwerken wie dem komplizierten Ideenroman *Hans Alenius*, seinen Gedichten und dem Novellenzyklus *Karolinerna* (»Karl der Zwölfte und seine Krieger«) zu einem der größten Namen des Albert Bonniers Förlag. Diese Erfolge führten 1912 zu seiner Berufung in die Schwedische Akademie und vier Jahre später zur Verleihung des Nobelpreises, allerdings aus Gründen, die heute eher zweifelhaft erscheinen. Seine Kollegen in der Akademie belohnten ihn eher für seinen Nationalismus als für seine Dichtung.

Neben der Buchproduktion wirkte von Heidenstam Ende der 1890er-Jahre an einer Rekonstruktion des von einer Krise heimgesuchten *Svenska Dagbladet* mit. Dort veröffentlichte er den Gedichtzyklus *Ett folk* (Ein Volk), der einige Zeilen enthält, die bis heute vielleicht seine bekanntesten sind. Das Gedicht »Bürgerlied« ist eine Stellungnahme zur Wahlrechtsdebatte:

> *»Es ist eine Schande, ein Fleck auf Schwedens Banner,*
> *dass die Bürgerrechte vom Geld abhängen.«*

Albert vertraute Karl Ottos literarischem Urteil, und am Tag nach Verner von Heidenstams unangemeldetem Besuch im Januar 1888 gab er das Manuskript seinem Sohn. Karl Otto nahm es mit nach Hause und las seiner Frau Lisen daraus vor. Beide waren sehr ergriffen:

»Sofort von der ersten Zeile bis zur letzten waren wir uns im Klaren darüber, dass sich hier ein neuer großer Dichter offenbarte. An diesem Abend erlebten wir einen dieser feierlichen Augenblicke, die ein Verleger nie vergisst, die ihm aber leider nur allzu selten vergönnt sind.«

Karl Ottos Begeisterung über seine erste Begegnung mit von Heidenstams Lyrik ist fast ebenso gut nachzuvollziehen wie sein Glück einige Jahre zuvor bei der Lektüre von August Strindbergs Gedichten. Die beiden Autoren, deren Freundschaft sich später in eine bittere Feindschaft verwandeln sollte, die ihren Höhepunkt während der sogenannten Strindberg-Fehde in den Jahren 1910 bis 1912 erreichte, kündigten etwas Neues in der schwedischen Literatur an. In von Heidenstams Fall war es eine idealistische und schwärmerische Strömung mit nationalromantischen Zügen.

Während er Lisen vorlas, hielt Karl Otto vielleicht bei einer besonders innerlichen Strophe inne:

»*Ich sehne mich seit acht langen Jahren nach Hause.*
Selbst im Schlaf habe ich die Sehnsucht gespürt.
Ich sehne mich nach Hause. Ich sehne mich, wo ich auch gehe
– aber nicht nach Menschen! Ich sehne mich nach der Erde,
ich sehne mich nach den Steinen, auf denen ich als Kind gespielt.«

Die von einem Aufenthalt in Südeuropa und im Vorderen Orient inspirierten Gedichte wurden unverzüglich angenommen und erschienen unter dem Titel *Vallfart och vandringsår* (Wallfahrt und Wanderjahre). Von Heidenstam hatte sich seiner Tuberkulose wegen im Süden aufgehalten. Das Buch verkaufte sich mäßig, aber die Kritik war begeistert. In der *Handelstidningen* schrieb Karl Warburg: »Ein schöneres, ursprünglicheres und reiferes Debüt hat es in der schwedischen Dichtung seit Langem nicht gegeben.«

Fast über Nacht hatte sich der unbekannte Verner von Heidenstam zur literarischen Sensation entwickelt. Der Verlag hatte ein weiteres Talent angeworben. Bereits im Herbst lieferte von Heidenstam den Roman *Endymion* ab.

* * *

Verner von Heidenstam, der auch ein begabter Aquarellmaler war, sprang mit seinem Debüt in die Bresche gegen die »grauen Achtzigerjahre«, wie er sie in dem Pamphlet *Renässans* (Renaissance) im Jahr 1889 bezeichnete.

Im darauffolgenden Jahr definierte von Heidenstam seine Ambitionen gemeinsam mit Oscar Levertin in dem Manifest *Pepitas bröllop* (Pepitas Hochzeit), das im Albert Bonniers Förlag erschien. Das Ziel sei, schrieben sie, »eine Poesie der Schönheit, die nicht im Geschirr vor der Fuhre der Nützlichkeit hertrottet«. Levertin hatte die Strömungen der Achtzigerjahre hinter sich gelassen und sich von Heidenstams Programm angeschlossen. Eine neue Epoche brach in der schwedischen Literatur an, die nach dem neuen Jahrzehnt benannt wurde: Die Neunzigerjahre, ein goldenes Zeitalter, das über von Heidenstam und Levertin hinaus mit Namen wie Gustaf Fröding und Selma Lagerlöf in Verbindung gebracht wird.

Auch die schwedische Malerei erlebte einen kreativen Aufschwung, teilweise im Gefolge von Ernst Josephson, dem Schöpfer des Gemäldes *Näcken* (Der Nöck), Anders Zorn, Carl Larsson, Prinz Eugen, Hanna und Georg Pauli – und Eva Bonnier.

Mehrere Autoren der Neunzigerjahre pflegten enge Beziehungen zum Albert Bonniers Förlag, allerdings mit einer auffälligen Ausnahme.

In einer der vielen informativen und amüsanten Fußnoten zu seinen Erinnerungen erzählte Karl Otto davon. Möglicherweise handelt es sich um eine Episode, die Rückschlüsse auf das Chaos zulässt, das wegen der literarischen Doppelspitze bestehend aus alterndem Vater und ehrgeizigem Sohn im Verlag entstehen konnte.

Im Jahr 1895 wurde ein Manuskript mit Gedichten im Verlag abgegeben. Es blieb liegen, »wie das schon einmal passieren kann, wenn viel zu tun ist«. Nach einigen Monaten schickte der Absender einen Boten, um das Manuskript wieder abzuholen, und dieser erhielt es, »ohne dass einer von uns auch nur einen Blick auf die Gedichte geworfen hätte«. Es war Erik Axel Karlfeldts Debüt *Vildmarks- och kärleksvisor* (Wildnis- und Liebeslieder), das stattdessen im Seligmanns Förlag erschien.

Karlfeldt wurde nie ein Bonnier-Autor, aber ein geschätzter Dichter, Ständiger Sekretär der Schwedischen Akademie sowie posthum Literaturnobelpreisträger. Karl Otto seufzte: »Wahrhaftig eine Warnung an alle Verleger, nicht müde zu werden und Manuskripte nicht ungelesen abzulehnen.«

Albert und Karl Otto ließen sich in den Jahren nach 1890 noch ein paar weitere Fehlurteile zuschulden kommen. Sie lehnten einen Band Erzählungen von Per Hallström ab, da sie mit seinem Debüt *Lyrik och fantasier* (Lyrik und Fantasien) Geld verloren hatten. Sie hatten Hallström eine Chance gegeben, und zwar nicht nur, weil er ein vielversprechender Autor war, sondern weil ihn Alberts Nemesis, der Norstedts-Chef Gustaf Holm, abgelehnt hatte. Der Möglichkeit, Holm zu ärgern, konnten sie einfach nicht widerstehen. Nach Bonniers Ablehnung der Erzählungen wandte sich Hallström an Wahlström & Widstrand. Dort wurde *Vilsna fåglar* (Verirrte Vögel) ein schöner Erfolg. Hallström wurde 1908 in die Schwedische Akademie aufgenommen.

Ein weiteres Fehlurteil betraf den Lyriker Ola Hansson aus Schonen, der in Deutschland lebte. Er bot dem Verlag die Übersetzung von Friedrich Nietzsches Werk *Also sprach Zarathustra* von 1883–1885 an, später ein Klassiker in der Welt der Philosophie. Hansson wollte damit »ein vollkommen neues und ungewöhnlich fruchtbares Element in unsere Kultur« einführen.

Albert hatte noch nie von Nietzsche gehört und fragte daher Gustaf af Geijerstam und Karl Otto, ob sie etwas über einen deutschen Autor und Denker mit diesem Namen wüssten, erhielt aber nur vage Antworten. Albert lehnte also ab, was Karl Otto im Nachhinein bedauerte. Zur Ablehnung trug vermutlich auch bei, dass Ola Hansson einige Jahre zuvor von den Kritikern für *Sensitiva amorosa*, einer Sammlung Prosagedichte, die als erotisch galten, angegriffen worden war. Ein anderer erschwerender Umstand im Verhältnis zu Albert war mit Sicherheit auch Ola Hanssons Antisemitismus.

Der Verlag hatte ohnehin eine komplizierte Beziehung zu dem anstrengenden und seltsamen Ola Hansson, der sich immer missverstanden und angefeindet fühlte. Bonniers erbarmte sich seiner gelegentlich und verlegte das eine oder andere Buch, u. a. einen Band Erzählungen, aber weder Kritiker noch Leser fanden Gefallen an diesem von Nietzsche beeinflussten Sonderling, der trotz seiner persönlichen Schwächen heute als einer der vorausschauendsten schwedischen Schriftsteller des späten 19. Jahrhunderts gilt.

Auch die Beziehung zu Verner von Heidenstam barg potenzielle Schwierigkeiten, was nicht an Karl Otto lag, sondern an Albert, den es grämte, dass sich von Heidenstams Bücher trotz guter Kritiken nicht besser verkauften. Wieder kollidierten finanzielle Vorsicht des Vaters und literarische Begeisterung des Sohnes.

In einem scharfen Kommentar vor der Veröffentlichung von *Hans Alenius* schrieb Albert an von Heidenstam, das Buch sei vermutlich schwer verkäuflich, da es kein »durch Intrigen und Ähnliches spannender Effektroman« sei. Derartig barsche Formulierungen äußerte Albert nach *Heiraten* und dem Buchverlegerkonflikt immer häufiger. Diese Auseinandersetzungen – und die unvermeidlichen Folgen des Alters – führten dazu, dass ihm ein Teil der sozialen Anpassungsfähigkeit, die ihn in jüngeren Jahren ausgezeichnet hatte, abhandenkam: die untrügliche Gabe, Autoren mit Zuckerbrot und Peitsche das Gefühl zu vermitteln, besonders und auserwählt zu sein.

Dass von Heidenstam nicht wütend wurde, dürfte damit zusammengehangen haben, dass Albert ihm das großzügige Honorar von 4000 Kronen anbot. So lautet auch die Einschätzung Per I. Gedins in seiner Von-Heidenstam-Biografie. Genau wie bei Strindberg zehn Jahre zuvor erkannte Albert, dass er es trotz allem mit einem besonderen Talent zu tun hatte.

Karl Otto war von Heidenstams hauptsächliche Bezugsperson im Verlag, aber als von Heidenstam den Entschluss fasste, über Karl XII. zu schreiben, einen König, der ihn seit seiner Kindheit fasziniert hatte, wandte er sich direkt an Albert. Der Autor wollte ein möglichst hohes Honorar erzielen und wusste, dass Albert in Honorarfragen das letzte Wort hatte.

Die Verhandlungen endeten mit einem Vertrag über schwindelerregende 16000 Kronen, also etwa eine Million Kronen im heutigen Geldwert, ohne dass von Heidenstam seinem Verleger gestattet hätte, das Manuskript zu lesen.

Bei *Karolinerna* (»Karl der Zwölfte und seine Krieger«) handelte es sich um eine Reihe Erzählungen aus der Zeit des »Heldenkönigs« Karls XII., in deren Zentrum einfache, leidende Menschen standen, wobei der idealisierte Kriegerkönig komplexer gestaltet wurde als üblich. Von Heidenstam steigerte sich in seine Arbeit hinein und behauptete, nachts von dem toten König besucht worden zu sein, der auf einem Sessel Platz genommen und ihm Anweisungen erteilt hätte.

Einige Zeilen aus dem Kapitel »Ein hübsches weißes Hemd« zeugen von von Heidenstams Gabe, selbst in fürchterlichen Dingen schön und anschaulich zu formulieren. Man sieht geradezu, wie das heiße Blut in der beißenden Kälte dampft:

»Die Kosakenpike war dem Soldaten Bengt Geting durch die Brust gedrungen, und die Kameraden legten ihn im Wäldchen auf einen Reisighaufen. Pastor Rabenius spendete ihm das Abendmahl. Das geschah auf dem vereisten Land außerhalb der Mauern von Weperik. Ein pfeifender Nordwind riss das trockene Laub von den Büschen [...] Bengt Geting verblutete mit gefalteten Händen. Er hatte die harten Augen aufgerissen, und sein stures und knochiges Gesicht war so gegerbt von Sonne und Frost, dass die bläuliche Blässe des Todes nur auf seinen Lippen aufschien.«

Albert und Karl Otto gingen ein beträchtliches Risiko ein, als sie *Karl der Zwölfte und seine Krieger* »im Sack« kauften, aber es lohnte sich. Im Laufe der Jahre wurden von den ersten zwei Teilen des Werkes über 120 000 Exemplare verkauft.

Verner von Heidenstams Freund und Bundesgenosse Oscar Levertin, eine andere zentrale Gestalt der Neunzigerjahre, wurde vom Verlag, zumindest zu Alberts Lebzeiten, hingegen stiefmütterlich behandelt. Albert fand Levertins Honorarvorstellungen überzogen, man ahnt aber auch einen weiteren Grund: »Paradoxerweise war der jüdische Dichter für den Verlag zu sehr Jude«, meint der Literaturwissenschaftler und Levertin-Kenner Per Rydén. Albert, dem ein deutlich schwedisches Profil seines Katalogs immer ausgesprochen wichtig war, scheinen die jüdischen Motive bei Levertin aufgestoßen zu sein, beispielsweise in Levertins Gedicht »Auf dem jüdischen Friedhof in Prag« aus dem Band *Legender och visor* (Legenden und Lieder) aus dem Jahr 1891:

»Das taten die Väter, die man jagte
von Land zu Land mit Spott und Scham
und die in dunklen Jahrhunderten sahen,
wie die Klage des Gettos plagte ihren Stamm.«

Was jedoch auf Karl Ottos und Levertins Freundschaft keinen Einfluss hatte. »Keiner meiner Zeitgenossen war mir teurer«, schrieb Karl Otto in seinen Erinnerungen. Heimlich stifteten Lisen und er 100 000 Kronen ihres eigenen Geldes, damit eine persönliche Professur in Literaturgeschichte für Levertin eingerichtet werden konnte.

Als Albert ganz am Ende seines Lebens davon erfuhr, hatte er keine Einwände.

Oscar Levertin war einer der herausragendsten schwedischen Essayisten und Kritiker der Jahrhundertwende. Er starb bereits 1906 im Alter von nur 44 Jahren. Die Umstände seines Todes waren recht bizarr. Der an Angina erkrankte Levertin trank versehentlich ein Glas Gurgelwasser und starb an einer allergischen Reaktion. Karl Otto und Lisen trauerten sehr um ihren Freund.

* * *

Parallel zu den neuen literarischen Strömungen vollzogen sich Prozesse, die umfassende Folgen für die Entwicklung der schwedischen Gesellschaft hatten.

Die Auswanderung nach Amerika nahm zu. Zu Beginn des 20. Jahrhunderts hatten über eine Million Schweden ihrer Heimat den Rücken gekehrt.

Die Union mit Norwegen befand sich in einer Krise und wurde schließlich 1905 aufgelöst.

In der politischen Debatte kletterte das Thema des allgemeinen Wahlrechts auf der Tagesordnung immer weiter nach oben. Liberale und Sozialdemokraten gründeten 1890 Sveriges allmänna rösträttsförbund (Schwedens allgemeiner

Wahlrechtverein), dessen Satzung vorsah, »zur gemeinsamen Arbeit für die Durchsetzung des allgemeinen Wahlrechts alle für dieses Ziel wirkenden Kräfte im Land zusammenzuschließen«.

Besonders die sozialdemokratische Agitation stieß auf Repressionen, u. a. durch das sogenannte »Maulkorbgesetz« (munkorgslagen) von 1889, das sich gegen Versuche richtete, »Leute zum Ungehorsam gegenüber Gesetzen oder gesetzlichen Behörden zu verleiten«. Die Arbeiterbewegung gewann trotzdem immer mehr Mitglieder, und 1896 wurde Hjalmar Branting auf einer liberalen Liste in die zweite Kammer des Reichstags gewählt. Veränderungen lagen in der Luft.

Albert hielt sich über diese Stimmungen orientiert. Dass er mit ihnen zum Teil sympathisierte, wird aus seiner Unterstützung des Vereins Verdandi deutlich, aber im Alter, als er sowohl beruflich als auch privat etliche Schwierigkeiten auszustehen hatte, kamen seine politischen und ideologischen Neigungen wohl eher in seinen konservativen literarischen Präferenzen zum Ausdruck.

Sein Engagement im Verlag konzentrierte sich neben dem Almanach *Svea* vor allem auf die Neuausgaben seiner alten Favoriten, der Werke August Blanches und Viktor Rydbergs *Singoalla*.

Einer der großen Titel des Verlags zu Beginn der 1890er-Jahre war eine Neuausgabe von Elias Sehlstedts *Sånger och visor* (Lieder und Weisen), prachtvoll illustriert von Carl Larsson in einer Auswahl von Alberts gutem Freund Carl Snoilsky, einem seiner Lieblingsdichter.

Larsson, der nach dem Erfolg mit Topelius' *Erzählungen eines Feldschers* zu Alberts wichtigstem Illustrator avanciert war, war überglücklich, als er die ersten Bögen sah, die Albert und Karl Otto mit der neuesten Technik in Wien hatten drucken lassen. Aus Sundborn bei Falun, wo er ein Atelier besaß und auch wohnte, schrieb Larsson im Juni 1892:

Die von Carl Larsson ausgestattete Ausgabe
der *Lieder und Weisen* von Elias Sehlstedt.

»Meine Güte, so schön! [...] Wenn man seine Kunstwerke so in der Welt verbreiten kann, dann male ich verdammt noch mal keine Gemälde mehr. Das ist die wahre Demokratie! Herrgott! Ich bin so froh!«

Albert Bonnier vermied öffentliche Stellungnahmen zu politischen Themen, auch hier befleißigte er sich einer gewissen Vorsicht. Ganz sicher trug seine »Konfession« zu seiner Zurückhaltung bei. Er hatte schließlich erlebt, welche Kräfte freigesetzt wurden, als er, ein Jude, in den Mittelpunkt öffentlicher Kontroversen geriet.

Alberts Freisinn oder sein Liberalismus, wenn man so will, war älteren Schlages und hatte seine Wurzeln in den Ideen des Jahres 1848 und bei Politikern wie Johan August Gripenstedt. Nach der Repräsentationsreform, die die radikale Fraktion enttäuscht hatte, verlor diese Gesinnung an Bedeutung. Das Wahlrecht in Schweden blieb weiterhin stärker eingeschränkt als in den meisten vergleichbaren Ländern.

Albert respektierte zwar die jüngeren Demokratieverfechter wie Karl Staaff und Hjalmar Branting, hielt aber Abstand zu umstürzlerischen Meinungsäußerungen. Bereits 1884 hatte er das Drama des ultraradikalen Hinke Bergegren mit dem Titel *Det angår ingen* (Das geht niemanden was an) abgelehnt, und zwar mit der vernichtenden Formulierung: »Das geht uns nichts an.« Etwa ein Jahr später bot ein »Bauernstudent« dem Verlag seine Erzählungen an. Auch er erhielt eine Absage, möglicherweise nach einigem Zögern, da der etwas weitblickendere Karl Otto der Meinung war, der Autor besäße »einen ungewöhnlich originellen und kraftvollen Stil« und sei »bestimmt ein Mann der Zukunft«. Der junge Mann war Axel Danielsson, Gründer der Zeitung *Arbetet* in Malmö und späterer Urheber des sozialdemokratischen Parteiprogramms.

Alberts zeituntypische Unvoreingenommenheit manifestierte sich eher persönlich und beruflich als politisch, beispielsweise in seinem zwanglosen Umgang mit Autorinnen und in der Beförderung des Hausknechts Gustaf Banck zum Prokuristen.

Eine Regelung der Arbeitszeit existierte damals nicht, aber bereits dreißig Jahre vor dem Gesetz über den Achtstundentag verfügte Albert, dass im Verlag um sechs Uhr Feierabend sei, damit die Angestellten nach Hause gehen konnten, statt bis tief in die Nacht zu arbeiten. Zuvor hatten sie brav ausharren müssen, bis Gustaf Banck oder ein anderer Vorgesetzter sie entließ. »Ich erinnere mich noch, mit welcher Freude diese Nachricht empfangen wurde. Es war fast, als hätte man bereits mitten am Nachmittag freibekommen«, erinnerte sich Herman Bergqvist.

Protz und formelle Pracht interessierten Albert nicht. Als sich August Strindberg, um ihm zu schmeicheln, anerbot, seine Kontakte in Frankreich dafür zu nutzen, ihm die Ehrenlegion zu verschaffen, lehnte Albert höflich, aber nachdrücklich ab:

»Diesem Zierrat stehe ich vollkommen gleichgültig gegenüber – und obwohl ich Frankreich und das französische Volk liebe, hätte ich doch das Gefühl, dass es mir nicht zustünde, einen solchen Orden zu tragen – weil ich ihn viel zu bequem errungen hätte.«

Alberts politische Haltung lässt sich vermutlich am besten mit einem Absatz, einem Selbstbekenntnis, aus Louis De Geers *Erinnerungen* von 1892 zusammenfassen. Neben den Politikermemoiren Ernst Wigforss' sind jene von De Geer die literarisch interessantesten von den in Schweden erschienenen:

»Ich bin Optimist, nicht nur in der Frage, wie die Welt in ihrer Gesamtheit regiert werden soll, sondern auch in der Frage der gesellschaftlichen Entwicklung. Ich bin, was das Endziel meines gesellschaftlichen Ideals angeht, recht radikal, was Freiheit, Brüderlichkeit und Gleichberechtigung betrifft. Aber ebenso überzeugt, wie ich davon bin, dass sich die Entwicklung auf dieses Ziel zubewegt [...] bin ich es auch davon, dass diese Entwicklung im Großen und Ganzen äußerst langsam und ungleichmäßig verlaufen muss [...] Die wahre Staatskunst besteht darin, Revolutionen zuvorzukommen oder, im Kleinen, etwas nie schneller voranzutreiben, als dass die allgemeine Denkungsart dagegen nicht reaktionär wirkt, aber auch, ohne das Ziel aus den Augen zu verlieren, nie stillzustehen, wenn man ohne diese Gefahr voranschreiten kann, aber doch lieber innezuhalten, statt einen Rückschritt zu riskieren.«

Ein glühender Radikaler war der alte Albert Bonnier nicht, aber in seinem letzten Lebensjahrzehnt verbanden sich eine instinktive Toleranz mit der gesellschaftlichen Frage, die im nächsten Vierteljahrhundert das öffentliche Leben in Schweden dominierte.

Als ein etwa dreißigjähriger Journalist und hoffnungsvoller Dichter aus Värmland einen Preis der Schwedischen Akademie für seine Debütsammlung, verlegt bei Bonniers, erhielt, hatte Albert nichts dagegen, dass der Poet das Preisgeld der Wahlrechtsbewegung schenkte.

Gustaf Fröding betrat die Bühne.

* * *

Im Oktober 1889 traf ein Brief von einem Patienten der Nervenheilanstalt in Görlitz in der Redaktion des Almanachs *Svea* ein. Er war mit einem Namen unterzeichnet, der weder Albert noch Karl Otto etwas sagte.

»Der Unterzeichner nimmt sich hiermit die Freiheit, einige Gedichte zu übersenden, damit die Redaktion möglicherweise eines oder mehrere von ihnen in ihrem Almanach verwenden möge. In jedem Fall wäre ich Ihnen dankbar, wenn Sie mir bei Gelegenheit das Manuskript zurückschicken könnten.

Ich erhebe keinen Anspruch auf ein Honorar, wäre aber dankbar, wenn Sie mir ein Exemplar des Almanachs an die obige Adresse senden könnten, falls es meinen Gedichten vergönnt sein sollte, darin veröffentlicht zu werden.

Hochachtungsvoll

Gustav Fröding.«

Albert war interessiert, fand aber, dass er nur Platz für eines der sechs Gedichte hatte, nämlich »Sonne und Pfannkuchen«. In seiner Antwort an Fröding scheute Albert allerdings nicht die Mühe, ihm Hoffnungen zu machen: Er fände es angenehm, »falls Sie in Zukunft eine literarische Arbeit anzubieten haben, von Ihnen zu hören«.

Fröding war mit Alberts Wahl unzufrieden, da »Sonne und Pfannkuchen« eigentlich nicht seinen hohen Anforderungen genügte. »Bonnier hätte Prügel verdient [...] schließlich hatte er eine Auswahl«, schrieb Fröding einem Freund. Trotzdem nahm er Albert beim Wort und schickte ihm im Juli 1890 weitere Gedichte, »zu Ihrer Beachtung«. Im Begleitschreiben hieß es, dass Fröding sich gewisser Mangel bewusst sei, aber dass »einiges wahr empfunden und wiedergegeben« sei und es ohnehin Aufgabe der Kritik sei, es zu beurteilen, »falls das Buch wirklich das Licht des Tages erblickt«.

Gustaf Fröding kann als Albert Bonniers letzte große Entdeckung gelten – Albert lebte nach Frödings Debüt nur noch knappe zehn Jahre –, und in seinen Erinnerungen betonte Karl Otto, dass sein Vater sofort erkannt habe, dass sie es mit »einem Dichter von wirklichem Rang« zu tun hatten.

Hintergrund für diese Deutlichkeit stellte eine seltsame Debatte in der Presse nach Frödings Tod im Jahr 1911 dar.

Fröding hatte anfänglich den Wunsch geäußert, sein erstes Buch möge bereits im Herbst 1890 erscheinen, aber Albert wollte bis zum folgenden Jahr warten und wies als Begründung auf »rein materielle Gründe« hin. Er fügte noch die nicht ganz diplomatische Formulierung hinzu, dass es für Fröding vielleicht von Vorteil sein könne, seine Dichtungen in dieser Zeit noch etwas reifen zu lassen.

Zwanzig Jahre später, nachdem Karl Otto *Dagens Nyheter* den frühen Briefwechsel Frödings und Alberts zur Veröffentlichung überlassen hatte, attackierte die Kritikerin, Schriftstellerin und Friedensaktivistin Mia Leche, die spätere Ehefrau des Politikers Eliel Löfgren, Bonniers und besonders den verstorbenen Albert, der, wie sie fand, Fröding abgewiesen habe. Sie schrieb im *Stockholms Dagblad*:

»Als Gustaf Fröding, todkrank und bettelarm, beschloss, seine Gedichte in die Welt zu senden, begegnete ihm der, der in erster Instanz sein Schicksal in den Händen hielt, mit trockener und schulmeisterlicher Beschränktheit. Das scheint die bittere Erfahrung eines jeden jungen Debütanten auf dem Weg zum Parnass zu sein.«

Karl Otto erwiderte empört, Mia Leche verdrehe die Angelegenheit vollkommen. Er zitierte ausführlich aus Briefen Alberts an Fröding, in denen sein Vater seine Wertschätzung der Gedichte beteuerte.

Die von Albert erwähnten »materiellen Gründe« waren laut Karl Otto der Abriss der alten Bonnier-Druckerei im Frühjahr 1890. Die neue, moderne musste erst noch gebaut werden und war erst zu Weihnachten einsatzbereit. Die Kapazitäten waren also begrenzt: »Unter diesen Umständen neue Manuskripte anzunehmen, verbot sich.«

Fröding war jedoch verunsichert, was Alberts Absichten betraf. »Ihre Verzögerung hat in mir den Verdacht geweckt, dass Ihnen meine Verse verschiedene Flausen in den Kopf gesetzt haben«, schrieb er im August. Falls Albert die Gedichte nicht drucken wolle, bitte er, sie an obengenannte Adresse in Malmö zurückzuschicken. Es handelte sich um das Allgemeine Krankenhaus, in dem er sich aufgrund eines »vorübergehenden Unwohlseins« aufhielt.

Woran auch immer es gelegen haben mag, dauerte es länger, als Fröding gehofft hatte, bis sein Debüt *Guitarr och dragharmonika* (Gitarre und Ziehharmonika) schließlich im Mai 1891 erschien, einem wichtigen Jahr der schwedischen Literaturgeschichte, da in ihm auch Selma Lagerlöfs Romanerstling *Gösta Berlings Saga* (Gösta Berling) erschien.

Frödings Gedichte wurden sehr freundlich aufgenommen. Der gefeierte Dichter Carl Snoilsky kapitulierte vollkommen: »Ja, *ich* kann überhaupt nicht dichten.« Der Verkauf lief anfänglich schleppend, was sich mit der Zeit jedoch änderte. Mehrere Gedichte aus *Gitarre und Ziehharmonika* sind mit ihren bodenständigen Themen und ihrer Leichtigkeit in Schweden zu ewigen Klassikern geworden und werden immer wieder nachgedruckt. Der Rhythmus ist unwiderstehlich:

»Es war Tanz hinten am Weg in der Samstagnacht,
über Land gingen Melodien und Lachen
es war Ho! es war Hopp! es war Hei!
Nils Utterman, der Narr und Meisterspielmann,
saß mit seiner Treckfiedel am Wegesrand,
dudeli! dudeli! dei!«

Niemand weiß, wie Albert auf die Adressen, von denen Fröding seine ersten Briefe abschickte, reagierte: eine Nervenklinik in Görlitz und ein Krankenhaus in Malmö, von wo aus Fröding Albert etwas kryptisch mitteilte: »Habe meinen Aufenthalt in Deutschland aufgrund gewisser unvorhergesehener Umstände etwas abgekürzt.«

Gustaf Fröding hatte, wie man sagte, Probleme.

Nachdem er aus der Klinik in Görlitz entlassen worden war, begab er sich nach Dresden und verfiel dort der Trunksucht. Seine große Schwester Cecilia tat ihr Möglichstes, um ihm zu helfen, und sorgte dafür, dass er nach Malmö ins Krankenhaus gebracht wurde.

Das waren Frödings »unvorhergesehene Umstände«.

* * *

Im Jahr 1860 kam Fröding in einer recht wohlhabenden Gutsbesitzerfamilie in Värmland mit Verbindungen zur kulturellen Elite zur Welt. Sein Großvater war der berühmte Naturforscher, Schriftsteller und Bischof Carl Adolph Agardh, der Mitbegründer der Akademiska Föreningen in Lund. Familie Fröding geriet allerdings in finanzielle Nöte. Hinzu kam Gustav Frödings Neigung zu Alkohol- und Sexexzessen. Im Jahr 1883 musste er sein Studium in Uppsala, wo er dem Verdandi-Kreis angehört und für Georg Brandes und Henrik Ibsen geschwärmt hatte, abbrechen. Einer seiner besten Freunde, der liberale Publizist und Politiker Mauritz Hellberg, hatte die berüchtigte Sittlichkeitsdebatte in Uppsala geleitet.

Nach Abbruch des Studiums wandte sich Fröding dem Journalismus zu. Im Jahr 1887 erhielt er eine Stelle bei der radikalen, dem allgemeinen Wahlrecht aufgeschlossenen *Karlstads-Tidningen*, bei der auch Hellberg einige Jahre später Redakteur wurde. Fröding veröffentlichte außer Rezensionen und Glossen in dem Blatt auch Gedichte. In seinem chaotischen Leben fand sich eine gewisse Normalität ein, aber trotzdem fühlte er sich in der Rolle des Zeitungsmannes nie wohl. Sein Verhalten nahm immer selbstdestruktivere Züge an und schlug recht umgehend in Geisteskrankheit um.

In dieser schwierigen Zeit stellte Fröding den Kontakt zu Albert Bonnier her, was seinen Verfall zumindest vorübergehend abgebremst zu haben scheint. Mit *Gitarre und Ziehharmonika* hatte Fröding endlich, so schrieb Mauritz Hellberg, das »erfreuliche Gefühl, Maß zu halten«.

Drei Jahre nach Frödings Debüt erschienen *Nya dikter* (Neue Gedichte), in denen Frödings soziales und politisches Engagement in der Schilderung der ausgebeuteten Arbeitskräfte durch den Industriekapitalismus zum Ausdruck kommt:

>*Die Stromschnelle donnerte, der Hammer stampfte,*
>*übertönte die murrende Stimme,*
>*niemand hörte einen Mucks der Getretenen,*
>*Geschundenen, Ausgeplünderten*
>*noch in Hunderten*
>*Jahren der Verzweiflung und des Branntweintrosts.«*

Gitarre und Ziehharmonika und *Neue Gedichte* bescherten Gustaf Fröding eine herausragende Position unter den »Autoren der Neunzigerjahre«. Wichtig war ebenfalls seine enge Freundschaft mit Verner von Heidenstam. Mit dem Karikaturisten und Skribenten Albert Engström, dem Maler J. A. G. Acke und dem schriftstellernden Grafen Birger Mörner gründete er eine Künstler- und Schriftstellerkolonie in Sandhamn in den Stockholmer Schären. Die Bilder der drei schnapsfröhlichen Herren Fröding, von Heidenstam und Engström sind durch ihren selbstsicheren ausgelassenen Hedonismus zu Klassikern geworden.

Die Fotos stammen aus dem Jahr 1896, in dem Fröding und Albert Bonnier in einen Zensurprozess verwickelt wurden, der ebenso viel Wirbel verursachte wie der *Heiraten*-Prozess um August Strindberg. Ausgelöst wurde er durch Frödings

Bruno Liljefors mit Gewehr, Zeichnung von Albert Engström.

dritten großen Gedichtband *Stänk och flikar* (Spritzer und Zipfel) und vor allem durch das Gedicht »En Morgondröm« (Ein Morgentraum).

Dem Prozess gingen zwei Intermezzos voraus, die darauf schließen ließen, dass die Moralpanik immer mehr um sich griff. In beiden Fällen war der Albert Bonniers Förlag betroffen.

* * *

Als das Restaurant Operakällaren im Jahr 1895 in neue Räumlichkeiten umzog, wurde der Maler Oscar Björk mit der Ausschmückung betraut. Seine Bilder mit Motiven aus der Antike zeigten nackte Körper, die bei den Moralaposteln Anstoß erregten. Sogar im Reichstag wurde über die Gemälde diskutiert. Ein Delegierter der zweiten Kam-

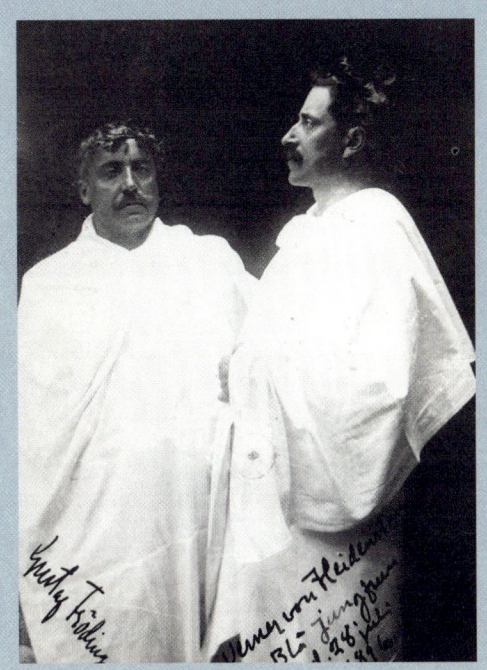

Die Freunde Gustaf Fröding und Verner von Heidenstam.

mer, Paul Peter Waldenström, der Gründer der Freikirche Svenska Missionsförbundet, war besonders entrüstet. Mit vor Zorn bebender Stimme warnte er davor, dass die Abbildungen bei den Speisenden liederliche Fantasien hervorrufen könnten. Es kam zu einer Anfrage an die Regierung, und in seiner Antwort verlieh Finanzminister Claes Wersäll der Hoffnung Ausdruck, dass das Opernkonsortium, das die Gemälde bestellt hatte, diese wieder entfernen ließe.

Das Konsortium wandte sich daraufhin an die Kunstakademie und bestellte ein Gutachten. Diese reichte die Frage an den Professor für Kunstwissenschaft an der Stockholms Högskola, Viktor Rydberg, weiter. Rydberg wies die Kritik zurück. Sittlichkeit und Sittenlosigkeit, Keuschheit und Verderbtheit lägen ausschließlich im Auge des Betrachters, meinte er und verfasste eine Broschüre mit dem Titel *Nakenhet och klädselsätt* (Nacktheit und Kleidung). Rydbergs alter Freund Albert Bonnier verlegte sie.

Damit hatte Viktor Rydberg seinen letzten Einsatz in der Öffentlichkeit geleistet. »Der Waffenschmied der schwedischen Bildung«, wie Oscar Levertin ihn nannte, starb im September desselben Jahres.

Für viele Autoren, nicht nur für Fröding, stellte eine Veröffentlichung im Almanach *Svea* den Auftakt einer dauerhafteren Verbindung mit dem Albert Bonniers Förlag dar. Einer von ihnen war ein Journalist des *Kristianstadsbladet*, der 1892 eine Glosse einsandte, »Ur glömskan« (Aus der Vergessenheit), die Albert druckte. Der Journalist, der wenig später bei *Dagens Nyheter* anheuerte, hieß Hjalmar Söderberg und war 1869 in Stockholm zur Welt gekommen. Im Herbst 1895 erschien bei Bonniers Söderbergs Debütroman *Förvillelser* (»Verirrungen«), und Oscar Levertin empfahl ihn eifrig.

Söderberg hatte nicht recht daran glauben können, dass sein Buch das Tageslicht erblicken würde. »Es ist nicht gesagt, dass der Verleger etwas zahlt, und es ist nicht gesagt, dass ich überhaupt einen Verleger finde«, schrieb er an seine Schwester Frida.

Ein Grund für Söderbergs Zweifel findet sich in dem Begleitschreiben zu dem Manuskript. Das Buch sei, fand er, »in moralischer Hinsicht pikant«. Der Roman wurde trotzdem angenommen. Nach Unterzeichnung des Vertrags war Söderberg erleichtert und froh. Er kaufte sich eine Zigarre und besuchte das Gartenrestaurant Hasselbacken in Stockholm. Vor der Tür vollführte er voller Begeisterung ein paar Tanzschritte, worauf einige Herren stehen blieben und applaudierten, erzählt Jesper Högström in seiner Söderberg-Biografie *Lusten och ensamheten* (Die Lust und die Einsamkeit).

Albert und Karl Otto scheinen in Hinblick auf *Verirrungen* keinen Ärger erwartet zu haben, aber da hatten sie sich getäuscht. Harald Molander, ein Regisseur und Theaterautor, griff den Roman in einer Rezension in *Aftonbladet* heftig an, was erstaunlich ist, da man Molander zu den eher unvoreingenommenen Autoren der 1880er-Jahre zählte.

»Man kann kaum sagen, dass dieser Roman, gelesen von älteren verständigen Leuten, in seiner Tendenz unmoralisch ist, aber er dürfte trotzdem zu den unkeuschesten Werken schwedischer Feder zählen, die sich in unseren Tagen ohne versiegelten Umschlag auf die Tische der Buchhändler geschlichen haben.«

Molander warnte nach dem Muster der Schmutzliteratur-Debatte der 1880er-Jahre ganz besonders vor den Folgen des Buches für die »törichte Jugend«.

In der Zeitschrift *Nordisk Revy* antwortete Söderberg mit einer großartigen Breitseite.

»Ich habe einmal von einem Regenschauer gelesen, der so kräftig war, dass alle Schweine sauber und alle Menschen schmutzig wurden. Es könnte nahe, ja sehr nahe liegen, dass Herr Molander mit seinem Vorgehen in dieser Sache die Absicht verfolgte, ein solches Unwetter zugunsten seiner selbst anzuzetteln – vielleicht unter dem Einfluss seiner Sehnsucht nach Reinheit, die sich nicht selten eines alten Lebemanns bemächtigt, wenn er sich der Grenze des Mannesalters nähert.«

Es wog jedoch schwerer, dass sieben bekannte Kulturpersönlichkeiten, darunter Verner von Heidenstam, Ellen Key sowie der Publizist Edvard Alkman, Söderberg verteidigten und Molander aufforderten, seine kränkenden Behauptungen zurückzunehmen, was eine gewisse Wirkung zeitigte. Molander änderte daraufhin sein Ziel und griff statt Söderberg den Verlag an. Dieser habe mit einem Debütanten, »dem offenbar die Selbstkritik fehlt«, nur Geld verdienen wollen.

»Hat der Verleger der *Verirrungen* nicht zuvor auf irgendeine Art gezögert oder Bedenken gehabt, und falls doch, wie hat der Autor darauf reagiert?«

Auch Karl Otto meldete sich zu Wort, und zwar in der Zeitschrift *Nordisk Revy*. Dort gab er, möglicherweise etwas taktlos, zu, dass Söderbergs »Buch nicht in jeder Hinsicht eine geglückte Arbeit« sei, unterstrich aber, dass es auch »viele deutliche Beweise von Talent« enthalte.

Als Karl Warburg eine freundlichere Rezension in der *Handelstidningen* verfasst hatte, ließ der Verlag eine Anzeige mit einem Zitat aus dem Roman in der Zeitung abdrucken. *Aftonbladet* merkte dazu an: »Das Buch ist so durch und durch langweilig, dass es nicht einmal zu dem ›succes de scandale‹ taugt, der vielleicht beabsichtigt war.«

Albert kam nur flüchtig mit der Debatte über den Söderberg-Roman in Berührung. Um dem Trubel, mit dem zu seinem 75. Geburtstag zu rechnen war, zu entgehen, trat er in diesem Herbst seine, wie sich zeigen sollte, letzte Auslandsreise an. Zusammen mit seiner Tochter Jenny besuchte er Österreich und Italien.

Auf den Streit, der recht bald im Sand verlief, folgte jedenfalls eine langjährige Zusammenarbeit des Albert Bonniers Förlag mit Hjalmar Söderberg, der als einer der wichtigsten schwedischen Autoren des 20. Jahrhunderts gilt, laut vielen Kennern sogar als der wichtigste. Zu Söderbergs Werken zählen *Doktor Glas* und *Den allvarsama leken* (»Das ernsthafte Spiel«).

Der nächste Konflikt war bedeutend aufreibender.

* * *

Mit seinen beiden ersten Gedichtbänden hatte sich Gustaf Fröding die Stellung eines der beliebtesten Dichter Schwedens erobert. Daher sahen Albert und Karl Otto Frödings nächstem Buch erwartungsvoll entgegen und ermahnten ihn immer wieder, es fertigzustellen. Im Frühsommer 1896 reichte Fröding über Karl Staaff ein Manuskript mit dem Titel *Dagar und Nätter* (Tage und Nächte) ein. Den Titel änderte er später in *Stänk och flikar* (Spritzer und Zipfel). Der Rechtsanwalt Staaff, der die Gewerkschaft vertrat und sich auf dem Weg in die Politik befand, war Bevollmächtigter der Svenska författarföreningen (Schwedischer Schriftstellerverband) und dort den Mitgliedern behilflich, die, wie Fröding, nicht mit den Verlegern direkt verhandeln wollten.

Fröding beunruhigte, wie Albert einige der Gedichte aufnehmen könnte, und er schrieb an Staaff: »Möglicherweise findet Hr. Bonnier, dass einige Texte zu unverdaulich sind. In diesem Fall bin ich bereit, die schwierigsten zu streichen oder die eine oder andere Änderung vorzunehmen.«

Nichts deutet jedoch darauf hin, dass Albert bei Empfang

des Manuskripts negativ reagierte. Erst Ende August, als die Fahnen gesetzt waren, begann er sich vor allem über das Gedicht »En morgondröm« (Ein Morgentraum), insbesondere den fünften Gesang, Sorgen zu machen.

Albert schickte Fröding einen Brief mit einer höflichen Anfrage:

»Es liegt mir fern, auch nur im Geringsten irgendeine Zensur Ihnen gegenüber ausüben zu wollen, trotzdem wage ich es, Ihrer Prüfung anheimzustellen, ob es nicht einen Grund geben könnte in Ihrer im Übrigen so höchst vortrefflichen Gedichtsammlung einige Zeilen im Gedicht ›Ein Morgentraum‹ einer Überprüfung und eventuellen Retusche zu unterziehen.«

Inzwischen war Albert aufgegangen, dass »Ein Morgentraum« eine Schilderung des rein körperlichen Liebesaktes von Mann und Frau enthielt:

> *»Und wie derselbe Atemzug,*
> *derselbe Puls und Herzschlag*
> *Seele an Seele im selben Körper*
> *zusammenhielt,*
> *stieg und fiel.*
> *rhythmisch auf und nieder,*
> *gegen und hinein und fort,*
> *bis mit einem Mal ein Strahl schoss*
> *aus seinem Leib und lebenswarm goss*
> *Vaterkraft in Muttersamen,*
> *und wie zwei vereinte Flüsse,*
> *vom Vater und der Mutter Strom,*
> *eins wurden im Sohn.«*

Fröding hielt sich gerade mit seinen Schriftsteller- und Künstlerfreunden in Sandhamn auf. Als er Alberts Brief erhielt, beriet er sich mit ihnen, vor allem mit dem von ihm bewunderten Verner von Heidenstam. Am 3. September antwortete er Albert:

»Nach Beratung mit Hr. v. Heidenstam finde ich es wenig ratsam, die beanstandeten Stellen zu streichen. Das Buch ist wohl kaum eine Lektüre für die Familie und muss deswegen vermutlich in eine Ecke verbannt werden.«

Vier Tage später schickte Fröding die letzte Korrektur an Albert zurück: »Ich wollte alles nur noch einmal sehen. Dann mache ich Ihnen weiter keinen Ärger.«

Spritzer und Zipfel kam Ende September in den Buchhandel und rief einen Skandal hervor. Etliche Buchkäufer meldeten sich beim Verlag, um gegen die »Unanständigkeiten« zu protestieren, und Carl David af Wirsén von der Schwedischen Akademie äußerte sich rasend über Frödings »Schamlosigkeit«.

In der rechten Presse wurden Stimmen laut, die juristische Schritte forderten. Alfred Hedenstierna, der unter der Signatur Sigurd in der *Smålandsposten* schrieb, forderte eine öffentliche »Prüfung vor den Schranken des Gerichts«, um dann zu einem fast besinnungslosen Angriff auf Albert überzugehen:

»Diese Geschäftemacherei eines Verlegers, der die schmutzigen Machwerke der verwirrten Fantasie eines so armseligen Wesens feilbietet, weckt Ekel und Verachtung. Herr Bonnier, der ehrwürdige 77-jährige Verleger des Bordellpoeten, hat den ganzen Misthaufen auf die Buchhandelstische getragen.«

Im Vergleich zu *Spritzer und Zipfel* erscheine Strindbergs *Heiraten* als »schneeweiße Unschuld«, fand »Sigurd« alias Hedenstierna und überlegte, ob der Justizminister schlafe.

Selbst das *Aftonbladet* fiel über Albert her. In einem Leitartikel mit der knappen Überschrift »Pfui!« beschuldigte das Blatt Albert der Pflichtvergessenheit. Er sei seiner Verantwortung der lesenden Öffentlichkeit Schwedens gegenüber nicht nachgekommen.

Ausnahmsweise verfasste Albert eine Entgegnung und unterstrich, dass Fröding »nach Beratung mit anderen Schriftstellern« auf der kritisierten Gedichtstrophe bestanden habe:

»Unter solchen Umständen muss sich der Verleger, der schließlich und endlich nur ein untergeordneter Gehilfe im Dienst der Literatur ist, dem Willen des Autors beugen. Oder will man etwa, dass er Zensur ausübt oder geradezu ein Druckverbot gegen herausragende Genies ausspricht wie gegen diesen Dichter oder andere seines Ranges und seiner Bedeutung? Welche Folgen würde das haben!«

Ludvig Annerstedt, der damals Justizminister in Erik Gustaf Boströms Regierung, griff anfänglich nicht ein, aber als das Skandalblatt *Budkaflen* »Der Morgentraum« abdruckte, von einem groben Angriff auf Fröding begleitet, war Annerstedt der Meinung, der Verbreitung des Gedichts Einhalt gebieten zu müssen. Möglicherweise spielte auch eine Rolle, dass sich selbst König Oskar II. erbost über diese »schamlos unanständige Schrift« geäußert hatte.

Am 12. Oktober wurden zwei Nummern der Zeitschrift *Budkaflen* sowie Frödings Gedichtband beschlagnahmt. Gustaf Fröding und Albert Bonnier wurden angezeigt, aber weise aus den Erfahrungen im *Heiraten*-Prozess hatte Albert Fröding rechtzeitig um eine Verpflichtungserklärung gebeten,

Eine für die Zeit typische antisemitische Karikatur. Albert Bonnier
(rechts) als Hausierer mit Kippa, im Bauchladen *Spritzer und Zipfel*
von Gustav Fröding, in der Mitte Justizminister Ludvig Annerstedt,
links der Herausgeber von *Budkaflen* Janne Bruzelius. Aus *Nya Nisse*
vom 17.10.1896.

die der Autor auch umgehend ausfertigte. Damit war Albert
der juristischen Verantwortung entbunden.

Als einige Polizeibeamten in den Verlag in der Mäster
Samuelsgatan polterten, fanden sie von dem in einer Auflage
von 4200 Stück gedruckten Buch lediglich siebzehn Exemplare vor. Der Rest war bereits ausgeliefert worden. Die Sitt-
lichkeitsapostel kritisierten die Polizei und den Justizminister für ihre Saumseligkeit, setzten aber vor allem ihre
Angriffe auf Albert – oft mit antisemitischen Vorzeichen –
fort. Im Witzblatt *Nya Nisse* sah sich Albert Bonnier als Hausierer mit Kippa abgebildet. »Sigurd« ging in der *Smålandsposten* noch weiter und sprach von »Judengreis, dem Verleger
der Bordellpoeten«:

»Ein alter, auf das Grab zustolpernder jüdischer Verleger, der bereits Multimillionär ist und die Ehre hat, zu seinen Verlagsartikeln etliches zu zählen, was das schwedische Genie geleistet hat, verlegt dieses Hohe Lied der Bordelle, um sein Vermögen noch mit einem oder auch zwei Tausendern zu mehren, denn das Buch ist solcherart, dass keiner der *besseren* Verlage des Reiches seine Hände damit besudelt hätte, selbst wenn die Profitaussichten das Zehnfache betragen hätten.«

In einem Kommentar, den er an das *Aftonbladet* schickte, reagierte Fröding auf diese Versuche, »vollkommen unmotiviert [...] die Verantwortung für meine Gedichte in *Spritzer und Zipfel* auf andere Personen als ihren Autor abzuwälzen«.

Albert wusste Frödings aufrechte Haltung zu schätzen und wünschte ihm »bon courage«, worauf Fröding mit erlesener Ironie über den Aufstand wegen des Gedichts antwortete:

»Danke für den Brief und die Aufforderung zur Courage! Ich bin eigentlich nicht mutlos, eher gleichgültig. Mir erscheint es fast undenkbar, für die Seiten 110 und 111 verurteilt zu werden. Geschlechtsverkehr ist schließlich kein *Laster*, und im Übrigen, falls das doch der Fall wäre, so enthält der Passus keinerlei Bestrebung, dieses ›Laster‹ zu verbreiten – es ist schließlich schon ausreichend verbreitet, und zwar nicht zuletzt durch die von Gott gestiftete Ehe.«

Ein Interview mit Fröding im *Östergötlands Dagblad* wurde von *Dagens Nyheter* und anderen größeren Zeitungen nachgedruckt. Auf die Frage, ob er mit einer Anklage gerechnet habe, antwortete Fröding:

»Ich habe wohl Erkundigungen eingezogen, aber es spielte keine Rolle [...] Ich habe das Buch nicht verfasst, um mich vor Gericht zu bringen, aber auch nicht mit ängstlicher Rücksichtnahme darauf, diese Eventualität zu vermeiden.«

Albert Bonnier und Gustaf Fröding kamen sich persönlich nie nahe und duzten sich auch nicht, aber wie sehr sie sich respektierten, wurde während des Prozesses gegen *Spritzer und Zipfel* deutlich. Fröding tat sein Möglichstes, um die volle Verantwortung zu übernehmen, während Albert die Honorare der Anwälte und Vorschüsse an Fröding zahlte, auf deren Rückzahlung er später verzichtete. Albert war sich eines Freispruchs sicher und schrieb dem labilen Fröding beruhigende Briefe. Er lud auch Frödings Schwester Cecilia nach Stockholm ein, damit sie ihrem Bruder vor Ort beistehen konnte.

Albert und Fröding konnten sich auf loyale Freunde bei der Presse verlassen. Einer von ihnen war Hjalmar Branting vom *Social-Demokraten*, dem wichtigsten Organ der sozialdemokratischen Partei, die 1889 gegründet worden war. Nach Erhebung der Anklage ermahnte Branting »eine aufgeklärte Jury, diese Plumpheit beizulegen«. Er pries Fröding als einen Dichter, an dessen Namen »man sich erinnern wird, wenn der des Bürokraten Annerstedt lange vergessen ist«. Auch die *Dagens Nyheter*, das führende Blatt der Liberalen, ergriff für Fröding und Albert Partei. Die Zeitung wies darauf hin, dass es unsinnig sei, den Verleger zu zwingen, als »urteilende Instanz« zu walten, was fast wie ein Echo des Mottos Albert Bonniers klang: Der Verleger sei ein Vermittler, kein Richter.

Verner von Heidenstam hingegen hielt sich raus. Er hatte zu den Leuten gehört, die Fröding überredet hatten, »Ein Morgentraum« zu publizieren, aber als Anklage erhoben wurde, fürchtete von Heidenstam, dass dies ruchbar werden und seiner Position in der Öffentlichkeit schaden könne. Außerdem neidete der ziemlich egozentrische von Heidenstam Fröding seinen Erfolg und verleumdete ihn in Briefen an Oscar Levertin und andere gemeinsame Freunde. Er wollte um jeden Preis vermeiden, zu der Druckfreiheitsjury hinzugezogen zu werden, und ärgerte sich, dass er durch Alberts Hinweis auf »andere Schriftsteller« indirekt der Mitschuld an »Ein Morgentraum« bezichtigt worden war.

Es war keine Sternstunde des »Nationaldichters«. Oder, wie es Per I. Gedin in seiner Karl-Otto-Bonnier-Biografie ausdrückt: »Von Heidenstam ist grandios, wenn er der Anführer sein darf [...] bei einem Rückschlag verhält er sich jedoch jämmerlich.«

Vor dem Amtsgericht und der Jury verteidigte sich Fröding mit einer Eingabe, in der er die Anklage zurückwies, »der Förderung einer verderblichen Lebensweise Vorschub geleistet« zu haben:

»Die betreffenden Seiten enthalten, wie jeder sehen wird, eine Schilderung innerlichster Umarmungen während des Liebesaktes eines jungen Mannes und einer jungen Frau, die einem erdichteten Naturvolk angehören und in einem erdachten ursprünglichen Zustand der Unschuld leben, in dem Nacktheit Sitte und die Verbindung zwischen Mann und Frau weniger an gewisse Formen als in der gegenwärtigen Gesellschaft gebunden ist.«

Als Anlage fügte Fröding der Erklärung die Broschüre des gerade verstorbenen und hochgeachteten Viktor Rydberg, *Nakenhet och klädselsätt* (Nacktheit und Kleidung) bei.

Der Jury gehörten u. a. Carl Snoilsky, von der Staatsanwaltschaft benannt, und der von Fröding benannte Liberale und Wahlrechtsagitator David Bergström an. Welche Wirkung das von Fröding sorgfältig formulierte Schreiben auf die Jury ausübte, ist unklar, am 27. November beriet sie jedoch nur zwei Stunden und sprach ihn dann frei. Der

Herausgeber des Wochenblatts *Budkaflen* war bereits am Tag zuvor freigesprochen worden.

Obwohl man mit dem Freispruch gerechnet hatte, war die Erleichterung in den radikalen Kreisen, die sich mit Fröding verbunden fühlten, groß. Aus Lund traf ein Gratulations- und Huldigungstelegramm des Studentenvereins Den yngre gubben, D. Y. G. (Der jüngere Alte), ein, aus dem später viele sozialdemokratische Politiker wie Ernst Wigforss und Tage Erlander hervorgingen:

> *»Auf stieg vor unserm Blick ein Ariens Land*
> *Mit wilden Rosen, mit roten Rosen,*
> *In dem Venus eine erneute Geburt wagte,*
> *In Schaum und Spritzern auf einem Glückes Strand.*
> *Ihr Gedicht war die Welle, die spiegelklar*
> *Auf weichen Armen die Göttin trug.«*

Trotz der Huldigungen fühlte sich Fröding nach dem Prozess zutiefst deprimiert und warf sich selbst vor, die reine Liebe beschmutzt zu haben. Als *Spritzer und Zipfel* vor Weihnachten 1896 in einer zweiten Auflage erschien, fehlten »Ein Morgentraum« und zwei weitere Gedichte, was teilweise auf Alberts Initiative zurückzuführen war. Trotz Alberts Protesten war es Fröding erneut wichtig, die Verantwortung zu übernehmen. Die Gedichte habe er gestrichen, schrieb Fröding in einer selbstkritischen Erklärung, »weniger wegen der Unzufriedenheit, die sie erregt haben, und vielleicht noch weniger wegen ihrer Freizügigkeit, sondern weil ich sie selbst in ihrer Ausführung und ihrem unklaren Inhalt für nicht sonderlich geglückt halte«.

Jahrzehntelang und bis in die 1970er-Jahre fehlte in bestimmten Ausgaben dieser Fröding-Gedichte der fünfte Gesang aus »Ein Morgentraum«.

Ein kranker, grübelnder Gustaf Fröding wurde in die psychiatrische Anstalt in Uppsala eingewiesen. Er erholte sich nicht mehr.

* * *

Einer der größten Publikumserfolge des Verlags am Ende von Albert Bonniers Leben war 1897 die schwedische Ausgabe von *In Nacht und Eis* des norwegischen Polarforschers Fridtjof Nansen, der Bericht über eine dramatische und von Strapazen erfüllte dreijährige Reise über Spitzbergen und Franz-Josef-Land. Bei ihrer Heimkehr wurden Nansen und seine Männer auf der ganzen Welt als Helden gefeiert. Bonniers zahlte ein riskant hohes Honorar, das sich aber rechnete. Das Buch wurde ein enormer Erfolg.

Der für die Zukunft des Verlags wichtigste Kontakt, der in den 1890er-Jahren geknüpft wurde, war hingegen der zu Selma Lagerlöf, die damals noch Lehrerin an der Elementarskolan för flickor, einer Mädchenschule, in Landskrona war.

Die Verbindung zwischen den Bonniers und Lagerlöf erlebte ihre Blüte erst nach Alberts Tod mit Werken wie *Jerusalem*, *Herr Arnes Schatz*, *Nils Holgerssons wunderbare Reise durch Schweden*, *Der Fuhrmann des Todes* und *Der Kaiser von Portugallien*.

Nichtsdestotrotz hatte Albert die Initiative ergriffen, und zwar wie so oft, indem er Selma Lagerlöf um einen Beitrag für den Almanach *Svea* bat. Lagerlöf antwortete, dass sie selbstverständlich an dem »alten, geschätzten Kalender« mitwirken wolle, und schickte Albert 1892 die Erzählung »Die Vogelfreien«. Mit Illustrationen von Georg Pauli wurde sie in *Svea* abgedruckt. Für die Erzählung erhielt sie ein Honorar von 150 Kronen, mehr, als ihr Zeitschriften wie *Ord och Bild* oder *Idun* und andere Publikationen zahlten. Sie schrieb an Albert:

»Hiermit bestätige ich mit größter Dankbarkeit den Empfang des Honorars für ›Die Vogelfreien‹. Es ist ganz gewiss viel zu großzügig, aber ich bin umso dankbarer. Natürlich hatte ich sehr viel an der Geschichte gearbeitet, wagte aber trotzdem nicht, sie auch nur auf hundert Kronen zu schätzen. Es ist mir eine große Freude, dass Sie mit ihr zufrieden sind.«

Albert hatte Selma Lagerlöf um einen Text für *Svea* gebeten, weil sie im Jahr zuvor, allerdings nicht in seinem Verlag, ihren ersten Roman vorgelegt und mit diesem Aufsehen erregt hatte, wenn auch eher negativer Art. Die Literaturkritiker, auch der sonst eher aufgeschlossene Karl Warburg, massakrierten *Gösta Berlings Saga* regelrecht. Von dem Roman waren zuvor einzelne Kapitel in der Zeitschrift *Idun* erschienen und mit einem Preis ausgezeichnet worden.

Die Reaktion auf den Roman, der inzwischen zum literarischen Kanon Schwedens zählt und mit dem Satz »Endlich stand der Pfarrer auf der Kanzel« beginnt, muss natürlich auch vor dem Hintergrund der patriarchalen und geradezu misogynen Ansichten seiner Zeit betrachtet werden. Die Kritiker erkannten den Schriftstellerinnen nicht dieselben kreativen Fähigkeiten wie ihren männlichen Kollegen zu. Mit diesen Vorurteilen sah sich die sozialen und politischen Fragen gegenüber aufgeschlossene Selma Lagerlöf in ihrem langen Schriftstellerinnenleben immer wieder konfrontiert. Gleichzeitig wurde sie früh zum Symbol dafür, dass auch Autorinnen einen selbstverständlichen Platz auf dem literarischen Parnass einnehmen konnten. Als erste Frau überhaupt wurde Selma Lagerlöf 1909 mit dem Literaturnobelpreis ausgezeichnet, obwohl Carl David af Wirsén, der Ständige Sekretär der Schwedischen Akademie, sein Möglichstes tat, um dies zu verhindern.

Gösta Berlings Saga weckte Albert Bonniers Neugier auf die schreibende Lehrerin aus Landskrona, aber wie vielen anderen Geschmacksrichtern in literarischen Fragen war ihm dieser sehr andersartige Roman fremd. Er beruht auf der mündlichen Erzähltradition, mit der Lagerlöf auf dem kleinen Herrenhof Mårbacka in Värmland aufgewachsen war. »Mein Vater verstand sich nie so recht auf dieses in vielerlei Hinsicht besondere Buch«, räumte Karl Otto ein.

Albert änderte seine Einschätzung über Selma Lagerlöfs Fähigkeiten jedoch. Nachdem sie einen weiteren Beitrag für den Kalender *Svea* zu dessen fünfzigstem Jubiläum 1894 eingereicht hatte, beschloss Albert, die Verbindung mit ihr zu konsolidieren. Er erbot sich, ihr nächstes Buch zu verlegen, worauf sie mehr als gern einging. Es waren die Erzählungen *Osynliga länkar* (»Unsichtbare Bande«), deren erste Auflage sich rasch verkaufte.

Recht bald begannen Lagerlöf und Albert über ein nächstes Buch zu sprechen, aber als nichts daraus wurde, schlug Karl Otto vor, die Rechte an *Gösta Berlings Saga* zu übernehmen. Lagerlöf bat um ein konkretes Angebot, da sie Geld brauchte: »Sowohl meine Mutter als auch eine andere alte Verwandte müssen von meiner Arbeit leben, und somit ist es für mich von großer Bedeutung, ihnen eine sorgenfreie Stellung zu bereiten.«

Als Selma Lagerlöf das Angebot von Bonniers erhielt, hatte sich die Lage verkompliziert, weil ein anderer Verleger angeboten hatte, nicht nur für ein besseres Honorar eine Neuausgabe von *Gösta Berlings Saga* herauszugeben, sondern auch die Rechte ihrer nächsten Bücher zu erwerben.

Albert und Karl Otto wussten zu diesem Zeitpunkt nicht, um wen es sich bei diesem Verleger handelte. Erst später erfuhren sie, dass es der Däne Ernst Bojesen war, der in die anderen skandinavischen Länder expandieren wollte. Sein Interesse an Lagerlöf war logisch: *Gösta Berlings Saga* war in Dänemark von keinem Geringeren als Georg Brandes

gelobt worden. Bojesen hatte mit *En roman om förste konsuln*
(*Ein Roman vom ersten Konsul*) Erfolg gehabt, der von einer in
Kopenhagen lebenden Schwedin verfasst worden war, deren
Name zunächst geheim gehalten wurde. Sie hieß Mathilda
Malling und hatte bereits 1885 unter dem Pseudonym Stella
Kleve debütiert.

Selma Lagerlöf hatte das Gefühl, das Angebot Bojesens
nicht ablehnen zu können. Sie erklärte Albert ihren Beschluss
in einem Brief, der sowohl eine Entschuldigung als auch eine
Bitte enthielt:

»In Hinblick auf meine Finanzen muss ich mich über dieses
Geschäft freuen, aber andererseits habe ich nur nach großem Zögern darauf verzichtet, mein Buch von Ihnen verlegen zu lassen. Ich habe nur so gehandelt, weil ich dazu
gezwungen war, aber ich wusste nicht, ob ich dabei wirklich
klug und vorausschauend war.

Jedenfalls ist die Sache jetzt entschieden, und mir bleibt
nur noch, Ihnen für das große Wohlwollen, das Sie mir
erwiesen haben, zu danken und zu hoffen, dass Sie es mir
auch in Zukunft nicht ganz entziehen werden.«

Bojesen arbeitete eng mit Bonniers zusammen, beispielsweise hatten sie 1895 den Bestseller über den Deutsch-Französischen Krieg aus Anlass des 25. Jubiläums des Kriegs-
ausbruchs gemeinsam herausgegeben. Deswegen lag es für
Bojesen, einem eingefleischten Geschäftsmann, nahe, Albert
Bonnier die Rechte an den schwedischen Ausgaben der
Bücher Mallings und Lagerlöfs kaufen zu lassen. Bojesen
behielt jedoch die Rechte für die übrigen skandinavischen
Länder und wurde von Bonnier dafür entschädigt, dass er
die Bücher dem Albert Bonniers Förlag zugänglich machte.
Ein schlaues Konzept: Bonnier zahlte Bojesen mehr, als die-
ser an die Autorinnen weiterreichte. »Auf diese Bedingun-

gen mussten wir uns einlassen«, seufzte Karl Otto in seinen Erinnerungen.

Selma Lagerlöf war froh, die Verbindung zum Albert Bonniers Förlag aufrechterhalten zu können. Während Albert noch lebte, erschienen von ihr nach *Unsichtbare Bande* der Roman *Die Wunder des Antichrist*, *Die Königinnen von Kungahälla und andere Erzählungen* sowie *Eine Herrenhofsage*, aber mit der Abmachung von Bojesen und Bonniers fühlte sie sich nie richtig wohl, was aus ihren Briefen und aus Anna Karin Palms großer Lagerlöf-Biografie *Jag vill sätta världen i rörelse* (Ich will die Welt in Bewegung setzen) hervorgeht: »Es ist nicht leicht, sich gegen die Herren zu behaupten.« Sie bat Bojesen, sie aus dem Vertrag zu entlassen, womit er sich einverstanden erklärte. Im Sommer 1900 waren alle Einzelheiten geklärt. Erst in diesem Jahr wurde Selma Lagerlöf, die gerade mitten in ihrem Meisterwerk *Jerusalem* steckte, sozusagen eine echte Bonnier-Autorin. Erleichtert schrieb sie an Albert, dass ihr das »sehr viel passender und angenehmer als das bisherige Arrangement« erscheine.

Es war einer der allerletzten Briefe, die Albert Bonnier öffnete. Eine Woche später war er tot.

Die Große Synagoge in Stockholm einige Jahre nach der Einweihung im Jahr 1870. Albert Bonnier war Mitglied des Bauausschusses. [14]

10. KAPITEL

DAS JÜDISCHE ERBE

Eine Privatangelegenheit. Der widerwillige »Israelit«. Jüdisches Großbürgertum. Westjuden und Ostjuden. Aus Zentraleuropa nach Schweden.

—

In Kopenhagen war Albert Bonnier in einer Großfamilie aufgewachsen, in der jüdische Sitten und Gebräuche einen selbstverständlichen Teil des Alltags darstellten, aber als Erwachsener hatte er ein recht entspanntes Verhältnis zu seinem Hintergrund. Nach der Teilnahme an einem jüdischen Gottesdienst konnte er davon reden, dass er in »der Kirche« gewesen sei, nicht in der Synagoge, und er pflegte recht diffus auf sein »Bekenntnis« zu verweisen, nicht auf seinen jüdischen Glauben.

Manchmal lud er jüdische Freunde und Verwandte zum Sabbatessen nach Hause ein, und es wurden traditionelle Gerichte wie *Gefilte Fisch* und Butterkuchen serviert. Jiddische Ausdrücke wie *Chuzpe* (Frechheit), *unsre Leut* (für die Glaubensbrüder) und *Mensch* (ehrliche und zuverlässige Person) wurden dann bei Tisch regelmäßig benutzt.

Diese Verweise auf das Judentum besaßen jedoch eher den Charakter von Reminiszenzen. Albert war im Wesentlichen weltlich-liberal, und der größte Teil des Bonnier-Freundeskreises setzte sich aus Christen zusammen, was die Bestrebung spiegelte, die sich wie ein roter Faden durch Alberts

Leben und Wirken zieht: ohne seine Zugehörigkeit zum jüdischen Glauben zu verleugnen oder herunterzuspielen, als Schwede angesehen und akzeptiert zu werden. Seine Identität wurde zwangsläufig von seinen jüdischen Wurzeln geprägt, aber Religion betrachtete er als eine Privatangelegenheit, ganz gemäß der individualistischen und freisinnigen Werte, die ihm, in den Worten Karl Otto Bonniers, »ins Blut übergegangen waren«.

Die antisemitischen Vorurteile, mit denen er sich ständig konfrontiert sah, verärgerten ihn. In manchen Fällen konnten sie zu persönlicher Abneigung selbst gegen herausragende Autoren wie August Strindberg führen. In anderen Fällen wie bei Zacharias Topelius spielten sie keine Rolle. Die Literatur hatte Vorrang.

Albert vermied öffentliche Äußerungen zu Fragen des Judentums, weil er sich darüber im Klaren war, welche Reaktionen dies in einer Zeit des grassierenden Antisemitismus hervorrufen konnte. Privat wie beruflich allerdings erwartete er von anderen Juden besondere Loyalität. Er war außer sich, als Ludvig Josephson Adolfs Buchhandlung plötzlich aufgab, und gekränkt, als Hugo Geber ihn bei dem üblen Streit im Buchverlegerverband 1887 im Stich ließ. Diese Gefühle behielt er jedoch für sich oder vertraute sie höchstens seiner Familie an.

Alberts aufbrausende Tochter Eva vertrug antisemitische Angriffe am schlechtesten, aber auch sie versuchte, sich zu beherrschen.

Im Dezember 1883 hielt sich Eva zum Studium der Malerei in Paris auf und besuchte ein Fest mit mehreren anderen schwedischen Gästen. Einer von ihnen äußerte sich herablassend über Albert und Adolf Bonnier, die er »Moses« nannte. Offenbar kannte er Albert. Eva berichtete in einem Brief nach Hause von »diesem Intermezzo der unbehaglichsten Art«, erzählte aber auch, dass sie es vermieden habe,

»mit dem alten Sack einen Streit vom Zaun zu brechen«, da man »solche Kläffer gewähren lassen muss«.

Um einen Gefallen bat sie Albert allerdings. »Vielleicht kann Papa es ihm bei Gelegenheit heimzahlen.«

* * *

Unter den Brüdern Bonnier waren Adolf, dem Ältesten, die Dresdener und Kopenhagener Traditionen am wichtigsten. Anfang des Jahres 1841 gründeten vor allem jüngere Vertreter der jüdischen Elite einen Verein namens »Israelitiska Intressen«, abgekürzt I. I. Zu den Gründern gehörte auch der Musikverleger Abraham Hirsch, der einige Jahre später Adolfs Schwager wurde. Ziel des Vereins war es, zur Meinungsbildung in Hinblick auf die Bürgerrechte und Emanzipation der jüdischen Minderheit beizutragen und das religiöse Leben zu modernisieren. Letzteres stimmte die älteren Juden misstrauisch: In ihren Augen bestand der Verein I. I. aus einer Gruppe von Rabulisten.

Adolf Bonnier trat dem Verein bereits nach einem Monat bei und unterstützte die Emanzipationsbemühungen in den nächsten Jahren, indem er Broschüren mit Titeln wie *Judarne i deras närvarande ställning* (Die Juden in ihrer gegenwärtigen Stellung) und *Förtjena judarne politiska rättigheter?* (Verdienen die Juden politische Rechte?) verlegte.

Albert hingegen verhielt sich abwartend. Er trat dem Verein erst 1847 bei. Laut Karl Otto Bonnier, der diese Fragen mit seinem Vater diskutiert haben wird, beruhte sein Zögern darauf, »dass Albert sich nicht mit einem Verein solidarisieren wollte, der Emanzipation zum Ziel hatte, wo er stattdessen die Assimilation anstrebte«. Als Albert dem Verein dann schließlich beitrat, wurde er mit offenen Armen empfangen und umgehend zum Vorsitzenden für die nächsten drei Monate gewählt. Der Vorsitz rotierte quartalsweise.

Albert bedankte sich für das Vertrauen und hielt eine

Rede. »Über das intelligente Judentum, das mit der Feder in der Hand und mit Zuversicht in der Brust auftritt, das Gleichberechtigung fordert, weil es das Recht hat, sie zu fordern, und sich dabei auf seine Handlungen, sein Wissen und seine Bildung und nicht auf seine Geldtruhen beruft.«

Er fuhr fort:

»Die wirkliche Emanzipation muss von innen nach außen erfolgen, wir müssen uns bemühen, uns selbst zu verbessern, sowohl unsere moralische als auch unsere soziale Person, anschließend müssen wir uns mit den Christen vermischen, ohne übertriebene Furcht unseren Umgang vorzugsweise unter den besseren und gebildetsten unter ihnen wählen, und wenn wir jemanden gefunden haben, der dessen würdig ist, seine Freundschaft und Achtung zu gewinnen und zu bewahren suchen […] Ein jedes solches Freundschaftsverhältnis ist eine größere, eine wichtigere Eroberung als die Eroberung Kanaans.«

Von dieser stolzen Erklärung führt eine gerade Linie zu Alberts Wirken als Verleger, dem dauerhafte Freundschaftsbande zu seinen Autoren wichtig waren. Das zeichnete ihn aus, und das war in der frühen Zeit dieser Branche in Schweden einzigartig.

Trotz anfänglicher Zweifel wurde Albert eines der aktiveren Mitglieder der jüdischen Gemeinde. Später war er Mitglied des Bauausschusses der Großen Synagoge in der Wahrendorffsgatan in Stockholm. Sein ganzes Leben lang stand er den Ideen einer jüdischen Sonderstellung jedoch skeptisch gegenüber. Er war Schwede – so einfach war das. Diese Einstellung gab er an seinen Sohn und Erben weiter, der sie womöglich noch deutlicher vertrat als sein Vater. Über Karl Otto Bonnier schrieb Hugo Valentin: »Nicht nur der jüdischen Orthodoxie, sondern auch den jüdischen Bewegungen seiner Zeit gegenüber nahm er [...] einen streng negativen Standpunkt ein.«

* * *

Dass Albert Bonnier bereits 1847 die Bedeutung von Intelligenz, Wissen und Bildung für den jüdischen Emanzipations- und Assimilierungsprozess betonte, kann als Ausdruck dessen gesehen werden, was er und seine Brüder repräsentierten. Sie waren zwar in Kopenhagen zur Welt gekommen, aber über ihren Vater Gerhard und die Wurzeln der Familie in Dresden standen sie in Verbindung mit einer zentraleuropäischen kulturellen Tradition – mit Prag, Wien und Pest –, die gegen Ende des 19. und zu Beginn des 20. Jahrhunderts zu einem in vielerlei Hinsicht innovativen Goldenen Zeitalter führte, das tief in jüdischen Erfahrungen verankert war, mit Repräsentanten wie Gustav Mahler, Sigmund Freud, Franz Kafka, Stefan Zweig und Arnold Schönberg, um nur einige Namen zu nennen. Als hätten berufliche und gesellschaftliche Ausgrenzung eine einzigartige künstlerische und intellektuelle Kreativität hervorgebracht, die sogar im abgelegenen Schweden zur Blüte kam.

Auf schwedischem Boden waren die Brüder Bonnier frühe Vertreter dieser Tradition, mit der Albert während seines Buchhandelspraktikums in Leipzig, Wien und Pest sogar in direkte und praktische Berührung gekommen war. Aber sie waren damit keineswegs allein.

Wer sich mit dem kulturellen und intellektuellen Leben Schwedens im späten 19. Jahrhundert beschäftigt, kann sich nur wundern, wie viel diese kleine und oft verachtete jüdische Minderheit geleistet hat.

Neben Buchverlegern wie Albert Bonnier, Joseph Seligmann und Hugo Geber gab es Malerinnen und Maler wie Ernst Josephson, Hanna Pauli, Hugo Salmson und Eva Bonnier, Literaturwissenschaftler wie Karl Warburg und Henrik Schück, den Theatermann Ludvig Josephson, den Autor Oscar Levertin, Ökonomen wie David Davidson und ein wenig später Eli Heckscher, den Mäzen Pontus Fürstenberg und den Philanthropen und Bauunternehmer Isaak Hirsch, der das Stadtbild Stockholms wie kein anderer geprägt hat. Er ließ den Kungsbropalatset, das Oscarsteater und eines der imposantesten Häuser am Strandvägen bauen. Zu dieser Gruppe gehört auch der Bankier und Kunstsammler Ernest Thiel, Karl Otto Bonniers Schwager, mit einem wallonischen Vater und einer deutschjüdischen Mutter.

Diese jüdische Überrepräsentation auf dem Gebiet der Kultur und Bildung hing damit zusammen, dass diese relativ früh nach Schweden gekommenen Familien von den ihnen auferlegten Beschränkungen geprägt worden waren. Da man Juden in Schweden wie auch anderswo in Europa lange Zeit von vielen Berufen ausschloss, war es natürlich, dass sie sich freieren Erwerbszweigen wie dem Handel, den Finanzen und der Kultur zuwandten. Unter den Juden, die um diese Zeit zu der raschen finanziellen und materiellen Entwicklung beitrugen, waren der Bankier und Industrielle Louis Fraenkel sowie der Warenhauspionier Josef Sachs, einer der Gründer des Warenhauses NK.

Diese Gruppe, überwiegend mit deutschen Wurzeln, nannte man damals Westjuden. Sie charakterisierte der Ehrgeiz, so schnell wie möglich in die schwedische Gesellschaft integriert zu werden. Viele von ihnen waren erfolgreich, nicht zuletzt in Branchen, in denen internationale Kontakte von Vorteil waren. So entstand unter den schwedischen Juden eine großbürgerliche Oberklasse oder wie die Wirtschaftshistorikerin Rita Bredefeldt es ausdrückte, »eine Minorität innerhalb der Minorität«, die sich nicht nur durch Unternehmergeist und Offenheit gegenüber Innovationen auszeichnete, sondern auch durch soziales Engagement, kulturelles Interesse und »großartige Wohnhäuser, deren Architektur von den europäischen Großstädten beeinflusst war«.

Albert Bonnier, der energische Verleger mit imposantem Wohnhaus in Norrmalm, gehörte in allerhöchstem Grade zu dieser Kategorie.

***

In den 1860er-Jahren, nach Einführung der Pass- und Gewerbefreiheit, trat eine neue jüdische Einwanderergruppe aus dem zaristischen russischen Imperium in Erscheinung, sodass sich die jüdische Bevölkerung in Schweden zwischen 1870 und 1900 verdoppelte. Diese neu eingetroffenen Juden, die sogenannten Ostjuden, besaßen in der Regel eine schlechtere Bildung und praktizierten ihre Religion orthodoxer. Anfänglich arbeiteten viele von ihnen als Hausierer. In Stockholm war hin und wieder auch von den etablierten »Nordjuden« (norrjudarna) und den neuen »Südjuden« (söderjudarna) die Rede, da die wohlhabenden Juden überwiegend im nördlichen Stadtteil Norrmalm und die ärmeren im Süden, in Södermalm, wohnten.

Die Ostjuden forderten das Selbstbild der schwedischen Juden zweiter oder dritter Generation, die sich für integriert und assimiliert hielten, heraus. Es kam zu Reibereien nicht nur kultureller und religiöser, sondern auch finanzieller Art, denn bis 1899 waren die jüdischen Gemeinden verpflichtet, ihre in Not geratenen Mitglieder zu unterstutzen. In Stockholm versuchte die Gemeinde dieses Problem dadurch zu lösen, dass sie nur Juden mit schwedischer Staatsbürgerschaft als Mitglieder zuließ.

Zu diesem Zeitpunkt ließen sich zum ersten Mal Juden in ganz Schweden nieder. Sie zogen nach Kalmar, Karlstad, Sundsvall und in viele andere Städte. In Malmö dominierten die Ostjuden, und in Lund, im armen Stadtteil Nöden, entstand das so bezeichnete »einzige Getto Schwedens«.

Mit der Zeit glichen sich die Gegensätze aus, und auch Juden mit osteuropäischen Wurzeln wurden integriert und trugen zur kulturellen Entwicklung Schwedens bei. Ein Beispiel war der Maler Isaac Grünewald, dessen Mutter aus dem baltischen Kurland stammte.

* * *

Im Jahr 1900, als Albert Bonnier das Zeitliche segnete, zählte die jüdische Bevölkerung Schwedens 3912 Personen. Sie machten zwar nur 0,076 Prozent der Gesamtbevölkerung aus, aber im Lauf von Alberts Leben hatte sich die Anwesenheit der Juden in Schweden von einer Ausnahme in eine Selbstverständlichkeit gewandelt.

Das bedeutete jedoch nicht, dass der Judenhass damit ein Ende hatte. In Alberts letzten Lebensjahren ging er sogar in eine giftigere Phase über. Der in Deutschland wirkende englische Schriftsteller Houston Steward Chamberlain sowie andere »Rassentheoretiker« mühten sich, dem Antisemitismus einen wissenschaftlichen Anstrich zu verpassen, indem sie behaupteten, die »semitischen« Juden seien den »arischen« Germanen biologisch unterlegen. Einer von Chamberlains schwedischen Anhängern war der ansonsten progressive Bengt Lidforss, ein Botaniker aus Lund. Diese Ideen hatten später grauenvolle Konsequenzen für das kontinentaleuropäische jüdische Kulturerbe, dem Albert und seine Brüder entstammten.

Vielleicht muss man ihr Wirken in einem größeren jüdischen und europäischen Zusammenhang aber auch folgendermaßen verstehen: Die Bonniers haben im neutralen Schweden dazu beigetragen, dieses Erbe zu bewahren.

Albert Bonnier im Juni 1900 auf dem Balkon seines Hauses
in der Hamngatan in Stockholm.

11. KAPITEL

DAS ENDE

**Alberts letzte Zeit. Ruhigeres Fahrwasser. Ein Doppelleben.
Tod. Nachrufe. Der Stipendienfond.**

———

Nach Albert Bonniers Rückkehr von seiner letzten Auslandsreise 1895 merkten sein Sohn Karl Otto und andere in
seiner nächsten Umgebung, dass er immer müder wurde.
Albert war inzwischen 75 Jahre alt, ein für diese Zeit beacht-
liches Alter, das sein Recht forderte. An seiner Arbeitslust
und seinem Interesse war jedoch nichts auszusetzen.

Neben den Namen, die die Nachwelt am meisten mit den
1890er-Jahren der schwedischen Literatur verbindet, von
Heidenstam, Levertin, Fröding und Lagerlöf, gab der Albert
Bonniers Förlag auch Bücher vieler anderer Autorinnen und
Autoren heraus, die das Goldene Zeitalter des späten 19.
Jahrhunderts definierten, beispielsweise Tor Hedberg, Gustaf
af Geijerstam, August Bondeson und Anne Charlotte Leff-
ler sowie den Finnlandschweden Karl August Tavaststjerna.

Albert führte sein letztes großes Geschäft durch: ein Vertrag mit den Nachfahren Zacharias Topelius' über dessen
gesammelte Schriften. Mehrere Verlage waren interessiert,
und daher schickte Albert Karl Otto nach Finnland, um mit
den Erben direkt zu verhandeln. Diese wurden von Topelius'
Tochter Eva Acke vertreten, der Ehefrau des schwedischen
Malers J. A. G. Acke und praktischerweise eine gute Freun-

din Karl Ottos. Alberts Anweisung war eindeutig: Er wollte die Rechte an den Werken seines alten Bundesgenossen, »koste es, was es wolle«. Er bekam sie. Zacharias Topelius' *Samlade skrifter* (Gesammelte Schriften), insgesamt 34 Bände, erschienen ab Ende 1899.

Albert Bonnier hatte sich ein für alle Mal als Schwedens größter und wichtigster Verleger von Belletristik etabliert, aber die Intensität nahm ab, und jetzt wollte er seine Erfolge genießen. In den letzten fünf Jahren des 19. Jahrhunderts erlaubte sich Albert verlängerte Sommerwochenenden auf seinem Landsitz in Dalarö, wo er auf der Veranda saß und Manuskripte las, die dänische Tageszeitung *Politiken* und das Leib- und Magenblatt seiner Jugend, die *Revue des Deux Mondes*, eine französische Zeitschrift für Literatur und gesellschaftliche Fragen, die seit 1829 existierte, und rauchte dabei Zigarre.

Während Albert das Tempo drosselte, übernahm Karl Otto die Rolle des Verlagsleiters, obwohl sein Vater bei größeren Unternehmungen und Geschäften noch immer das letzte Wort hatte. Karl Otto war sich der Verantwortung, die ihn erwartete, bewusst und begann mit demselben Gefühl für Freundschaftsbande und Loyalität, das auch das verlegerische Wirken seines Vaters geprägt hatte, ein breites Netzwerk im schwedischen Kulturleben aufzubauen.

Ein Beispiel, das in der Bonnier'schen Familiengeschichte fast den Charakter eines Mythos besitzt, ist das sogenannte Kränzchen, das 1890 auf Initiative Ellen Keys entstand. Die Teilnehmer trafen sich regelmäßig bei den verschiedenen Mitgliedern zu Hause, wo man diskutierte und vorlas. Karl Otto und seine Frau Lisen waren der Mittelpunkt dieses Kreises, zu dem auch das Künstlerpaar Georg und Hanna Pauli und Nanna Bendixson, die Tochter des verstorbenen liberalen Publizisten und engen Freundes Alberts, August Sohlman, gehörten.

Die Freunde, Gemälde von Hanna Pauli 1900/1907,
Nationalmuseum. Hanna Pauli sitzt mit Skizzenblock vorne,
Ellen Key liest. Lisen Bonnier ist die dritte von links,
ihr Mann Karl Otto sitzt vor dem Stehenden. [15]

Gleichzeitig kam es im Familienkreis zu gewissen Reibereien, besonders zwischen Albert und seiner ältesten Tochter Jenny. Nach Bettys Tod 1888 war sie zu einer barschen und herrschsüchtigen Zentralgestalt im Bonnier'schen Haus geworden. Albert hütete nämlich ein Geheimnis, das er erst 1895 auf seiner Reise mit Jenny nach Italien und Österreich enthüllte.

Das Ende näherte sich unerbittlich, und Albert Bonnier verspürte offenbar das Bedürfnis, seine Angelegenheiten mithilfe seines Sohnes und Erben in Ordnung zu bringen. In einem Brief an Karl Otto beichtete er, dass er seit einigen Jahren eine Art Doppelleben führte:

»Falls es Gottes Wille sein sollte, dass ich nicht lebend nach Hause zurückkehre [...] will ich Deiner Sorge und dem Wohlwollen Deiner Geschwister zwei Kinder, zwei Knaben, anheimgeben, die ich in den letzten Jahren in die Welt gesetzt habe, deren ältester ›Nils‹ (jetzt 5 ½ Jahre) ein netter und liebenswürdiger Mensch zu werden verspricht. Der jüngste ›Sven‹ ist jetzt erst 1 ½ Jahre, aber ebenfalls gesund, und mit Gottes Hilfe kann auch er ein guter Mensch werden.

Ihrer Mutter und ihnen habe ich bereits einen passenden jährlichen Unterhalt testamentiert, und da Gott uns mit zeitlichen Gütern gesegnet hat, wäre es schließlich unrecht, sie der Not zu überlassen.«

Sechs Jahre zuvor, also im Jahr nach Bettys Tod, hatte Albert ein Verhältnis mit der vierzig Jahre jüngeren Schauspielerin Ebba Herván eingeleitet, aus dem die beiden Kinder mit den urschwedischen Namen Nils und Sven hervorgegangen waren. Der Witwer Albert hatte sich also eine zweite Familie zugelegt.

Alberts Beziehung zu Ebba Herván, die ihren Nachnamen später in Hennings änderte, war für Alberts engste Familie allerdings kein Geheimnis. Besonders Jenny nahm ihrem Vater die Affäre übel. Karl Ottos Sohn Tor erzählte in seinen Erinnerungen von einem für ihn unbehaglichen Vorfall:

»Zu einem Sonntagsessen – Punkt vier – war mein Großvater nicht erschienen. Man wartete einige Minuten, dann schrieb Tante Jenny etwas auf einen Zettel, faltete ihn zusammen und trug mir auf, ins Restaurant Berns Salonger zu gehen und einen Kellner nach Patron Bonnier zu fragen. ›Denn er ist mit diesem schrecklichen Frauenzimmer da.‹ Ich sollte also Großvater den Zettel geben. Ich war damals zehn oder elf Jahre alt und schlängelte mich auf Anweisung des Kellners zwischen den Tischen hindurch bis zur Estrade, auf der mein Großvater mit seinen Freunden Frans Hedberg, dem Maler Malmström und, ganz richtig, einer Dame an einem Tisch saß. Großvater las den Zettel und begleitete mich nach Hause. Seine Freunde und Tischgenossen lächelten. Das war keine erfreuliche Expedition. Damals wusste ich nicht, dass ›das schreckliche Frauenzimmer‹ die Person war, die ihm sein letztes Lebensjahrzehnt vergoldete.«

Wenn Tor Bonniers Altersangabe stimmt, muss sich diese Erinnerung 1893 oder auch 1894 zugetragen haben, aber erst etwa ein Jahr später bekannte sich Albert also dazu, mit dem »Frauenzimmer« Kinder zu haben.

Obwohl vor allen Dingen Jenny die Situation unbehaglich fand, wurden sowohl Ebba als auch die beiden Kinder mit einer Leibrente, Alimenten und größeren Geldzahlungen gut versorgt.

Ebba Herván war allerdings nicht die einzige Frau, mit der Albert nach Bettys Tod intime Beziehungen pflegte. Karl Otto erhielt daher die Anweisung, »sich jeder möglichen

Bettelei aus anderer weiblicher Richtung gegenüber taub zu stellen«. Besonders gegenüber einer Dame aus Nizza, die »durch eigene Torheit« verarmt war.

* * *

Kurz nach der Jahrhundertwende, im Februar 1900, spürte Albert, dass etwas nicht stimmte. Er fühlte sich zunehmend schlechter und konsultierte seinen Freund und Arzt Ernst Fogman. Dieser beruhigte ihn und erklärte, es handle sich vermutlich um eine hartnäckige Erkältung.

Karl Otto erhielt jedoch eine andere Auskunft: Die Symptome seines Vaters deuteten darauf hin, dass sein Pylorus, der Muskel zwischen Magen und Zwölffingerdarm, von Krebs befallen sei und dass der Verlauf feststehe.

Ob Albert über die Hoffnungslosigkeit der Lage aufgeklärt wurde, ist unklar, aber sein Zustand verschlechterte sich von Woche zu Woche. Trotzdem fand er sich bis zuletzt wochentags für eine Weile im Verlag ein. Noch am 14. Juli verschickte er einen letzten Brief, der, ein rührender Zufall, von seinem Lieblingsprojekt, dem Almanach *Svea*, handelte.

Knapp zwei Wochen später, am Morgen des 26. Juli 1900, verschied Albert Bonnier, laut seinem Sohn Karl Otto ruhig und friedlich und ohne große Schmerzen. Auf seinem Bett lag ein Exemplar der *Revue des Deux Mondes*.

Die Presse griff die Nachricht von Alberts Tod in respektvollem Ton auf. *Dagens Nyheter*, die Zeitung, deren Pate er gewesen war und die ihn bei seinen Kämpfen oft unterstützt hatte, pries am Tag darauf seinen Fleiß und seine »Toleranz«:

»Während seines langen und arbeitsreichen Lebens hat er mehr ausgerichtet als die meisten. Dass sich gegen sein Wirken Vorbehalte vorbringen lassen, liegt in der Natur der Sache. Aber die schwedische Welt der Bücher, die literarische Welt und die Öffentlichkeit haben trotzdem Grund genug, mit Dankbarkeit und Achtung des Alten zu gedenken.«

Interessant an diesem *Dagens Nyheter*-Nachruf ist, dass er Gerhard Bonniers erfundene Geschichte über seinen Vorfahren, den Revolutionär Antoine Bonnier d'Alco, bestätigt. Der Mythos von den französischen Familienwurzeln, den auch Albert gepflegt hatte, lebte beharrlich weiter: »Familie Bonnier ist, wie der Name andeutet, französischen Ursprungs.«
Auch die Blätter, die während des Prozesses gegen Gustaf Fröding schonungslos über Albert hergefallen waren, sprachen ihm jetzt ihre Achtung aus, allerdings etwas gewunden wie im Fall des *Aftonbladet*:

»Man könnte einiges über die Prinzipien der verlegerischen Tätigkeit in unserem Land sagen, aber dafür ist hier jetzt kein Platz. So, wie B. war, stand er jedenfalls weit über seinen Kollegen, was die Schärfe seines Blicks betraf.«

Bei Alberts Begräbnis sagte der liberale Rabbiner Gottlieb Klein:

»Willst du den Wert eines menschlichen Lebens ergründen, messe es mit dem Maßstab der Arbeit. Mit diesem Maßstab muss Albert Bonniers Leben gemessen werden!«

Die Reaktionen der mit Albert Bonnier eng verbundenen Autorinnen und Autoren erhellen die Errungenschaften des Verlegers vielleicht noch besser. Selma Lagerlöf schrieb an Karl Otto:

»Er war ein bewundernswert kluger Mann, und es war mir immer eine große Freude, ihn zu hören – und außerdem ist es mir eine liebe Erinnerung, mit welchem Wohlwollen er mir begegnet ist, vom ersten Augenblick an bis zum letzten.«

Sogar August Strindberg schrieb an Karl Otto, erfüllt von einer augenblicklichen, für ihn untypischen Großzügigkeit: »Die Nachricht vom Tod Deines Vaters hat die Erinnerung an alles Gute, was er an mir und meinen Kindern getan hat, wieder geweckt.«

Am weitesten ging, wenig erstaunlich, Frans Hedberg, in einem längeren Nachruf in *Svea*, der natürlich von seiner engen Freundschaft mit dem Verstorbenen geprägt war, aber mit einem Körnchen Wahrheit über die Autoren, tote und noch lebende, zu deren Sprecher er sich machte:

»Ohne einen solchen Vermittler zwischen uns und der Öffentlichkeit, wo kämen wir da hin, wir Männer der Feder? Wir würden kein Geld verdienen, wenn wir ›im Selbstverlag‹ aufträten, und wir sollten unseren alten Verleger dankbar in Erinnerung behalten, den Mann, der einigen der Besten der schon Verstorbenen ein treuer Freund war, ein oft wohlwollender Helfer der Jungen und Unerprobten und eine nie versagende Stütze der Altersschwachen und Müden.

Diese Fähigkeit ist seiner Arbeit, der Wille dazu seinem Herzen zu verdanken.«

Albert Bonnier liegt neben Betty auf dem Norra judiska begravningsplatsen (Nördlicher jüdischer Friedhof) in Solna begraben.

* * *

Nach Albert Bonniers Tod waren seine Kinder Jenny, Karl Otto und Eva fest entschlossen, eine Stiftung zum Andenken an ihren Vater einzurichten. Die Satzung des Albert

Albert Bonnier, Bronzebüste von Per Hasselberg.

Bonniers Stipendiefond (Albert Bonniers Stipendienfond) verfasste Karl Staaff. Das Komitee, das über die Stipendien entschied, sollte aus sieben Mitgliedern bestehen, sechs Autorinnen und Autoren und einem Vertreter der Familie. Unter den ersten Mitgliedern waren Oscar Levertin, Ellen Key und Verner von Heidenstam. Karl Otto, jetzt der alleinige Chef des Verlags, vertrat selbstverständlich die Stifter.

Die Stiftung trat in Konkurrenz zur Schwedischen Akademie auf, deren Mitglieder (bis recht kürzlich) auf Lebenszeit gewählt wurden. Den Vorsitz führte damals der aufgeblasene und intrigante Carl David af Wirsén, ein Dichter zweifelhafter Güte, der seine Position als Ständiger Sekretär dazu missbrauchte, seine eigenen reaktionären Vorlieben zu fördern, was sowohl Albert als auch Karl Otto geärgert hatte. Um dieser Aderverkalkung entgegenzuwirken, sah die Satzung vor, dass die Autorinnen und Autoren, die dem Ausschuss angehörten, nicht älter als 55 Jahre sein durften.

Seit 1901 verteilt dieser Fond jedes Jahr großzügige Stipendien und belohnt neue schwedische Belletristik.

Albert Bonnier, dem alten Rabulisten, hätte das gefallen.

EPILOG

Albert Bonnier, der Gründer des Verlags, ist jetzt schon seit über hundert Jahren tot und trotzdem in fast jedem schwedischen Haushalt, in dem ein Bücherregal steht, gegenwärtig. Klassische Romane von August Strindberg und Selma Lagerlöf sowie Bücher beliebter gegenwärtiger Autorinnen und Autoren wie Kerstin Ekman und Björn Ranelid haben eines gemeinsam: Sie sind mit dem Verlagsnamen Albert Bonnier versehen.

In gewisser Weise ist das ein Paradox, denn Albert Bonnier hatte kein Interesse daran, eine öffentliche Person zu sein. Er wollte nur dem Ruf seiner Autoren dienen, nicht seinem eigenen. Andererseits war er jedoch eine zentrale Gestalt der modernen schwedischen Öffentlichkeit, die sich im Laufe des 19. Jahrhunderts entwickelte und in hohem Grade von der Literatur definiert wurde, die er druckte und verlegte.

Diese Erkenntnis erlangte ich, als ich mir während der Arbeit an diesem Buch die Bibliothek meiner Eltern im Sommerhaus unserer Familie anschaute. Denn es gibt, wie ich schon früh lernte, Bücher, die man lesen *muss*. Erinnerungen an die ersten vorsichtigen Begegnungen mit der Magie der Literatur in meiner Jugend kehrten zurück, genauso wie eine Beobachtung, die in einer Zeit relevant erscheint, in der nationalistische Stimmungen wieder erstarken, und überall von einem schwedischen »Literaturkanon« die Rede ist, also von Werken, die als normbildend für die schwedische Kultur gelten können.

Sollte es einen solchen blaugelben Kanon wirklich geben, dann wurde dieser weitgehend von einem aus Kopenhagen eingewanderten Juden mit Wurzeln in Dresden ermöglicht.

***

Einige dieser Bücher las ich in jungen Jahren, andere erst als Erwachsener. Einige habe ich verschlungen, andere nur überflogen. Aber erst, als ich mit diesem Buch über Albert Bonnier begonnen hatte, machte ich mir Gedanken über die Bedeutung, die er und die Marke Bonnier für meine eigene Bildung und die vieler anderer hatte. Denn in dem überbordenden Regal unseres Sommerhauses findet sich der Name Albert Bonnier in fast jedem zweiten Buch.

In der Mitte stehen wie auf einem Ehrenplatz ein paar Halblederbände, die Hauptwerke Viktor Rydbergs, u.a. *Singoalla*, seine Gedichte und *Der Waffenschmied*, eine hübsche »Jubiläumsausgabe« aus den 1930er-Jahren. Gustaf Fröding ist in einer ähnlichen mehrbändigen Ausgabe vertreten, die nicht nur seine Gedichte aus *Guitarr och dragharmonika* (Gitarre und Ziehharmonika) und *Stänk och flikar* (Spritzer und Zipfel), sondern auch eine Auswahl seiner Briefe enthält.

Mit Rydbergs schöner, aber ein wenig sperrigen Sprache musste ich kämpfen, aber die Frödings tanzte mir direkt ins Herz.

Verner von Heidenstams *Karl der Zwölfte und seine Krieger* fand ich in jungen Jahren unglaublich spannend, während das Buch, das daneben steht, *Vallfart och vandringsår* (Wallfahrt und Wanderjahre), mich damals noch überhaupt nicht interessierte. Ich las es erst sehr viel später und war überrascht, wie zeitlos von Heidenstam wirkt, obwohl er manchmal als hoffnungslos überholt abgetan wird.

Es gibt vermutlich keinen schwedischen schreibenden Journalisten, der kein Verhältnis zu dem »Titanen« August Strindberg hat, dem zu seiner Zeit umstrittensten und meistdiskutierten Autor des Verlags. Strindberg vereinigte einen scharfen Reporterblick mit belletristischer Erzählfreude: *Das rote Zimmer*, *Det nya riket* (Das neue Reich) und *Die Inselbauern* stehen in diesem Regal.

Ein Dutzend zierliche und elegante Bände in schwarz-, rot- und goldgeprägtem Leinen enthalten nicht nur Prosawerke wie *Heiraten* und *Svenska öden* (»Schwedische Schicksale und Abenteuer«), sondern auch Strindbergs Dramen *Meister Olof*, *Ostern*, *Gustav Vasa* und *Ein Traumspiel*.

Ein abgegriffenes und geklebtes Exemplar von Selma Lagerlöfs *Nils Holgerssons wunderbare Reise durch Schweden* ruft besonders viele Erinnerungen wach. In meiner Schule in Malmö war es mein Lesebuch. Die Geschichte des Däumlings, der auf einem Gänserücken übers Land fliegt, faszinierte mich, nicht zuletzt, weil sich eine der dramatischsten Szenen, Nils Holgerssons Begegnung mit dem Fuchs Smirre, an dem See in Schonen zuträgt, in dem ich schwimmen gelernt habe.

Als *Nils Holgerssons wunderbare Reise* erschien und eine Sensation wurde, lebte Albert Bonnier zwar nicht mehr, aber der Kontakt zwischen Lagerlöf und dem Verlag hatte seinen Anfang mit Alberts Interesse an ihrem ersten Roman *Gösta Berlings Saga* genommen, ein Buch, auf das er sich nie einen Reim machen konnte. Trotzdem warb er Lagerlöf an, ein deutlicher Beleg dafür, dass sich Albert Bonnier nicht von seinen eigenen literarischen Vorlieben ablenken ließ, wenn er das Gefühl hatte, auf ein Talent gestoßen zu sein.

Weniger fasziniert war ich von Zacharias Topelius' *Die Erzählungen eines Feldschers*, die ich auf dringende Empfehlung meines Vaters im Alter von etwa dreizehn Jahren zur Hand nahm, weil er das Buch in diesem Alter selbst gelesen hatte.

Inzwischen weiß ich, dass Topelius Alberts guter Freund und einer der meistverkauften Autoren seines Verlags war, ein Herman Lindqvist des 19. Jahrhunderts, wenn man so will. Als Teenager scheiterte ich bereits am ersten Teil.

Alle diese Autorinnen und Autoren des Goldenen Zeitalters der schwedischsprachigen Literatur – Rydberg, Strindberg, von Heidenstam, Fröding, Topelius und Lagerlöf – standen mit Albert Bonnier in Verbindung, auch mein persönlicher Lieblingsschriftsteller Hjalmar Söderberg, wobei man sein Werk vor allen Dingen mit dem Genie und Geschmack von Alberts Nachfolger Karl Otto Bonnier in Verbindung bringt. Wenn ich diese Bücher aus dem Regal nehme, läuft mir buchstäblich ein Schauer über den Rücken. Als neunzehnjähriger Wehrpflichtiger saß ich zusammengekauert in der eiskalten Fahrerkabine eines Geländewagens auf dem Truppenübungsplatz Skillingaryd und las vollkommen gebannt *Doktor Glas* und *Das ernsthafte Spiel*.

Im Regal stehen dicht an dicht auch übersetzte Romane ausländischer Autoren, die Albert Bonnier dem schwedischen Publikum nahegebracht hat. In einer Ecke sehe ich Émile Zolas Roman *Nana*, der ein Thema aufgreift, das man Albert oft mit einem antisemitischen Unterton literarisch und finanziell zum Vorwurf machte: die Prostitution. Am anderen Ende nehmen fünfzehn Bände Charles Dickens sehr viel Platz ein, einschließlich des Romans *Eine Geschichte aus zwei Städten*, der vor der Französischen Revolution in Paris und London spielt, jenem Ereignis, dessen Folgen einen einschneidenden Einfluss auf den jungen Rabulisten Albert hatten. Der meisterhafte erste Satz des Romans ist nach wie vor aktuell: »It was the best of times, it was the worst of times.«

* * *

Toleranz zeichnete Alfred Bonnier als Verleger aus. August Strindberg brachte es in einem Brief an ihn auf den Punkt:

»Ich habe Sie gewählt, weil Sie am unerschrockensten waren.«

Diese Toleranz vererbte er seinem Sohn Karl Otto, und diese konnte später manchmal Züge von Ahnungslosigkeit annehmen, etwa dann, als Sven Hedin, ein Bewunderer Hitlers, zu einem der großen Namen dieses von Juden geführten Verlags wurde.

Sogar hier draußen auf dem Land finden sich Spuren davon.

Mein Vater hatte ein besonderes Faible für Karikaturen. Seine Bibliothek enthält Anthologien des *The New Yorker* und Titel wie *Comic Drawing* und *Best Cartoons*. Der legendäre Oskar Andersson, OA, ist mit dem Band *Mannen som gör vad som faller honom in och andra historier* (»Der Mann, der tut, was ihm einfällt, und andere Geschichten«) vertreten, ausgewählt von Hasse Z. und herausgegeben von Bonniers.

Problematischer sind hingegen acht Bände *Samlade teckningar* (Gesammelte Zeichnungen) von Albert Engström, die 1943 und 1944 gedruckt wurden.

Meinem Vater gefielen der burleske Humor Albert Engströms und Figuren wie Kolingen, aber Engströms Antisemitismus bereitete ihm Unbehagen. Diese Haltung saß ihm, einem Duke-Ellington-Liebhaber, der von den Erfahrungen der Zeit zwischen den Weltkriegen geprägt war, im Rückenmark: »Wer Jazz liebt, kann nie Nazi werden.«

Ich blättere in den Engström-Büchern, die Untertitel wie »Frä[l]se och ofrälse« (Adel und Nicht-Adel) und »Extra tilldelning« (Extra Zuteilung) tragen, und stelle fest, dass man sie kaum aufschlagen kann, ohne auf korpulente schwarzhaarige Gestalten zu treffen, die »micket« statt mycket (viel) sagen und große krumme Nasen haben.

Es ist seltsam, Albert Bonniers Namen zwischen diesen Schmähbildern zu finden. Aber antisemitische Äußerungen dieser Art, heute völlig inakzeptabel, waren ein Teil seines

Alltags, was seinen Einsatz für die schwedische Literatur noch beeindruckender erscheinen lässt.

* * *

Albert Bonnier hatte seine Schwächen. Hin und wieder war er in finanziellen Dingen übertrieben vorsichtig und machte sich unnötige Sorgen über seine Liquidität. Auf seine alten Tage konnte er barsch und unfreundlich sein, wenn ihm etwas nicht passte. Seine literarischen Prioritäten wurden mit der Zeit recht konservativ, obwohl er diese klugerweise durch Karl Ottos eher radikalen Freisinn ausgleichen ließ.

Trotzdem wirkt Albert Bonnier auffallend modern.

Wenn Per I. Gedin ihn als »den ersten modernen Verleger« bezeichnet, meint er damit vor allem die Fähigkeit, enge und dauerhafte Bande zu seinen Autorinnen und Autoren zu knüpfen. Damit stand Albert Bonnier lange allein da. Aber er kann auch in anderer Hinsicht als modern gelten.

Er war neuen literarischen Trends aufgeschlossen, begegnete ihnen aber nicht immer enthusiastisch. Sofort erfasste er die Möglichkeiten, die die Neuerungen seiner Zeit ihm boten, besonders die Eisenbahn. In einer Zeit des Patriarchats stand er Schriftstellerinnen gegen ihre Widersacher bei, nicht zuletzt gegen die Schwedische Akademie, eine Institution, die ihn nur selten beeindruckte.

Folglich geriet er zum Hassobjekt von Befürwortern des Stillstands und sogenannten Sittenwächtern. Die Bösartigkeit dieser Leute muss für ihn sehr anstrengend gewesen sein. Jetzt ist sie eine Bestätigung seiner Weitsicht.

* * *

Albert Bonniers hauptsächliches Interesse galt der Belletristik, und bei seinem Tod im Jahr 1900 war er der führende schwedische Verleger auf diesem Gebiet, aber er verlegte auch sehr viel Fachliteratur und widmete sich, wie schon sein Vater Gerhard und seine Brüder, Zeitungen, Zeitschriften und literarischen Kalendern, angefangen mit dem kurzlebigen *Stockholms Figaro* bis hin zu seinem Liebling *Svea* und dem sehr einträglichen *Sveriges Handelskalender*. In den ersten Monaten ihres Bestehens druckte er auch die Tageszeitung *Dagens Nyheter*.

Von den revolutionären Veränderungen der Massenmedien, dem Radio, Fernsehen und Internet, ahnte Albert Bonnier natürlich noch nichts, aber er hatte den Bau eines großen und offenen Medienhauses eingeleitet, dessen Fundament ein publizistisches Prinzip darstellt, das er in seiner neuen Heimat gelegentlich gegen große Widerstände verteidigen musste: Verbreiten, nicht beurteilen.

QUELLEN- UND LITERATURVERZEICHNIS

Die meisten der von Per T Ohlsson erwähnten oder zitierten Werke sind im Original auf www.litteraturbanken.se verfügbar, der Website der von der Schwedischen Nationalbibliothek und der Schwedischen Akademie betriebenen Schwedischen Literaturbank, beispielsweise die 68 Bände der Strindberg-Nationalausgabe (»Nationalupplagan«) sowie sämtliche Werke von Selma Lagerlöf und Verner von Heidenstam.

Albert Bonniers Förlag 100 år, 1837–1937. Stockholm 1937.

Albert Bonniers Förlag. Ett familjeföretag 1837–1962. Etthundratjugofem år. Stockholm 1962.

Alm, Göran et al. *I världsutställningarnas tid. Kungahus, näringsliv & medier.* Stockholm 2017.

Andersson, Lars M. *En jude är en jude är en jude... Representationer av »juden« i svensk skämtpress omkring 1900–1930.* Lund 2000.

Bergqvist, Herman. *I böckernas värld. Minnen och anteckningar från en femtiotreårig verksamhet i Albert Bonniers bokförlag.* Stockholm 1950.

Bergsten, Staffan. *Gustaf Fröding.* Stockholm 2016.

Bonnier, Eva. *Börs och katedral – sex generationer Bonniers.* Albert Bonniers Förlag/Stockholms universitetsbibliotek 2003.

Bonnier, Karl Otto. *Bonniers. En bokhandlarefamilj. Anteckningar ur gamla papper och ur minnet*, 4 Teile. Stockholm 1930–1931.

Bonnier, Karl Otto (Hg.). *Minnen från Rom. Utdrag ur brev till hemmet.* Stockholm 1928.

Bonnier, Tor. *Längesen. Sammanklippta minnesbilder.* Stockholm 1972.

Bonnier, Åke. *Bonniers – en släktkrönika 1778–1941.* Stockholm 1975.

Bredefeldt, Rita. *Ekonomi och identitet: de svenska judarnas ekonomiska verksamheter och självbild från 1800-talets andra hälft till 1930. Nordisk Judaistik – Scandinavian Jewish Studies*, Bd. 18, Nr. 1–2 (1997), S. 22–29.

Cavalli-Björkman, Görel. *Eva Bonnier – ett konstnärsliv.* Stockholm 2013.

Forsgård, Nils Erik. *I det femte inseglets tecken. En studie i den åldrande Zacharias Topelius livs- och historiefilosofi. Skrifter utgivna av Svenska litteratursällskapet i Finland*, Nr. 616, Helsinki 1998.

Franzén, Nils-Olof. *Hjalmar Branting och hans tid.* Stockhol 1985.

Fröding, Gustaf. *Brev. Skrifter av Gustaf Fröding.* Stockholm 1937.

Fröding, Gustaf. *Dikter. Bonniers folkbibliotek.* Stockholm 1955.

Furuland, Gunnel. *Romanen som vardagsvara. Förläggare, författare och skönlitterära häftesserier i Sverige 1833–1851 från Lars Johan Hierta till Albert Bonnier.* Stockholm 2007.

Gedin, Per I. *Litteraturen i verkligheten. Om bokmarknadens historia och framtid.* Stockholm 1975.

Gedin, Per I. *Litteraturens örtagårdsmästare. Karl Otto Bonnier och hans tid.* Stockholm 2003.

Gedin, Per I. *Verner von Heidenstam. Ett liv.* Stockholm 2006.

Gripenstedt, Johan August. *Tal, anföranden och uppsatser*, Bd. I–II. Stockholm 1871–1872.

Gustafsson, Karl Erik & Rydén, Per (Hgg.). *Den svenska pressens historia*, Bd. II. *Åren då allting hände, 1830–1897.* Stockholm 2001.

Gustafsson, Lars (Hg.). *Svensk dikt. Från trollformler till Frostenson.* Stockholm 1995.

Gynning, Margareta (Hg.). *Pariserbref. Konstnären Eva Bonniers brev 1883–1889.* Stockholm 1999.

Hadenius, Stig. *Dagens Nyheters historia. Tidningen och makten 1864–2000.* Stockholm 2002.

Hägg, Göran. *Den svenska litteraturhistorien.* Stockholm 1999.

Hammarlund, Bo. *Den aristokratiske rebellen. Magnus Jacob Crusenstolpe i 1800-talets offentlighet.* Falun 2017.

Hansson, Svante. *Den förste Bonnier.* Stockholm 2004.

Hasselberg, Gudmar. *Rudolf Wall. Dagens Nyheters skapare.* Stockholm 1945.

Hedin, Marika/Holmberg, Håkan et al. *Karl Staaff. Arbetarvän, rösträttskämpe och socialreformator.* Stockholm 2015.

Heidenstam, Verner von. *Vallfart och vandringsår. Verner von Heidenstams samlade verk.* Hg. von Kate Bang & Fredrik Böök. Stockholm 1943.

Heidenstam, Verner von. *Karl der Zwölfte und seine Krieger.* Übersetzt von Gustaf Bergman, München 1916.

Hellberg, Mauritz. *Frödingsminnen.* Stockholm 1925.

Herberts, Carola (Hg.). *Zacharias Topelius korrespondens med förlag och översättare. Svenska litteratursällskapet i Finland.* www.topelius.fi, Helsinki 2015.

Hermele, Bernt. *Firman. Bonnier – Sveriges mäktigaste mediesläkt.* Stockholm 2015.

Hjorth, Daniel & Attius, Håkan (Hgg.). *Excelsior! Albert Bonniers Förlag 150 år. En jubileumskavalkad i brev.* Stockholm 1987.

Ilshammar, Lars. *Hjalmar Branting, Sveriges statsministrar under 100 år*, Bd. 6. Hg. von Mats Bergstrand & Per T Ohlsson. Stockholm 2010.

Lagercrantz, Olof. *August Strindberg*. Stockholm 1979.

Lagerlöf, Selma. *Die Geschichte von Gösta Berling*. Übersetzt von Paul Berf. München (Piper Verlag) 2008.

Lagerlöf, Selma. *Brev*, Bd. 1, *1871–1902*. In Auswahl von Ying Toijer-Nilsson. Lund 1967.

Lauritzen, Monica. *Karl Warburg. Den varsamme vägvisaren*. Stockholm 2018.

Levertin, Oscar & Heidenstam, Verner von. *Pepitas bröllop. En litteraturanmälan*. Stockholm 1890.

Lindorm, Erik (Hg.). *Ny svensk historia. Oscar II och hans tid. En bokfilm*. Stockholm 1936.

Lindorm, Erik (Hg.). *Ny svensk historia. Carl XIV Johan–Carl XV och deras tid 1810–1872. En bokfilm*. Stockholm 1942.

Lönnroth, Ami & Mattsson, Per Eric. *Tidningskungen. Lars Johan Hierta – den förste moderne svensken*. Stockholm 1996.

Lönnroth, Lars & Delblanc, Sven (Hgg.). *Den svenska litteraturen*, Bd. 2. *Genombrottstiden*. Stockholm 1999.

Lundqvist, Åke. *Kultursidan. Kulturjournalistiken i Dagens Nyheter 1864–2012*. Stockholm 2012.

Michanek, Germund. *Skaldernas konung. Oscar II, litteraturen och litteratörerna*. Stockholm 1979.

Modéer, Kjell Å. *Land skall med lag byggas. Sex rättshistoriska uppsatser*. Lund 1980.

Myrdal, Jan. *Johan August Strindberg*. Stockholm 2000.

Nerman, Ture. *Crusenstolpes kravaller. Historiskt reportage från Stockholm sommaren 1838*. Stockholm 1938.

Odelberg, Axel. *Vi som beundrade varandra så mycket. Sven Hedin och Adolf Hitler.* Stockholm 2012.

Ohlsson, Per T *100 år av tillväxt. Johan August Gripenstedt och den liberala revolutionen.* Stockholm 1994.

Ohlsson, Per T *Konservkungen. Herbert Felix – ett flyktingöde i 1900-talets Europa.* Stockholm 2006.

Ohlsson, Per T *Svensk politik.* Lund 2014.

Palm, Anna-Karin. *»Jag vill sätta världen i rörelse«. En biografi över Selma Lagerlöf.* Stockholm 2019.

Personne, John. *Strindbergs-litteraturen och osedligheten bland skolungdomen. Till föräldrar och uppfostrare samt till de styrande.* Stockholm 1887.

Retzius, Gustaf. *Biografiska anteckningar och minnen*, Bd. II. Uppsala 1948.

Rinman, Sven. *Svenska bokförläggareföreningen 1843/1887. En historisk översikt utarbetad med anledning av föreningens 100-årsjubileum.* Stockholm 1951.

Rydberg, Viktor. *Romerska sägner, Romerske kejsare, Singoalla m. m. Jubileumsupplaga.* Stockholm 1932.

Rydberg, Viktor. *Dikter, Vapensmeden. Jubileumsupplaga.* Stockholm 1932.

Rydén, Per. *Sveriges National-litteratur är inte bara historia.* Stockholm 2012.

Schön, Lennart. *En modern svensk ekonomisk historia. Tillväxt och omvandling under två sekler.* Stockholm 2007.

Sjöberg, Birthe. *Dialog eller dynamit. Viktor Rydberg och August Strindberg – förtryckets fiender.* Halmstad 2018.

Söderholm, Gundel. *Svea. En litterär kalender 1844–1907.* Uppsala universitet 2007.

Söderström, Göran. *Strindberg. Ett liv.* Stockholm 2013.

Solomin, Nina. *Strindbergiana. Elfte samlingen utgiven av Strindbergssällskapet.* Hg. von Boel Westin. Stockholm 1996.

Strindberg, August. *Das rote Zimmer.* Übersetzt von Renate Bleibtreu. Zürich (Manesse) 2012.

Strindberg, August. *Det nya riket. Skildringar från attentatens och jubelfesternas tidevarv. Samlade skrifter av August Strindberg,* Bd. 10. Stockholm 1913.

Strindberg, August. *Dikter på vers och prosa samt Sömngångarnätter på vakna dagar. Samlade skrifter av August Strindberg,* Bd. 13. Stockholm 1913.

Strindberg, August. *Strindbergs brev,* Bd. III. *Strindbergssällskapets skrifter. April 1882–1883.* Hg. von Torsten Eklund. Stockholm 1952.

Strindberg, August. *Strindbergs brev,* Bd. IV. *Strindbergssällskapets skrifter. 1884.* Hg. von Torsten Eklund. Stockholm 1954.

Strindberg, August. *Strindbergs brev,* Bd. V. *Strindbergssällskapets skrifter. 1885–juli 1886.* Hg. von Torsten Eklund. Stockholm 1956.

Strindberg, August. *Strindbergs brev,* Bd. VI. *Strindbergssällskapets skrifter. Augusti 1886–januari 1888.* Hg. von Torsten Eklund. Stockholm 1958.

Strindberg, August. *Strindbergs brev,* Bd. VII. *Strindbergssällskapets skrifter.* Hg. von Torsten Eklund. Stockholm 1961.

Strindberg, August. *Giftas I II. August Strindbergs Samlade verk,* Bd. 16. Stockholm 1982.

Sundin, Staffan. *Viktor Rydberg och hans förläggare Albert Bonnier. Veritas 26* (2010).

Svanberg, Ingvar & Tydén, Mattias. *Tusen år av invandring. En svensk kulturhistoria.* Stockholm 1992.

Svedjedal, Johan. *Bokens samhälle. Svenska bokförläggareföreningen och svensk bokmarknad 1887–1943,* Bd. I. Stockholm 1993.

Svenning, Olle. *Hövdingen. Hjalmar Branting. En biografi.* Stockholm 2014.

Tigerstedt, E. N. (Hg.). *Ny illustrerad svensk litteraturhistoria. Fjärde delen. Åttiotal. Nittiotal.* Stockholm 1957.

Thorsell, Elisabeth (Hg.). *Gerhard Bonniers ättlingar.* Stockholm 2004.

Topelius, Zacharias. *Erzählungen eines Feldschers.* Übersetzt von Rita Öhquist, Leipzig 1926.

Valentin, Hugo. *Judarnas historia i Sverige.* Stockholm 1924.

Valentin, Hugo. *Urkunder till judarnas historia i Sverige.* Stockholm 1924.

Valentin, Hugo. *Judarna i Sverige. Från 1774 till 1950-talet.* Stockholm 2004.

Vasenius, Valfrid. *Zacharias Topelius. Hans lif och skaldegärning. Sjette delen.* Helsinki 1930.

Västerbro, Magnus. *Svälten. Hungeråren som formade Sverige.* Stockholm 2018.

Vegesack, Thomas von. *Stockholm 1851. Staden, människorna och den konservativa revolten.* Stockholm 2005.

Warburg, Karl. *Viktor Rydberg. En lefnadsteckning,* Bd. I–II. Stockholm 1900.

BILDNACHWEISE

Sofern nicht anders angegeben, stammen die verwendeten Bilder aus dem Verlags- und Familienarchiv der Bonniers, das sich heute im Centrum för Näringslivshistoria (CFN), befindet. Fotografien: Nina Ulmaja.

[1] Farblithografie von Carl Johan Billmark, Stadsmuseet Stockholm, Inventarnummer SSM 105350.

[2] Albert Bonnier, Daguerreotypie aus dem Jahr 1842.

[3] Gerhard Bonnier, unbekannter Künstler. Aus: *Albert Bonniers Förlag 100 år, 1837–1937*. Stockholm 1937.

[4] Adolf Bonnier, unbekannter Künstler. Aus: *Albert Bonniers Förlag 100 år, 1837–1937*. Stockholm 1937.

[5] Lithografie von Ferdinand Tollin von 1841, Stadsmuseet Stockholm, Inventarnummer SSM 107890.

[6] Unbekannter Fotograf. 1895. Stadsmuseet Stockholm, Inventarnummer SSM 001119/Fotonummer Fa 45486.

[7] Aus *Bazaren*, Nr. 1, 1849. Aus: Bonnier, Karl Otto. *Bonniers. En bokhandlarefamilj. Anteckningar ur gamla papper och ur minnet*, 4 Teile. Stockholm 1930–1931.

[8] Cover des *Stockholms Figaro*, Nr. 1, vom 29.12.1844.

[9] Aquarell von Carl Johan Alfred Skogman, 1846. Stadsmuseet Stockholm, Inventarnummer SSM 106422:3.

[10] Frühe Zeichnung des Geijerska Huset. Aus: *Albert Bonniers Förlag 100 år, 1837–1937*. Stockholm 1937.

[11] Foto Nationalmuseum.

[12] Wikimedia Commons.

[13] Aus: Gedin, Per I. *Litteraturens örtagårdsmästare. Karl Otto Bonnier och hans tid.* Stockholm 2003.

[14] Aus: *Nordiska taflor. Pittoreska utsigter från Sverge, Norge och Danmark*, Bd. 5. Stockholm 1873, S. 33.

[15] Foto Nationalmuseum.

REGISTER

»Rache bringt keinen Frieden«

Jahrhundertzeuge Ben Ferencz

Chefankläger der Nürnberger Prozesse und leidenschaftlicher Kämpfer für Gerechtigkeit

Piper, 352 Seiten
€ 24,00 [D], € 24,70 [A]*
ISBN 978-3-492-05985-5

Es ist ein Sensationsfund: Der amerikanische Jurist Ben Ferencz entdeckt nach dem Zweiten Weltkrieg einen Ordner mit minutiös aufbereiteten SS-Ereignismeldungen – eine Chronik des Genozids. Der daraus folgende Einsatzgruppenprozess in Nürnberg, in dem Ferencz mit gerade einmal 27 als Chefankläger auftritt, gilt als größter Mordprozess der Geschichte. Philipp Gut lässt anhand der Biografie dieses großen Kämpfers für Gerechtigkeit die Geschichte des 20. Jahrhunderts lebendig werden.

Leseproben, E-Books und mehr unter www.piper.de

Klangarbeiter aus Leidenschaft

Markus Thiel

MARISS JANSONS

Ein leidenschaftliches
Leben für die Musik

Mariss Jansons

Ein leidenschaftliches Leben
für die Musik

Piper, 320 Seiten
€ 25,00 [D], € 25,70 [A]*
ISBN 978-3-492-05959-6

Er war ein Stardirigent. Dennoch kein abgehobener Maestro, sondern ein Kollege auf Augenhöhe. Ein Workaholic, kompromisslos in seiner Liebe zur Musik, mit enorm hohen Ansprüchen an sich selbst, immer mit größter Genauigkeit und Emotionalität bei der Sache. Mariss Jansons verzehrte sich buchstäblich für seine Arbeit. All das machte ihn zum von allen respektierten und geliebten Künstler. Markus Thiel legt mit dieser Biografie ein aktuelles und lebendiges Porträt des überragenden Dirigenten vor.

PIPER

Leseproben, E-Books und mehr unter www.piper.de